KB120266

하루 5분, 나를 바꾸는 긍정훈련

행복에너지

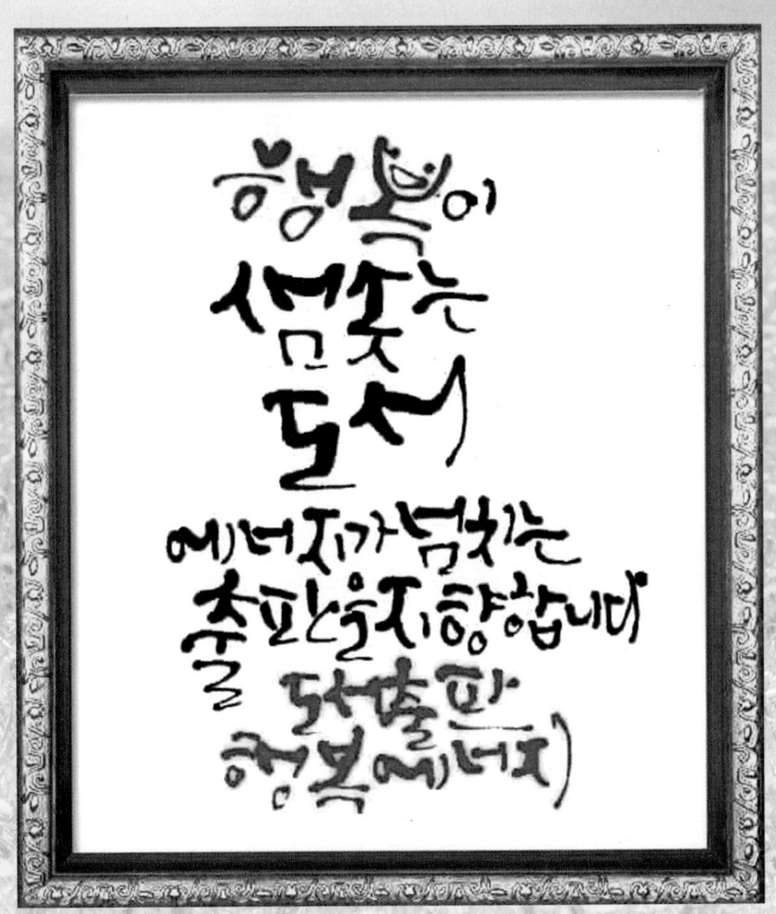

행복에너지

초판 1쇄 발행 2014년 12월 21일
초판 16쇄 발행 2015년 11월 1일
개정판 1쇄 발행 2016년 10월 8일
개정판 18쇄 발행 2024년 8월 15일

지 은 이 권선복
발 행 인 권선복
편 집 한영미
디 자 인 최새롬
마 케 팅 권보송
전 자 책 서보미
발 행 처 도서출판 행복에너지
출판등록 제315-2011-000035호
주 소 (157-010) 서울특별시 강서구 화곡로 232
전 화 0505-613-6133, 010-3267-6277
팩 스 0303-0799-1560
홈페이지 www.happybook.or.kr
이 메 일 ksbdata@daum.net

값 25,000원
ISBN 979-11-92486-18-5 (03190)

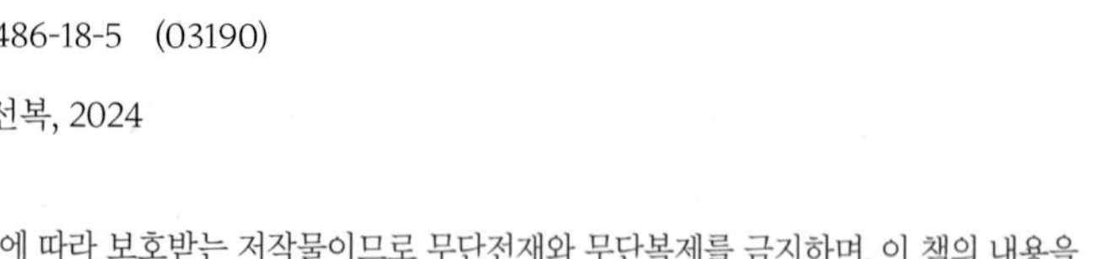
도서출판 행복에너지는 독자 여러분의 아이디어와 원고 투고를 기다립니다.
책으로 만들기를 원하는 콘텐츠가 있으신 분은 이메일이나 홈페이지를 통해
간단한 기획서와 기획의도, 연락처 등을 보내주십시오.
행복에너지의 문은 언제나 활짝 열려 있습니다.

하루 5분, 나를 바꾸는 긍정훈련

행복에너지

권선복 지음

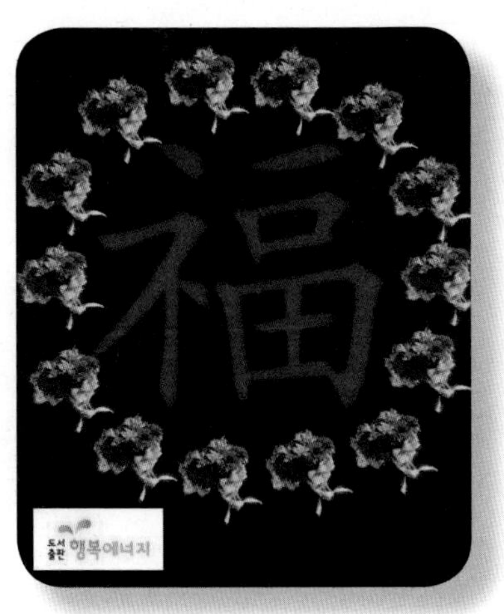

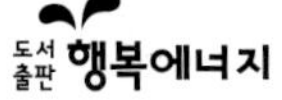

prologue

긍정도 훈련이 필요하다

라틴어 명언 중에 "Posse vident et possunt."라는 말이 있습니다. 할 수 있다고 보면 할 수 있는 것이라는 뜻입니다. 일체유심조一切唯心造, 즉 세상사 모든 일은 마음먹기에 달려 있다는 의미이기도 합니다.

이는 의학적으로도 입증된 바 있습니다. 암을 고칠 수 없는 고질병으로 생각하는 사람에겐 암 치료율이 38%에 그치지만, 단어에 점 하나를 붙여 고칠 병으로 생각하면 70%까지 치료율이 올라간다고 합니다. 이처럼 자신에게 닥친 일을 어떻게 받아들이느냐에 따라, 삶의 행로가 바뀌게 됩니다. 우리로 하여금 고질병을 고칠 병으로 받아들이게 하는 것, 그것이 바로 무한한 에너지를 발산하는 '긍정의 힘'입니다.

그러나 이러한 긍정은 거저 얻어지는 것이 아닙니다. 끊임없이 자신을 채찍질하고 열심히 훈련에 임한 선수들만이 정상에 설 수 있는 것처럼, 긍정의 에너지를 얻는 데도 그에 따른 적절한 훈련이 필요합니다. 그렇다면 어떻게 훈련해야 절망 속에서도 굴하지 않고 더 단단하게 다져진 긍정의 마인드를 가질 수 있을까요? 그 해답은 바로 여러분 자신에게 있습니다.

지금의 나에게 만족할 수 없다면 스스로를 조금씩 바꿔나가는 긍정훈련부터 시작해야 합니다. 그러기 위해서는 자기 자신을 있는 그대로 인정하는 일이 선행되어야 합니다.

"내게 부족한 것은?" "내가 잘하는 것은?" "내가 꿈꾸는 것은?" 끊임없이 스스로에게 묻고 그것에 대하여 정확히 대답해야만, 자신에게 최적화된 맞춤훈련을 할 수 있습니다. 나를 바꾸는 일은 누구나 할 수 있는 일이지만, 동시에 아무나 할 수 없는 일이기도 합니다. 그동안 우리가 숱하게 긍정하는 방법에 대해 배워왔으면서도 정작 자신의 삶에 적용시키지 못했던 것은, 머리로만 이해하고 실천으로는 옮기지 않았기 때문입니다.

『행복에너지』는 긍정적으로 세상을 보는 사람들이 삶의 어려움에 대처하는 방식, 그리고 저자가 실생활에서 경험한 긍정훈련의 구체적 사례들을 바탕으로 이루어져 있습니다.

긍정훈련 과정은 [예행연습] [워밍업] [실전] [강화] [숨고르기] [마무리] 총 6단계로 나뉘어 각 단계별 사례를 바탕으로 독자 스스로가 느끼고 배운 것을 직접 실천할 수 있게 하는 데 그 목적을 두고 있습니다.

『행복에너지』는 독자 여러분들께서 삶의 난관에 맞닥뜨렸을 때마다 꺼내들고 미래의 올바른 방향을 가늠해 볼 수 있는 인생의 길잡이 역할을 해줄 것입니다.

하루 5분, 한 단락씩 두 달간 읽으면서 자신한테 긍정의 최면을 걸면 위풍당당하게 변화된 자기 자신을 느끼리라 믿어 의심치 않습니다.

주변을 돌아보면 현재 자신의 삶은 불행하고 미래는 한없이 깜깜하다며 한숨을 내쉬는 이들을 종종 볼 수 있습니다. 실제로 점점 심각해지는 빈부격차나 계층 간의 갈등으로 복잡다단한 현실이지만 당장의 환경이나 여건이 불편하고 부족하다 하여 불만만 늘어놓거나 낙담만 하고 있으면 바뀌는 것은 아무것도 없습니다. 이 책이 '하루 5분'을 강조하듯 아주 작지만 지속적인 노력을 통해 사고방식을 긍정적으로 바꾸고 열정을 다해 꿈을 키워간다면 행복이란 파랑새는 생각보다 가까운 곳에 있을 것입니다.

실패를 성공으로 바꿀 수 있는 능력, 시련을 축복으로 바꿀 수 있는 능력, 불행을 행복으로 바꿀 수 있는 능력, 이 모든 것들이 다 자신 안에 있습니다.

기억하십시오. 어떤 상황에서든 내 앞에 놓여 있는 삶을 향해 미소 짓게 하는 힘, 그것이 바로 긍정의 에너지임을!

저의 책을 세상에 내겠다는 작은 소망에서 시작된 도서출판 행복에너지는 설립 11년 만에 1,000여 종에 달하는 도서를 출간한 중견 출판사가 되었습니다. 비록 저의 꿈은 그 시간만큼 늦어졌지만 독자와 저자 모두를 기쁘게 하고 행복과 긍정 에너지를 세상에 전파한다는 사명이 있었기에 늘 즐거운 나날이었습니다. 전국 방방곡곡에 행복을 나누기 위한 아름다운 여정은 이제부터가 진정한 시작입니다.

기쁨 충만한 긍정훈련으로 힘찬 행복에너지를 전파하는 위풍당당한 삶 영위하시기를 기원드리면서 출간 보름 만에 인터파크 종합 1위, 교보문고 자기계발 3위에 오른 쾌거의 기쁨을 독자 여러분들과 함께 누리고 싶습니다. 이러한 성원에 감사드리며 독자 여러분들께 대한민국 방방곡곡 행복에너지 전파하는 행복전도사로 거듭나겠음을 약속드립니다.

2024년 8월 15일

추천사

이 원 종 | 전)서울시장, 전)충청북도지사

NAVER 선정 베스트셀러에 등극한 권선복 대표의 『행복에너지』 책이 젊은 세대는 물론이요 폭넓은 층의 독자에게 꾸준히 사랑받게 된 것을 축하드립니다.

무엇보다 개정증보판 18쇄 발행에 이르기까지, 하루 5분 나를 바꾸는 긍정훈련을 통하여 많은 사람에게 유익함을 선사하는 내용이어서 더 감사드립니다.

27대 서울시장과 26, 30, 31대 충청북도지사를 역임하기까지, 수많은 현장에서 수많은 사람과 만났습니다. 이때 제가 가슴 깊이 느낀 것은 바로 '행복'의 중요성이었습니다.

40여 년의 공직 생활을 통해 행복의 가치를 깨달은 저는 이를 다른 사람들에게도 전하고 싶다는 생각을 하게 되었고, 늘 실천으로 옮기려고 노력해 왔습니다.

권선복 대표의 『행복에너지』 책 속에는 우리가 일상 속에서 잊고 지내기 쉬운 행복의 본질이 담겨 있습니다. 더욱이 이 책을 통하여 독자 여러분이 행복에 대한 자신의 의식과 지력의 세계를 검진하고 행복에 대한 마음의 X-RAY를 찍을 수 있기에, 무척이나 귀한 책입니다.

『행복에너지』 책을 읽고 실천하여 매일매일의 작은 변화가 모여 큰 성공을 이룰 수 있는 것처럼, 하루 5분씩 이 책을 읽고 자신에게 긍정의 최면을 걸면 보다 행복한 삶을 이루는 데 큰 효과를 발휘할 것입니다.

삶의 지혜가 가득한 이 책을 통하여 독자 여러분도 삶 속에서 진정한 행복을 찾고, 그 행복을 주변과 나누는 기쁨으로 행복에너지를 전파하여 주시길 기원합니다.

전)원자력 병원장
전)건국대학교 병원장
전)이화여자대학교 여성암병원 원장,
백 남 선 | 포항세명기독병원 유방갑상선암센터 병원장

『행복에너지 – 하루 5분 나를 바꾸는 긍정훈련』은 우리 삶에 긍정적인 변화를 불러일으킬 수 있는 특별한 책입니다.

권선복 저자는 '긍정도 훈련'이라는 새로운 관점에서 매일 5분이라는 짧은 시간을 투자하여 행복과 긍정의 에너지를 충전하는 방법을 제시합니다.

특히, 이 책에 담긴 6단계 긍정훈련 과정은 독자들이 쉽게 실천할 수 있도록 구체적인 방법을 제공하며, 긍정을 습관화하는 데 큰 도움이 됩니다.

'우공이산(愚公移山)'이라는 말과 같이, 꾸준한 노력이 모여 큰 변화를 이끌어 낼 수 있는 것입니다.

권선복 저자는 자신의 꿈을 실현하기 위해 직접 출판사를 창립하고, 이를 통해 긍정의 메시지를 세상에 전하고자 하는 강한 의지를 보여주었습니다. 이는 긍정의 힘이 얼마나 큰 변화를 가져올 수 있는지를 명확히 보여주는 사례라 할 수 있습니다.

항상 최선을 다하는 태도, 어두운 터널 속에서도 밝은 미래를 믿고 다시 일어서는 용기, 그리고 자신의 한계를 뛰어넘어 더 넓은 세상을 상상하는 태도를 이 책을 통해 배우고 실천하시길 바랍니다.

'하루 5분 나를 바꾸는 긍정 훈련'으로 독자 여러분 모두 '행복 에너지'가 샘솟기를 바라며, 긍정의 에너지가 가득한 삶을 살아가시길 응원합니다.

추천사

이 선 재 | 일성여자중고등학교 교장

60년간 비문해자(非文解者) 교육에 몸담고 있는 사람으로서, 자라나는 청소년들을 비롯한 평생교육을 희망하는 모든 사람의 몸과 마음에 건강을 깃들게 하는 일이 중요함을 통감합니다.

건강한 신체에 건강한 마음이 깃든다고 했습니다. 몸도 마음도 건강함을 유지하려면 꾸준한 훈련과 노력이 필요합니다. 거저 얻는 성공이란 없기 때문입니다.

성공의 실현을 위한 열쇠는 긍정적인 사고와 도전정신입니다. 특히 젊은 세대들에게는 더더욱 중요한 덕목입니다.

물이 절반이 찬 컵을 보고 부정적인 사람은 "절반밖에 없네"라고 하고, 긍정적인 사람은 "절반이나 남았네"라고 합니다. 즉 긍정적인 사람은 지금 가지고 있는 것에 더 중점을 둡니다. 잃어버린 것보다 지금 가지고 있는 것을 소중히 여기면 희망찬 내일을 기약할 수 있습니다. 과거로 돌아가서 시작을 바꿀 수는 없으나 지금부터 시작하여 미래의 결과를 바꿀 수 있음을 잊지 말고 긍정적인 사고로 도전해야겠습니다.

이 사회에 선한 영향력을 끼치는 권선복 대표의 『행복에너지』 책은 총 6단계의 긍정훈련 과정으로 구성되어 있습니다. 단계별로 독자 스스로가 느끼고 배운 것을 직접 실천할 수 있도록 구체적 사례들이 제시되어 있고, 긍정적 사고로 고난을 딛고 일어서 성공을 쟁취한 사람들의 에피소드가 실려 있습니다.

이 책에서 설명한 긍정훈련은 미래를 이끌 인재들이 성장할 수 있도록 도와줄 것입니다. 긍정과 행복의 힘으로 모두가 자신만의 성공을 성취하길 기원하며 일독을 권합니다.

김 주 현 | 법률사무소 익선 대표변호사, 초대 수원고등법원장

행복과 불행은 사람의 마음에 따라 그 크기가 달라집니다. 모든 것은 자신에게 달려 있습니다.

여기에 더해 아프리카 인사말인 '우분투(Ubuntu, 우리가 함께 있기에 내가 있다)'처럼, 나 자신의 행복만을 추구할 것이 아니라 모두의 행복을 추구할 수 있는 마음의 그릇을 가져야 진정으로 삶의 행복이 무엇인지 실감할 수 있을 것입니다.

나의 마음을 다스려 행복에너지를 생산하고, 그 에너지를 주변에 전파하여 모두를 행복하게 하며, 그럼으로써 다시금 내가 행복해진다. 이러한 행복한 선순환의 원리를 삶 속에서 아낌없이 실천하고 있는 인물이 바로 이 책의 저자 도서출판 행복에너지의 권선복 대표입니다.

이 책은 저자가 직접 실생활에서 경험한 행복에너지의 구체적 전파 사례와 긍정적으로 삶에 대처하는 사람들의 이야기가 담겨있습니다.

'하루 5분 긍정훈련'이라는 부제처럼 실생활에 간단하게 적용하여 삶을 풍요롭게 만들 수 있는 내용이 가득합니다.

5단계의 긍정훈련을 바탕으로 하여 누구나 쉽게 실천할 수 있는데 그 효과는 대단합니다.

저자 권선복 대표가 말하고, 직접 실천하는 책 속 긍정훈련을 통해 선한 영향력과 해피바이러스가 널리 퍼져 우리 사회가 보다 밝고 건강해지길 바랍니다.

하루하루가 긍정적 기운으로 충만해질 수 있도록 하루5분 긍정훈련 행복에너지를 대한민국 방방곡곡에 전파하고자 하는 권선복 대표를 응원하겠습니다.

contents

PART 1 •

예행연습 _ 목표설정

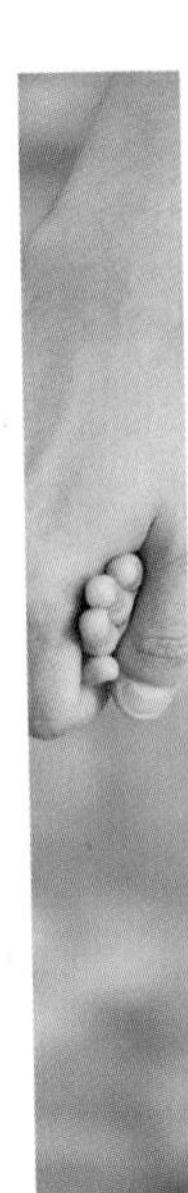

PART 2 • •

워밍업 _ 마음가짐

PART 3 • • •

실전 _ 생각에서 행동으로

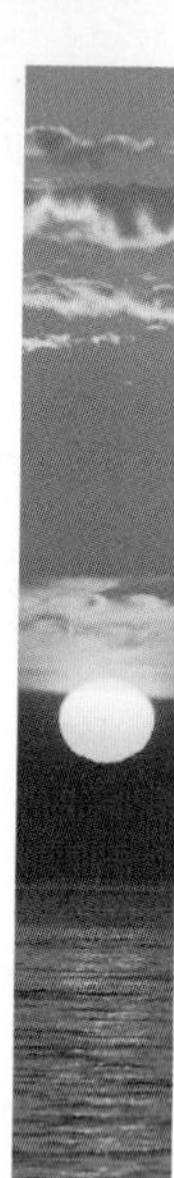

PART 4 • • • •

강화 _ 노력하고 노력하라

PART 5 • • • • •

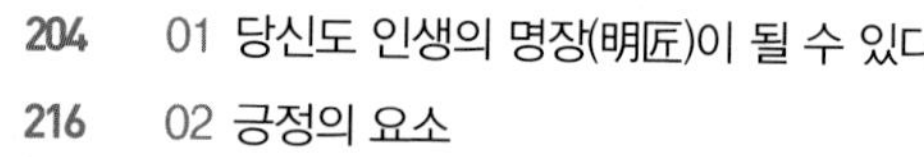

숨고르기 _ 긍정하는 자신을 믿고

PART 6 • • • • • • •

마무리 _ 흔들리지 마라

부록 • • • • • • •

긍정의 힘

초심을 유지하는 것이란

하나금융그룹

하나금융지주 회장 함영주

처음은 아주 작고 보잘것없을지 모릅니다.
그렇지만 단 한 가지에 집중력을 발휘하여
커다란 성과를 얻어낼 수 있습니다.

이후에 작은 목표를 달성하는 일이 늘어나고
더 커다란 목표를 향해 가다보면
그 집중력, 바로 초심을 잃기 십상입니다.
열심히 달려가야 할 그 시점에
초심을 잃고 안주하는 순간 주저앉는 것입니다.

초심을 잃지 말라는 말은
진부하게 느낄 수 있지만 매사에 꼭
새기고 있어야 할 중요한 문장입니다.
처음에 행복을 원했던 순간이 지금과
얼마나 많은 차이를 보이고 있는지 비교해보십시오.

아주 작은 목표, 잠깐의 행복을
커다랗게 느끼던 그 순간을 기억해봅시다.
삶에서 가장 소중한 것이 무엇인지
깨닫게 된다면 그때 또다시
마음속에 행복과 초심이 일어날 것입니다.

– 헌시 –

• PART 1

예행연습 – 목표설정

향기 나는 사람이 되자

누구에게나 하루 24시간은 똑같다

긍정을 부르는 교육!

꿈은 열정을 부른다

열정의 복리법칙

소중한 것을 먼저 하라

목적이 이끄는 삶

내 삶의 주체

베풀자 나는 가득 찬다

미래세대를 위한 출산장려 선봉장

01

향기 나는 사람이 되자

누구에게나 존경하는 사람이 한두 명쯤은 있을 것이다. 그중 유한양행의 유일한 박사는 가장 많은 사람들의 공통분모가 되지 않을까 싶다. 이미 세상을 떠나신 지 43년이 넘었건만 그분이 남긴 삶의 자취와 향기는 깊고 진하기 때문에 쉽사리 잊히지 않는다.

유일한 박사는 미국으로 건너가 고학으로 법학공부를 하였고, 한국으로 돌아와 제약회사인 유한양행을 설립하였다. 당시로는 파격적인, 종업원들에게 주식의 30% 이상을 배분하는 우리나라 최초의 종업원 지주제를 실시하였다. 유한양행은 깨끗한 경영으로도 정평이 나 있었다. 5공화국 시절에는 정치자금을 거부한 일로 인해, 정치적 보복을 당할 위험에 처하기도 했다. 그러나 세무조사에서 먼지 하나 나오지 않자 오히려 동탑산업훈장을 받게 되었다.

기업을 하면서도 유일한 박사는 유한학원을 설립하여 어려운 학생들에게 학업의 길을 열어주는 등 사회적으로도 아름다운 일을 펼치는 동시에, 1969년 50년간 맡았던 기업 CEO자리를 전문경영인에게 물려주며 당시 기업문화에 센세이션을 불러일으켰다. 이를 계기로 우리나라에서도 전문경영기업인 시대가 열릴 수 있었던 것이다.

또한 유일한 박사가 존경받는 가장 큰 이유 중 하나가, 1971년 유명을 달리하며 그분이 남긴 유언장 내용이다. 그는 재산을 공익기업에 기부하고 자식들에겐 유산을 거의 남기지 않았다. 그가 가족에게 남긴 유산이라곤 지극히 사소한 것들뿐이었다. 아직 어린 손녀에게 대학자금을 지원해주는 것, 딸에게 대지를 5천 평 상속하여 학생들이 뛰놀 수 있는 동산으로 꾸미게 하는 것, 장남은 대학까지 졸업했으니 앞으로는 자립해서 살라는 것 등이 전부였다.

유일한 박사는 죽음이란 마지막 관문을 건너고 난 뒤에도 남은 사람들에게 큰 반향을 일으켰다. 대기업을 이끌던 사람이 어떻게 가족에게 아무것도 남기지 않을 수 있을까 싶지만, 그가 일생을 통해 보여준 삶의 자세로 추측건대 그는 충분히 그러고도 남았을 것이다.

아버지의 향기는 대대로 전달되었다. 그의 딸 유재라 여사 역시 자신의 재산 200억을 사회에 환원하고 세상을 떠났다. 가히 존경하지 않을 수가 없다.

나 역시 유일한 박사를 무척 존경하는 사람으로서 그분의 평전과 일대기 등을 빠짐없이 읽었다. 은은한 향기는 오랜 시간을 거쳐 정제되고 숙성되어 발향한다. 유일한 박사에게서도 그런 향기가 난다. 사람을 아끼고 사랑하고 평생을 올곧게 살아오신 것들이 정제되고

숙성되어, 오래도록 은은한 향기를 내는 것이 아닐까 싶다.

그분의 향기 나는 삶은 바쁜 세상살이 속에서 잠시 앉았다 가는 쉼터와도 같다. 사람과 사람이 부대끼며 사는 것이 아니라, 서로를 흐뭇하게 바라보며 쉴 수 있게 해주는 것이다.

사람마다 고유한 향기가 있다고 한다. 어떤 이는 향기라고는 할 수 없는 악취가 나기도 하고, 어떤 이는 무향무취다. 얼마나 재미없고 멋없는 인생인가?

나는 오래전부터 미래의 꿈나무들이 책 향기가 나는 사람이 되면 좋겠다고 생각해왔다. 강서구의회 의원활동 당시 그 바람을 담아 청소년문제와 학교문제에 많은 관심을 기울였다. 작은 기회라도 포착하면 아이들이 책과 가까이 지낼 수 있는 방법부터 모색했다. 그중 하나가 바로 시립청소년 직업전문학교 도서관 짓기와 이를 지역주민에게 개방한 것이다.

의정활동 당시만 해도 그 지역에는 시립청소년 직업전문학교가 있었다. 학생 수는 400여 명 남짓 되었는데, 면적과 시설이 상당히 방대했다. 나는 그 방대한 면적의 공간과 시설들을 학생뿐 아니라 주민들에게도 개방한다면, 더욱 효율적으로 쓰일 것이라고 확신했다.

특히 이 넓은 공간에 도서관 시설을 갖추게 한다면 금상첨화일 것 같았다. 당시는 정부가 청소년직업전문학교 내에 도서관을 유치한다는 교육개혁안을 내놓고 있었으므로, 사회교육의 일환으로 이를 활용하면 더 좋을 것 같았다.

서울시에서는 걸어서 10분 이내에 도서관 조성을 하겠다는 '서울시 도서관 및 독서문화 활성화 종합계획'을 마련해 놓고 있다.

하지만 20년 전에는 서울시에 약 22개의 시립도서관밖에 없었다. 이는 인구 50만 명에 한 개꼴인 셈이다. 가까운 일본의 도쿄와 비교하면 15분의 1에 해당하는 수치다. 현실적으로 당장에 많은 예산을 들여 이웃 나라와 어깨를 나란히 할 만한 도서관을 짓는 것은 불가능한 일이다. 그러나 조금만 바꿔 생각하면 좋은 시설을 충분히 이용할 수 있는 방법이 있으리라 믿고, 도서관 설립을 강력하게 주장했던 것이다.

또한 나는 아이들에게 책과 가까워질 수 있는 기회를 자주 주기 위해, 그에 따른 계획을 세워 강력히 추진한 바 있다. 아이들이 책을 가까이하며 자라난다면, 분명 책 향기가 나는 사람이 될 수 있으리란 확신을 가졌기 때문이다.

02

누구에게나 하루 24시간은 똑같다

1987년 팔팔컴퓨터 전산학원을 운영할 때의 일이다. 학원에 다니는 학생 중 시간개념이 없는 녀석이 있었다. 수업시간에 맞춰 오는 것은 일주일에 한두 번뿐이고, 대부분 지각하기 일쑤였다. 어려운 형편의 부모님이 아끼고 아껴서 학원에 보내주셨을 터인데, 녀석은 툭하면 빠지고 지각하여 학원비만 축내고 있었다. 와도 그만 안 와도 그만, 정작 본인은 수업에 관심이 없다는 태도로 일관했다. 어쩌다 제시간에 맞춰 학원에 와도 멍하니 먼 산만 바라보는 등 언제나 무기력해 보였다.

그러던 어느 날 학생의 어머님이 직접 학원비를 들고 오셔서 내게 상담을 요청했다. 어머니로부터 들은 녀석의 상태는 생각보다 심각했다. 방과 후에는 대부분 오락실을 전전하며 시간을 때웠고, 학원은 물론 집과 학교에서도 무관심한 태도로 일관하며 하루하루를 불성실하게 보내고 있다는 것이다. 얼마나 답답하셨으면 직접 학원 원장을 찾아오셨을까? 내게 잘 부탁한다고 말씀하시는 어머니의 얼굴에 근심이 가득했다.

얼마 후 내가 녀석을 불러 마주 앉았다.

"학원 오는 게 재미없니?"

"네, 그냥 다 재미없어요."

"그래도 네가 배우겠다고 시작한 공부잖아. 시간이 너무 아깝다는 생각 안 들어?"

"에이, 남아도는 게 시간인데요, 뭐."

"그래? 그럼 그 남아도는 시간에 학원에서 우리 놀아보자. 컴퓨터를 해도 좋고 책을 읽어도 좋고."

사실 크게 기대하지 않았는데 녀석이 뜻밖에도 내 제안에 관심을 보였다. 그날 이후 나는 그 학생을 위해 시간계획표를 짜주었다. 가능하면 타이트하게 계획을 세우고 그것을 다 마쳐야 돌아갈 수 있도록, 일종의 스파르타식 일정으로 진행했다. 처음에는 버거워서 뒤꽁무니를 빼는 것처럼 보였는데, 차츰 시간계획표대로 움직이기 시작했다. 그러는 사이 녀석의 표정도 달라져 있었다. 무기력하고 게을렀던 행동에 변화가 생기기 시작하면서 학원에서도 적극적인 아이로 변해갔다. 27년이 지난 지금 그 학생은 서울대를 졸업하고 한국은행의 중견간부가 되어, 누구보다 바쁜 일상을 보내고 있다.

27년 전 그 학생의 모습을 돌이켜 보면, 시간을 어떻게 보내느냐가 사람의 인생에서 얼마나 중요하게 작용하는지를 깨닫게 된다. 인생은 순간순간이 모여서 만들어지는 개인의 역사다. 순간이 잘 조각되지 않는다면 결국 전체적인 형태가 무너지고 만다. 우리 앞엔 365개의 조각이 있다. 이 조각들이 모여 1년이란 삶을 이루어내는데, 그 한 조각의 모양을 잘 맞추기 위해서는 수없이 많은 순간들이 씨실과 날실처럼 오가면서 단단한 짜임새를 갖춰나가야 하는 것이다.

누구에게나 하루 24시간은 똑같다. 그 시간을 사람들은 각자의 기준과 정서에 맞춰 활용한다. 어떤 이들은 시간이 너무 모자라 48시간으로 늘어났으면 좋겠다고 아우성이고, 어떤 이들은 남아도는 시간을 주체할 수 없어 그야말로 시간 때우기에만 급급하다.

시간을 알차게 보내는 사람과 그렇지 못한 사람은 삶의 방식부터 다르다. 성공한 이들의 습관을 분석할 때 그들에게서 공통적으로 나타나는 특징 중 하나가, 시간 관리에 철저했다는 사실이다. 정주영 회장은 새벽 세 시에 일어나 아침의식을 다 마친 후, 왜 해가 빨리 뜨지 않느냐며 재촉했다고 한다. 인상주의의 대가 피카소는 사소한 일에 시간을 낭비하는 것이 아까워, 집안에 물건이 가득 찰 때까지 내버려두었다가 더 이상 몸 둘 곳이 없어져서야 비로소 다른 집으로 이사를 했다고 한다.

어디 이들뿐이랴? 성공한 인생을 걷고 있는 이들은 모두가 시간의 소중함을 일찍부터 깨달았다. 남들이 자는 시간에 일어나 자신만의 시간을 갖는 것은 물론이요, 미리 짜놓은 스케줄대로 이동하면서도 자투리 시간을 활용한다. 그들이 분 단위로 짜놓은 스케줄은 시간을 쪼갠다는 의미가 어떤 것인지 확실히 보여주는 것으로 혀를 내두를 정도다.

이들이 그토록 시간을 아끼며 생활했던 이유는 무엇일까? 순간순간 자신이 하고 있는 일에 충실할 때마다 솟아오르는 열정이 그 이유이고, 그 열정이 결국 자신이 지향하는 목표점에 다다르게 한다는 진실을 깨달았기 때문일 것이다.

세상에는 살인殺人 못지않게 무서운 말이 있다. 살시殺時, 즉 시간을 죽인다는 말이다. 살인만이 큰 범죄가 아니다. 시간을 죽이는 살시는 자기 자신에 대한 대역죄다. 살시라는 대역죄를 짓고 가책하는 양심을 외면해선 안 된다. 1초 1초가 자신이 만들어가는 것임을 늘 기억하고, 그 순간에 충실해야 한다. 그러므로 더 이상은 게으름이나 나태함 따위에 시간을 허비하지 않기 바란다.

오늘이라는 날은 두 번 다시 오지 않는다.

"시간의 참된 가치를 알고 그것을 붙잡아 억류하라."는 체스터필드의 말을 잊지 말자. 지금 당신이 보내고 있는 순간 역시 다시 오지 않는다. 순간에 충실할 때, 1초의 위대함을 뼈저리게 느끼며 살아갈 때, 우리는 삶의 열정을 회복할 수 있을 것이다. 이는 전 세계에서 가장 많은 독자를 가진 인생 상담 칼럼니스트 앤 랜더스의 글을 통해서도 확인할 수 있다.

지혜로운 사람은 시간을 잘 활용합니다.

생각하는 시간을 가지십시오. 사고는 힘의 근원이 됩니다.

노는 시간을 가지십시오. 놀이는 변함없는 젊음의 비결입니다.
책 읽는 시간을 가지십시오. 독서는 지혜의 원천이 됩니다.
기도하는 시간을 가지십시오. 역경에 처했을 때 도움이 됩니다.
사랑하는 시간을 가지십시오. 삶을 가치 있게 만들어줍니다.
우정을 나누는 시간을 가지십시오. 생활에 향기를 더해줍니다.
웃는 시간을 가지십시오. 웃음은 영혼의 음악입니다.
나누는 시간을 가지십시오. 주는 일은 삶을 윤택하게 합니다.
가족과 함께 있는 시간을 가지십시오. 삶에 활력을 줄 것입니다.

03

궁정을 부르는 교육!

학원교육이 확산되고 있던 1988년, 내가 운영하던 전산학원으로 꽤 많은 학부모들이 찾아왔다. 학원이 있던 강서구는 부촌이 아니었던 터라 다들 빠듯한 살림이었다. 그러나 학부모들의 학구열만은 어디에도 못지않았다. 이런 상황을 잘 알고 있었기에 나는 학원 선생님들에게 학생들을 각별히 신경 써주기를 거듭 부탁하곤 했다.

선생님들 중 가장 고마운 분이 문태은 선생님이다. 학원을 처음 시작했을 때부터 수업을 맡아주었는데, 지금은 한양대학교에서 박사 학위를 받고 컴퓨터 공학과 교수로 재직 중이다. 문 선생님은 학원의 부족한 부분을 채우기 위해 물심양면으로 힘써주었고, 무엇보다 아이들의 교육에 최선을 다했다. 열과 성을 다한 문태은 선생님 덕분에 나 또한 많은 것을 배우며 아이들과 함께 성장해 나갔다.

그러한 까닭에 우리 전산학원이 조금씩 유명세를 타기 시작했다. 어느 날 한 어머니가 학원으로 나를 찾아오셨다. 이미 큰아들을 우리 학원에 보내고 계신 분이었다.

"저… 선생님, 그게… 우리 애 잘하고 있지요?"

"네, 그럼요. 어머니, 어려워 마시고 편하게 말씀하세요."

"그게 말이죠. 우리 작은애도 학원을 보내고 싶은데, 저희 사정이 좀 그래서요…."

큰맘 먹고 어려운 이야기를 꺼내신 듯했다. 어머니의 얼굴이 이미 벌겋게 번져 있었다. 그 순간 문득 시골에서 우리 형제들을 키우신 어머니가 떠오르며 가슴이 울컥했다.

"어머니, 원하시면 작은아이도 보내세요. 학원비는 걱정 마시구요."

"아니, 그래도… 다만 얼마라도 보태야…."

"괜찮습니다. 대신 와서 열심히 배워야 한다고 말씀하세요."

그때를 계기로 학원에서 무료교육을 실시하게 되었다.

나는 가정형편이 어려운 아이들에게 무료교육을 지원하는 일에 적극적으로 뛰어들었다. 젊은 나이에 도전한 학원사업에서 다크호스로 떠오를 수 있는 조건을 갖춰가고 있던 무렵이었다. 당시 무료교육은 어찌 보면 발목을 잡힐 수도 있는 일이었다. 어떤 이들은 너무 밑지는 장사가 아니냐고 노골적으로 내게 묻기도 했다. 하지만 나는 교육현장에 있는 사람으로서 양심을 지키고 싶은 마음이 더 컸다. 형편이 어려운 아이들에게 교육받을 기회를 열어놓는 건, 교육자로서 최소한의 의무라고 생각했다.

무료교육 대상자의 경우 공부를 하겠다는 의지만 있으면 가능한

한 다 수용하려고 했다. 그러다 보니 1천여 명이 넘는 아이들이 우리 학원을 통해 무료로 컴퓨터 학습을 받게 되었다. 그리고 아이들은 내 노력이 결코 헛되지 않았음을 훗날 증명해 주었다.

무료강습은 결코 밑지는 교육이 아니었다. 동네의 한 전산학원에서 시작된 작은 나눔교육의 파급효과가 예상 외로 컸던 것이다. 지역주민 사이에서 우리 학원의 이미지가 급상승했고, 날개를 단 듯 입소문이 퍼졌다. 그 덕분에 나는 이원종 서울시장으로부터 1994년 '자랑스러운 서울시민상'까지 수상하는 영광을 안았다. 또한 거시적으로는 선거에 도전했을 때 과거 무상교육을 했다는 점이 좋게 작용하여 소중한 한 표로 돌아왔고, 그 결과 무소속으로 출마했음에도 불구하고 압도적인 표 차이로 당선되었다.

무엇보다 좋은 것은 학원을 거쳐 간 많은 아이들이 바르고 정직하게 성장하여, 사회의 각 분야에서 빛과 소금이 되고 있다는 사실이다. 그들은 27년이 지난 지금까지도 나를 찾아와 고마운 마음을 전하고 있다. 공교육이니 사교육이니 말도 많고 탈도 많은 시대에, 해마다 카네이션을 들고 찾아오는 제자들이 많다는 것은 영광스러운 일임에 틀림없다.

이처럼 사람이 서로 부비며 살아가는 곳에서 계산적인 것은 마냥 좋은 것만이 아니다. 계산력에 민감하기보다 이해력에 민감한 편이 더 옳다. 밑지는 것 같은데 결국 이익이 되는 것, 이런 아이러니가 사람과 사람 관계에 분명히 존재한다. 밑지고도 잘해주는 우직함이 사람과 사람을 잇는 진심의 끈이 되기 때문이다. 이 대표적인 예로 장기려 박사님을 들 수 있다.

한국 의료계의 큰 별이자 대표적인 바보로 일컬어지는 장기려 박사님! 그는 의사가 된 동기를, 의사를 한 번도 못 보고 죽어가는 가난한 사람들을 위해 뒷산 바윗돌처럼 항상 서 있는 의사가 되기 위해서라고 밝힌 바 있다.

1950년 그는 아내와 5남매를 북한에 남겨두고 차남만 데리고 월남하여, 이듬해부터 부산 영도구에 천막을 치고 복음병원을 세워 행려병자를 치료하기 시작했다. 1968년에는 한국 최초의 의료보험조합인 청십자靑十字 의료보험조합을 설립 운영하였으며, 전간(간질) 환자 치료모임인 '장미회'를 설립하여 그 치료에도 정성을 쏟았다.

1975년 복음병원에서 정년퇴임하시고는 고신대학교 복음병원이 병원 옥상에 마련해준 20여 평 관사에 사실 정도로, 평생을 집 한 채 없이 무소유로 일관하신 분이다.

현실적으로 장 박사님은 늘 밑지고 손해 보는 의사였다. 하지만 장 박사님에게로 향한 사람들의 존경과 사랑을 놓고 보면 밑진 것이 아니리라. 더욱이 그의 헌신적인 행동 덕택에 많은 사람들이 긍정적인 힘을 얻게 됐으니 말이다.

사람과 사람을 잇는 긍정의 에너지를 꿈꾼다면, 당장은 손해 보는 것 같지만 종래에는 서로에게 대단한 이익을 가져다줄 것이다.

第437號

자랑스러운市民賞

市民和合部門

권 선 복

貴下는 밝고 健全한 社會氣風 造成과 地域社會發展에 貢獻하여 一千萬 市民의 龜鑑이 되었기 이를 높이 致賀하여 1994年度 서울特別市 자랑스러운 市民賞을 드립니다.

1994年 6月 9日

서울特別市長 李 元 鐘

이원종 서울시장님에게 상금 100만 원과 함께 받은 자랑스러운 市民賞 상패

04

꿈은 열정을 부른다

컴퓨터 전산학원의 무료강습이 입소문을 타면서, 긍정의 파급효과가 점차 강서구 전체로 퍼져나가기 시작했다. '자랑스러운 서울시민상'까지 받게 되자 주변에서는 강서구를 위해 공적인 일을 해보는 것이 어떻겠냐는 권유가 이어졌다. 서울로 올라온 뒤 십수 년을 앞만 보고 달려온 내가 어떻게 구민을 위해 큰일을 하겠느냐는 생각이 들면서도, 한편으로는 지금까지 얻은 것을 나누면서 그들에게 뭔가 헌신하고 싶다는 생각이 들었다.

나는 그때부터 내가 어떤 일에 도전하면 좋을지 고민하기 시작했다. 최종적으로 내린 결론은 강서구의회 의원으로서의 도전이었다. 기초의원 선거가 직선제로 바뀐 지 얼마 되지 않은 때였다. 그 당시 기초의원은 무보수 봉사직, 말 그대로 봉사만 하는 자리였기에 더욱 안성맞춤이라고 생각했다. 게다가 사업은 사업대로 할 수 있으니 그것도 감사한 일이었다.

그렇게 나는 34세라는 젊은 나이에 강서구의회 의원선거에 도전장을 내밀었다. 그간 어떠한 정당 활동에도 관여치 않던 나로서는 어찌 보면 무모한 도전이었고, 한편으론 무한도전이기도 했다. 이러한 사실을 알게 된 가족과 지인들은 강력하게 말렸다. 정치는 아무나 하는 것이 아니라는 말은 하도 들어서 귀에 딱지가 앉을 정도였다.

하지만 나에게는 너무나도 간단하고 단순한 이유가 있었다. 주민들에게 받았던 사랑을 돌려드리고 그들을 위해 봉사하고 싶다는 생각이 그것으로, 나는 내 꿈을 부채질했다.

무소속의원 후보. 그것도 30대 초반의 새파란 젊은이가 내로라하는 지역유지들이 포진한 상태에서 선거를 치르는 일은 결코 녹록한 일이 아니었다. 그렇지만 그동안 경영하던 학원을 통해 알게 된 학부모들과 주민들의 파워도 만만치 않았다. 그들은 나의 든든한 지지세력이 되어 두터운 표심을 형성하였고, 그 결과 무소속이던 내가 강서구의회 의원에 압도적으로 당선될 수 있었다. 당시에는 무소속으로 당선되었다는 사실 자체가 가히 이변이라 할 만한 결과였다.

나는 지역을 위해 봉사하겠다는 꿈에 한 발짝 다가섰다는 생각에 뛸 듯이 기뻤다. 처음 구의회에 몸을 담그기 시작했을 때는 구민을 위한 의정보다는 정치성을 띤 의회의 모습에 실망하기도 했다. 그러나 나는 그때마다 꿈을 되새겼다. 정치적인 한계를 뛰어넘어 봉사하는 사람이 되겠다는 꿈에 몰두한 것이다. 그러다 보니 해야 할 일들이 눈에 보이기 시작했다.

꿈은 열정을 불러일으킨다. 그 당시 '봉사라는 것이 무엇인가?'에 대한 나의 생각은 간단명료했다. 주민들이 불편해하기 전에 알아서 불편을 해결해 주는 것과 따뜻하고 진실한 마음으로 누구에게든 도움을 주는 것이었다. 나는 이 단순한 진리를 믿고 주민들과 만났다. 남들이 싫어하는 일을 먼저 나서서 하려 했고, 어려운 사람들을 도와주는 일엔 항상 앞장서서 노력했다. 내가 생각한 강서구의회 의원은 정치인이라기보다는 지역민의 민원을 함께 고민하고 해결할 수 있도록, 반걸음 미리 그 길을 걸어가 주는 사람이었다.

그러다 보니 나의 책상 위 전화기에는 각종 민원을 해결해 달라는 요청이 잇따랐다. 특히 학원을 경영하면서 청소년 관련 활동을 꾸준히 해왔던 터라, 의원활동을 하면서 그 일에 더욱 집중할 수 있었다. 생활이 어려운 청소년들과 직장을 갖지 못한 청년들의 학업과 일터를 찾아주는 일, 몸이 불편한 어르신들을 보살피는 일, 중소기업에 대한 정보를 모아 일터와 연결시키는 일 등, 내가 많이 움직일수록 더 많은 사람들이 편리함을 얻을 것이라고 생각했다.

하루가 어떻게 지나가는 줄도 모른 채 의정활동에 몰두했다. 사업체를 운영하는 일도 겸해야 해 힘에 부칠 때도 있었지만, 꿈은 한시도 나를 놓아주지 않았다. 의회에서는 강서구의회 의원으로 구 예산안을 효율적으로 확보하는 일에 끊임없이 아이디어를 냈고, 그러한 아이디어를 전국적으로 확산시켜 전국 기초자치단체에 선례를 남기기도 했다. 당시 강서구를 얼마나 누비고 다녔는지, 남들에 비해 구두밑창이 빨리 닳아 없어졌다.

그런데 그렇게 뛰어다녔는데도 피곤하거나 하고 싶은 의지가 꺾인 적이 한 번도 없었다. 지역주민들은 그런 나를 향해 '지역민원의 해결사' '초심初心을 잃지 않는 의원'이란 명예로운 수식어를 붙여주었다. 그렇게 꿈을 향해 달린 시간들이야말로 다름 아닌 열정의 시간들이었다. 물론 현재에도 또 다른 꿈이 나를 이끌고 있기에, 그때와는 또 다른 열정에 붙들려 산다.

꿈을 꾸는 사람은 계속해서 꿈을 생성해낸다. 꿈이 없는 사람은 꿈을 품는 방법을 잊어버리고야 만다. 어떤 상황에서든 꿈을 잃지 않도록 노력해야만, 삶에 대한 열정도 뿜어져 나오는 법이다.

지금 열정적인 삶을 꿈꾸고 있는가? 그렇다면 먼저 자신의 꿈을 점검해보자. 꿈도 없이 열정을 바라는 건 어리석다. 뭔가 간절히 바라는 것이 있을 때 강력한 에너지가 발생하는 것이다. 이에 대해 미국의 전 대통령 우드로 윌슨도 강조한 바 있다.

"우리는 꿈을 통해 성장한다. 모든 위대한 사람들은 공상가다. 그들은 여름날 부드러운 안개 속에서, 겨울밤 따뜻한 불 앞에서 사물을 본다. 어떤 사람들은 위대한 꿈을 묻어버린다. 하지만 그 꿈을 키우고 끝까지 간직하는 사람들도 있다. 어려운 시절 그러한 꿈을 키워라. 꿈이 현실로 이루어질 날을 진심으로 바라는 사람은 반드시 그러한 꿈이 빛을 보게 될 것이다."

"꿈이 현실로 이루어질 날을 진심으로
바라는 사람은 반드시 빛을 보게 될 것이다."

05

열정의 복리법칙

지역구 활동을 하며 나는 동료들로부터 좋은 말도 많이 들었지만 쓴소리도 많이 들었다. 한마디로 내가 너무 나댄다는 것이었는데, 그들이 뜯어말려도 어쩔 수 없는 일이었다. 후회 없도록 일하는 것이 나는 당연하다고 생각했다. 누군가 나의 과실을 대신 후회해 줄 수 있는 문제도 아니지 않는가. 설사 후회하게 된다 하더라도 내가 보고 있는 10미터 앞은 전혀 다른 곳이었다.

나는 하루 24시간이 모자라게 지역구를 헤집고 다녔다. 하루에도 몇 번씩 속이 터지는 현장과 맞닥뜨려야 했는데, 그때의 '지켜보는 괴로움'은 말로 표현할 수 없었다. 나와 같은 의원들에게는 행정기관을 감독하는 임무가 있었기에, 공직자들의 태도를 매의 눈으로 살펴볼 수밖에 없었다. 그 때문에 가끔씩 공직자답지 않은 모습을 목격하게 될 때면 속에서 울화가 차오르곤 했다.

그것이 한계에 도달한 사건이 있었다. 2003년 청년실업이 심각한 가운데 구청에서 대학생 아르바이트생을 모집했다. 여름방학을 맞아 대학생 아르바이트생을 고용키로 한 것인데, 50명분 일자리에 무려 1,200여 명이 지원했다. 그중 50명만이 일할 수 있었고, 나머지 1,150명은 일을 하고 싶어도 일을 할 수 없는 실정이어서 너무 안타까운 상황이었다.

정작 미래를 위해 대학에 진학했음에도 불구하고, 등록금 때문에 학업을 계속하지 못하는 학생들의 현실 또한 가슴이 아팠다. 실제로 온전한 아르바이트 자리를 구하지 못해 휴학생 대부분이 탈선하기 쉬운 곳에서 일하고 있었다. 위험천만해도 시급이 높기 때문이었다.

이는 기성세대가 함께 노력하지 않으면 안 될 문제였다. 나는 관련 공무원을 만나 어떠한 이야기라도 들어야 했다.

"우리 청년들이 왜 그렇게 대거 탈락했습니까?"

"예산이 50명분밖에 없었습니다."

사무적인 대답이었다. 1,200명의 학생 모두 아르바이트를 하고자 열과 성을 다해 자기소개서를 쓰고 이력서를 넣었을 텐데, 돌아온 답변은 너무나 매정했다. 나는 노동부 청년직장체험 프로그램을 통해 학생들에게 일자리를 연계할 방법이 있을 것이란 생각이 들어 다시 물었다.

"그럼 노동부에서 청년들을 상대로 다양한 직장체험 프로그램을 하고 있는데, 지금 지원자들에게 혜택이 돌아갈 수 있게 하는 방법은 없나요?"

"네?"

"아니, 정부에서 청소년 고용촉진의 일환으로 대학교 재학생과 휴학생들에게 직장체험 연수를 실시하고 있는 프로그램이 있지 않습니까? 그런 직장체험을 통해 직업능력을 계발하거나 경력을 쌓을 수 있도록 하면 훨씬 좋을 것 같아서 말씀드린 건데, 혹시 모르고 계셨습니까?"

"네… 잘…."

순간 뒤통수를 세게 얻어맞은 느낌이었다. 관련 일을 담당하는 공무원으로서 그러한 정보도 파악하지 못하고 있었다는 사실이 충격이었다. 담당자 이외에 이 일과 관련된 공무원들은 이런 정보를 몰랐을 리 없을 텐데, 되면 되고 아니면 마는 식으로 간과하고 있었다는 사실에 안타까웠다.

나는 이 일과 관련하여 정보를 수집했다. 관련 공무원들을 닦달하여 아르바이트 자리를 마련할 대책을 세우는 것이 마땅히 내가 할 일이었다. 괜한 돈을 들이지 않아도 노동부 강서고용안정센터와 강서구에 소재한 기업들을 연계하여 선정하면, 탈락된 학생들에게 일자리를 제공할 기회가 마련될 것이라고 생각했다. 찾아보면 분명 더 많은 일자리가 있을 것 같았다.

한번은 '독도는 우리 땅' 문구가 새겨진 연을 판매하는 아르바이트 자리가 난 것을 확인하고, 공무원에게 달려간 적이 있다.

"새로 판매직 아르바이트 자리가 났으니 지난번 아르바이트 신청학생들에게 관련 메일을 보내주세요. 다들 일자리를 원하고 있으니 좋아할 것입니다."

"그건 좀 곤란합니다."

"네? 그곳은 사람을 금방 구할 수 있어 좋고, 신청 학생들은 기다리던 일자리를 구할 수 있어 좋으니 금상첨화가 아닙니까?"

"그게, 그 학생들은 구청에서 일할 아르바이트 신청 건으로 이메일 주소를 확보한 것이기 때문에, 다른 자료로는 절대 활용할 수 없습니다."

"아니, 이거 보세요. 그런 무사안일한 탁상행정이 어디 있습니까? 구청에서 또 다른 일자리를 제공하겠다는데 그게 무슨 정보 활용이 됩니까? 안 그러면 또다시 공고를 내고 사람들이 몰려오고 선정하는 일을 반복해야 하잖아요. 적극적으로 생각해보시라고요."

"그래도 그건 좀…."

난감해하는 직원의 표정을 지켜보면서, 나는 큰 벽에 부딪힌 느낌이 들었다.

그 후로 의회가 열릴 때마다 관련 공무원들이 조금만 더 적극적으로 생각하고 뛰어줄 것을 요청했다. 구청 공무원부터 조금만 더 열린 사고와 적극적인 생각을 한다면, 더 많은 구민들이 활력 있는 삶을 살아갈 수 있을 것이라는 확신이 있었다.

구청도 나도 그리고 관련 직원들도 조금씩 더 뛰었다. 개인정보 유출이라는 구태의연한 탁상행정이 사라지고, 보다 적극적인 자세로 일자리 창출을 하게 된 것이다.

06

소중한 것을 먼저 하라

우장산

강서구의회 의원활동을 하던 당시 나는 환경에 대한 관심이 많았다. 서울 강서지역은 도심지역이다 보니 공해와 환경오염으로 시달리는 곳이기도 했다. 나는 구민들의 건강을 지키기 위해서 무엇을 하면 좋을까, 늘 고심하며 새벽마다 산에 올랐다. 상쾌한 새벽공기를 마시며 산에 오를 때면 주민들과 만나 대화를 나누고 쓰레기를 줍기도 했다. 그러다가 문득 스치는 생각이 있었다. '맞다! 숲이다!'

자연이 그대로 보존될 수 있도록 산의 훼손을 최소화하고, 시민들과 함께할 수 있는 시민의 숲을 우장산에 조성하면 좋겠다는 생각이 든 것이다. 그런데 당시 강서구청의 생각은 나와 달랐다. 시민의 숲은 따로 부지를 매입하여 세우고, 우장산에는 차가 다닐 수 있는 도로를 개설한다는 계획을 세우고 있었다. 나는 어떤 이유에서든지 도로건설은 반대였다. 만약 우장산에 도로를 건설한다면, 우장산은 말할 것도 없고 구민들의 건강까지 해칠 것이 뻔했기 때문이다. 나는 우장산을 시민의 쉼터와 자연환경으로 보존하는 것을 가장 큰 목표로 삼고, 도로건설에 강력 반대를 외쳤다.

강서구에는 작고 아담한 산이 많았다. 우장산을 비롯해 개화산 등 오르기 딱 좋은 산들이 많았는데, 이러한 자연환경은 축복받은 선물이었다. 산이 많은 동네에 사는 것 자체가 아무나 누릴 수 없는 특별한 행복이기 때문이다. 그렇기에 근처 산에 시민의 숲 같은 공간이 마련되면, 더 많은 이들에게 자연을 체험할 수 있는 기회가 제공될 것이었다. 그런데도 구에서는 굳이 따로 부지를 매입하여 시민의 숲을 조성할 계획을 세웠다.

강서구에는 20년이나 방치된 땅이 있을 정도로, 유난히 많은 땅이 도시계획시설로 묶여 있었다. 그런 곳에 공원을 조성하려 한다면 여간 어려운 일이 아니다. 예산도 많이 들어갈뿐더러 자연을 만끽할 수 있는 기회가 줄어드는 결과가 나오기 때문이다.

이런 연유에서 나는 시민의 숲 부지로 산을 주장했다. 그간 무수히 오르내렸던 우장산과 개화산, 봉제산, 수명산 등등의 산에 공원이 조성된다면 예산적인 면에서도 훨씬 절약이 되고, 자연을 배경으로 하는 공원이란 점에서 일석이조의 효과가 발생할 것이라고 강조했다. 나의 발언이 점점 힘을 얻게 되어 결국 우장산에 도로를 만들겠다는 계획은 폐지되었고, 내 바람대로 시민을 위한 숲길이 조성되었다. 그 결과 현재 우장산은 '가을철 걷기 좋은 서울길 10선'에 이름을 올리는 쾌거를 이루어냈다.

우장산 숲길은 5.5km의 짧은 길이므로 가벼운 산책에 적합한 코스다. 특징은 두 개의 봉우리를 중심으로 뱅글뱅글 돌며 우장산 공원과 공원 내의 숲길을 즐길 수 있다는 점이다. 공원 외곽으로는 남산 순환산책로를 연상시키는 포장산책로가 잘 나 있고, 봉우리 부근에는 숲으로 난 흙길 산책로가 거미줄처럼 뻗어 있다. 어느 길이든 정상을 향해 있어 마음껏 헤매도 된다는 매력까지 갖고 있다. 우장산은 이제 강서구 주민들이 산을 오르내리며 공원에서 휴식과 여유를 찾는 장소가 되었다. 만일 그때 도로가 생겼더라면 이러한 아름다운 자연을 나눌 기회가 영영 사라졌을지도 모른다.

나는 지금도 누군가 "도로가 생겨 교통이 편리해진다는 이점과, 사람이 쉴 수 있는 단순한 공간이지만 자연환경을 보호할 수 있는 이점 중 무엇을 더 중시해야 하나?"라고 묻는다면, 무조건 후자라고 답할 것이다. 자연이야말로 불변하는 최우선순위이기 때문이다.

이처럼 목표를 정할 때는 우선순위가 중요하다. 우선순위를 어떻게 정하느냐에 따라 인생이 달라진다 해도 과언이 아니다.

다음의 이야기에는 우리가 삶에서 우선순위를 정해야 하는 이유가 잘 나타나 있다.

한 대학교에서 시간관리 특강이 열렸다. 시간관리 요령을 배우기 위해 많은 학생들이 커다란 강의실로 모여들었다. 특강강사인 시간관리 전문가가 테이블 밑에서 커다란 항아리를 꺼내 테이블 위에 올려놓았다.

"자, 여러분! 한 가지 실험을 해봅시다."

그는 커다란 항아리 옆의 또 다른 상자에서 주먹만 한 돌을 하나씩 꺼내 항아리 속에 옮겨 넣었다. 항아리에 돌이 가득 담기자 그가 물었다.

“이 항아리가 가득 찼습니까?”

학생들이 이구동성으로 “예!”하고 대답했다. 또다시 그가 테이블 밑에서 조그마한 자갈 부스러기들을 꺼내 항아리에 가득 집어넣고 나서 학생들에게 물었다.

“이 항아리가 가득 찼습니까?”

똑같은 질문에 다소 당황한 학생들이 “글쎄요.”라고 대답했다. 그가 학생들의 반응에 빙그레 웃으며 이번에는 항아리를 채우고 있는 주먹만 한 돌과 자갈의 빈틈 사이로 가는 모래를 채워 넣었다. 그러고는 전과 똑같이 물었다.

“이 항아리가 가득 찼습니까?”

학생들이 고개를 갸웃거리자 그가 물주전자를 꺼내 항아리에 물을 부으며 마지막으로 물었다.

“이 실험의 의미가 무엇이겠습니까?”

한 학생이 손을 들고 대답했다.

“정말 바빠서 스케줄이 가득 찼더라도, 열심히 노력하면 새로운 일을 그 사이에 추가할 수 있다는 의미 같습니다.”

“아니요, 그것이 요점이 아닙니다. 이 실험이 우리에게 주는 의미는 만약 큰 돌을 가장 먼저 항아리에 넣지 않는다면, 그 큰 돌은 영원히 넣지 못할 것이라는 점입니다.”

이 이야기는 스티븐 코비 박사가 저술한 『소중한 것을 먼저 하라』

라는 책의 일부분이다. 최선을 다해서 열심히 사는 것도 중요하지만, 자신의 삶에서 가장 소중한 것이 무엇인지 그것부터 생각하라는 의미다.

그럼 한번 스스로에게 물어보자. 자신에게 있어 큰 돌은 무엇인가? 재물? 승진? 사업? 우정? 봉사? 정치적 성공? 화목하고 다복한 가정?…. 저마다 우선순위에 무엇을 두느냐에 따라 인생이 달라질 것이다.

큰 돌은 자신의 목표다. 자갈은 직업이며, 모래는 그 과정이다. 인생이라는 항아리 속에 내가 목표로 하는 큰 돌을 먼저 넣는다면, 자갈과 모래들이 항아리를 채우듯 인생을 채우게 된다. 즉, 목표를 가지면 목표를 이룰 수 있다는 뜻이다.

반대로 모래와 자갈부터 넣는다면 어떻게 될까? 작은 것에 급급하다가 결국에는 큰 돌을 넣을 수 없게 된다. 큰 꿈을 위해서는 작은 돌의 유혹을 뿌리칠 수 있어야 한다는 것이다. 자신의 인생에서 큰 돌이 과연 무엇인지, 스스로 묻고 찾아보자. 그리고 그것이 무엇이든 간에 인생이라는 항아리에 가장 먼저 넣어야 한다는 것을 절대로 잊지 말자.

〈목표 설정 시 고려해야 할 5가지 요소〉

1. 적극적이고 건설적인 목표를 세워라. '무엇을 하고 싶지 않다'가 아니라 '무엇이 하고 싶다'고 확실히 하자.
2. 구체적인 형태로 목표를 세우고 기한을 정하라.
3. 목표 달성 후 자신의 구체적인 이미지를 생각하라. 그것이 목표 달성에 도움이 된다.
4. 자신의 힘으로 달성할 수 있는 목표를 세워라. 자신의 행복은 자신의 힘으로 성취해야 한다. 타인에게 의지하지 말라.
5. 자신은 물론 주위 사람에게도 도움이 될 수 있는 목표를 세워라.

– 맨터니 로빈스

하루 5분 긍정훈련

·시련이지 실패가 아니다.
·"이봐 채금자(책임자), 해봤어?"
·고정관념이 사람을 멍청이로 만든다.
·나는 그저 부유한 노동자에 불과하다.
·머리는 쓰라고 얹어 놓고 있는 것이다.

– **정주영** 회장의 어록

07 목적이 이끄는 삶

'갈택이어竭澤而漁'라는 고사성어가 있다. 연못의 물을 모두 퍼내 고기를 잡는다는 뜻으로, 일시적인 욕심 때문에 먼 장래를 생각하지 않는다는 의미다. 이 고사성어의 어원은 중국 춘추시대로 거슬러 올라간다. 춘추시대 진나라의 문공이 성복이란 곳에서 초나라와 일대 접전을 벌였다. 초나라 군사가 진나라보다 훨씬 많았고 병력도 막강했다. 문공은 궁리 끝에 호언이란 자에게 조언을 구했는데, 이런 대답이 돌아왔다.

"예절을 중시하는 자는 번거로움을 두려워하지 않고, 싸움에 능한 자는 속임수를 쓰는 것을 싫어하지 않는다고 들었습니다. 속임수를 한번 써보시지요."

문공은 이번에는 이옹이란 자에게 조언을 구했다.

"저는 그 의견에 동의할 수 없습니다. 그렇다고 제게 별다른 방법이 있는 것은 아닙니다. 다만 못의 물을 모두 퍼내 물고기를 잡으면 잡지 못할 리 없지만 훗날에는 잡을 물고기가 없을 것이고, 산의 나무를 모두 태워 짐승들을 잡으면 이 역시 잡지 못할 리 없겠지만 뒷날 잡을 짐승이 없을 것입니다. 지금 속임수를 써서 위기를 모면한다 해도 임시방편일 뿐입니다."

이에 문공은 눈앞의 이익을 추구하는 속임수가 아닌 정공법으로 진나라와 싸웠다고 한다.

내게도 이러한 '갈택이어'의 상황에서 고민하던 때가 있었다. 전산학원에서 전자 지불 솔루션 벤처기업으로 전환하여 회사를 이끌어갔지만, 하루가 다르게 바뀌는 기업환경 때문에 변화와 혁신이 필요한 시점이었다.

나는 그동안의 노하우와 의원활동으로 넓어진 인맥과 정보를 활용하여, 탄탄한 기업을 형성하는 것만큼은 자신이 있었다. 그 사이 원천기술력을 인정받아 여러 가지 상도 받았고, 정보화 경영시스템의 모델로 성장하고 있었기 때문이다.

그때 내 마음을 사로잡은 단어는 '가치와 사명'이었다. 기업들에 대해 면밀하게 분석하다 보니, 오랜 시간 사람들에게 인정받고 살아남는 기업들은 하나같이 나름대로의 가치와 사명을 갖고 있었다.

세계적인 브랜드로 인정받고 있는 패션 브랜드도 마찬가지였다. 자신의 정체성을 확실히 깨닫고 정통성을 고수하면서, 소비자들을 사랑하는 마음을 담고 있는 것이다.

구두의 명가 페라가모의 회장은 "돈을 벌겠다는 욕심으로 구두를 만들면 실패한다. 좋은 구두를 만드는 것은 사람에 대한 연민과 사랑에서부터 출발해야 한다."고 말했다.

루이비통의 기업적 사명은 삶 속의 예술이라는 세련된 특성들을 세계적으로 재현한 것이었다. 그들은 문화적 가치에 전통과 혁신을 합하여 사람들에게 꿈과 판타지를 심어주었다.

또한 세계적 제약회사 머크사의 CEO인 조지 윌리암 머크 역시 "기업의 사명을 세울 때는 이익을 내세워서는 안 되고, 고객과 사회에 확실한 가치를 제공한다는 원칙을 반드시 지켜야 한다."고 말한 바 있다.

나 역시 기업의 가치와 사명을 되새겼다. 단순한 이익을 창출하는 것보다 더 높은 이상을 실현하고 싶었다. 모두가 win-win 할 수 있고 상생할 수 있는 아이템에 대해 수도 없이 고민했다. 이 땅에 태어나서 되도록 많은 이들에게 도움을 주고 갈 수 있는 사람이 되고 싶었다.

그러던 중 때마침 블루오션을 발견하게 되었다. 그간 의회활동을 하면서 알게 된 여러 제도에서 힌트를 얻은 것이다. 당시 정부에서 무상으로 지원하는 다양한 중소기업 지원금 제도가 있었다. 그런데 대부분의 중소기업들이 이를 활용하지 못하고 있었다. 아예 존재 자체를 모르거나, 지원절차를 까다롭게 여기는 것 같았다. 면밀히 조사해보니 중소기업 중 정부지원 제도를 활용하는 기업은 5%에 불과했다. 이 지원금 제도를 잘만 활용하면, 새롭게 기업을 운영하는 동시에 다른 기업에도 도움을 줄 수 있겠다는 생각이 들었다.

여기서 착안하여 나는 2005년 정부지원금 전문기업 자문회사인 지에스데이타를 설립하였다. 우리 회사에서는 청년인턴지원제도, 고급인력지원금, 연구인력지원금, 경영인증, 인재파견 등의 5가지 부분에서 중소기업 자문과 인증기업에 인재파견 업무를 시작했다.

노동부에서는 청년실업 대책의 일환으로 직원을 채용하는 기업에 지원을 해주고 있다. 한 해 인턴기간 6개월 동안 매월 80만 원씩, 정규직으로 고용할 경우 월 65만 원씩 지원하는 청년인턴제도는 청년 실업 문제를 보다 적극적으로 해결하는 방법이었다.

나는 이 제도를 알리기 위해 중소기업을 찾아다니기 시작했다. 서로에게 유익하고 사회적으로 아름다운 조화를 이루는 일에 내가 동참할 수 있었던 것은, 진정 긍정의 힘 덕분이었다. 물론 지원금을 받는 과정이 쉬운 일은 아니었다. 그럴수록 나는 고객과 사회에 확실한 가치와 사명을 제공한다는 인식으로 일에 몰두했다.

서울에 사업장을 둔 회사에서 직원을 채용할 때는 월 100만 원씩 서울시에서 1년간 무상으로 지원해 주었다. 또 석·박사 또는 경력 5년 이상의 직원 채용 시에는 1인당 최대 1,080만 원을 지급받을 수 있었고, 연구소는 연구인력 지원금을 제공받을 수 있었다. 우리 회사는 이런 사실을 몰라 활용하지 못하고 있는 회사들에게 알려주고, 그 혜택을 볼 수 있게 도와주었다. 사회를 조금 더 밝게 만드는 일에 기여하는 회사를 만들어 나가기 시작한 것이다.

긍정의 힘은 실로 위대했다. 자문을 구하는 회사에도 좋은 영향을 미쳤고, 우리 조직에도 강력한 힘을 불어넣었다. 이 덕분에 회사는 기업의 운영을 효율적으로 돕기 위해 각종 서비스를 대행하고 인재파견과 기업자문 분야의 전문 서비스업체로 결국에는 자리 잡게 되었다.

현재 우리 회사가 1,000여 중소기업과 함께 이루어낸 성과는 꽤 좋은 편이다. 벌써 9년이란 세월 동안 정부무상지원금을 자문하였고, 이러한 도움을 받은 회사들은 기반을 마련하여 건실한 기업으로 성장해나갔다. 이러한 모습을 곁에서 지켜볼 수 있었다는 것은 상당히 보람찬 일이었다. 나는 회사 직원들뿐 아니라 인연을 맺고 있는 중소기업들과도 우리가 추구하는 가치와 사명을 공유하려고 한다. 더 많은 이들이 잘될 수 있도록 도와주고 동반성장하여 사회를 긍정적으로 변화시킨다는 사명을, 오늘도 끊임없이 되새김질하는 중이다.

가치를 공유할 줄 알고 이를 기업사명으로 성장시킨 조직은 이윤추구를 목적으로 삼은 조직보다 훨씬 성과가 높다는 것을 믿고 있다. 또한 가치와 사명에 목숨을 걸 때 삶의 질도 높아질 수 있는 것임을 알기에 오늘도 최선을 다하고 있는 것이다.

목적이 이끄는 삶이 인생을 좌우한다. 인생이 왜 존재하는가의 대답은 바로 사명이다. 스스로 이 땅에 사는 목적이 무엇인지 인식하고,

어떤 일을 위해 살아가고 있는지 정의할 수 있을 때, 그것이 자신에게 주어진 고유한 사명이 될 것이다.

2007년에 나온 로리 베스 존스의 책 『기적의 사명선언문』은 지금도 꾸준한 인기를 얻고 있다. 이 현상은 그만큼 정보와 물질이 넘쳐나는 시대에 살고 있으면서도, 정작 자신에게 주어진 사명을 찾지 못해 고민하는 이들이 많다는 반증이 아니겠는가?

우리가 궁극적으로 긍정적인 삶을 살기 위해서는 먼저 자신의 존재를 깨닫고, 사명을 인식하며, 가치대로 살아가는 것에서부터 시작해야 한다. 그렇게 될 때 그 과정에서 찾아오는 자긍심에서 긍정의 에너지가 힘을 발휘할 것이다. 우리는 기억해야 한다. 자신의 사명을 깨닫는 날이 생애 최고의 날이며, 그때부터 긍정의 날이 펼쳐진다는 것을.

08

내 삶의 주체

나는 지역구 의원활동을 하면서 많은 청소년들과 만난 바 있다. 오래 전에 학원을 운영하며 학생들과 동고동락했던 나의 전적(?) 덕분이기도 하지만, 나 역시 아이를 키우는 아버지였기에 그들을 향한 애잔함과 기대감이 컸던 것도 사실이다. 당시 강서구는 그리 발전한 곳이 아니었다. 문화예술은 그렇다 치더라도 특히 교육적인 분위기가 형성되어 있지 않았다. 지역구 활동을 하다 보니 다양한 분야에 관심이 가면서도, 청소년과 관련된 분야는 가시처럼 늘 나를 찌르고 있었다. 그래서 나는 지역구를 돌 때 꼭 청소년 시설을 둘러보고 아이들과 대화를 많이 나누었다.

생활주변에서 웰빙이란 새로운 문화가 형성되고 있을 때였다. 웰빙의 사전적 의미는 행복과 복지 등의 삶의 질 강조를 의미한다. 그러나 실질적으로는 물질적 풍요보다 신체와 정신의 건강을 누리는 삶을 의미한다. 나는 청소년들에게도 이 웰빙의 참의미가 적용되어야 한다고 생각했다.

그런데 직접 둘러본 청소년 시설은 실로 충격적이었다. 비디오방과 성인오락실 등을 비롯한 각종 퇴폐적인 유흥시설들이 무방비상태로 청소년들에게 노출되어 있었기 때문이다. 나와 맞닥뜨린 청소년들은 교복을 입은 채 버젓이 학교 밖에서 시간을 때우고 있었고, 성인시설을 들락거리며 활개 치고 있었다. 지역구 현황을 알아보니 가출 청소년들의 수치도 상상을 초월했다. 서울시정 개발연구원 조사를 보면 서울지역 중고등학생의 10.4%가 가출 경험이 있었다. 즉 10명 중 1명꼴로 가출을 한 셈이다.

나는 한눈에 봐도 가출 청소년임을 알 수 있는 무리에게 다가갔다. 아이들은 성인오락실 앞에 앉아 있었다.

"학생 같아 보이는데…."

"그런데요?"

한 학생이 눈을 치켜뜨며 째려보았다.

"어, 아저씨가 너희랑 얘기를 좀 나누려고. 혹시 집을 나왔니?"

"우와, 아저씨. 눈치 짱이네. 그런데요?"

"왜 여기서 이러고 있어? 여긴 성인들이 다니는 곳인데…."

"저희도 알거든요. 근데 우리가 갈 데가 이런 데밖에 없어요. 여기 있다가 돈 모이면 한 판 하려고요."

"그래도 여긴 위험할 텐데…."

"그럼 아저씨가 위험하지 않은 데로 데려가시던가요.

아저씨, 돈 있어요?"

반항적으로 대답하는 학생들이었지만, 마음 깊은 곳에서는 갈 곳이 없어 방황하는 심정이 느껴졌다. 잠깐의 반항심으로 가출한 학생들이 이렇게 무방비상태로 놓여 있다가는 더 큰 탈선으로 이어질 것 같아 걱정이 됐다. 청소년 가출이 절도, 폭력, 약물중독, 성매매 등으로 이어지는 게 현실이다.

그 길로 나는 아이들을 데리고 가까운 음식점으로 향했다. 빨리 되는 음식을 시켜주니 모두들 게 눈 감추듯 뚝딱 해치웠다. 그 모습에 얼마나 마음이 짠했는지 모른다.

"학생들, 왜 집을 나왔는지 모르겠지만 세상엔 유혹이 많아. 집에 있을 때보다 훨씬 더 위험해. 나도 자식이 있는 부모로서 안타까워서 이러는 거야. 고민하고 반항하고 싶어도 집에 들어가서 해. 아저씬 학생들이 갈 만한 곳이 생길 수 있도록 노력해볼게."

약간의 용돈을 쥐어주며 집에 꼭 들어가라고 손가락까지 걸고 약속했지만, 학생들이 집으로 돌아갔는지는 알 수 없다. 다만 그러기 바랄 뿐이다.

어쨌든 나는 미래의 희망이라는 청소년들을 위해 청소년 쉼터를 개설할 것을 의회에 발언했다. 직접 아이들과 만나고 나니, 지역구에 가출 청소년들을 보호할 만한 시설이 있는데도 재정난으로 폐쇄 일보 직전이라는 사실에 더욱 화가 났다. 나는 포기하지 않고 의회에서 청소년 쉼터를 운영할 수 있도록 발언을 계속해 나갔다. 그런 노력 덕분이었는지 얼마 뒤 강서구 내의 청소년 쉼터가 정상적으로

운영될 수 있었다. 이와 더불어 청소년 비행의 온상인 시설들에 대대적인 단속이 이루어졌다.

지금까지도 나는 청소년 비행문제와 관련하여 활동한 것에 대해 자부심을 느끼고 있다. 청소년들이 탈선하는 이유는 여러 가지다. 자신의 삶에 대한 주인의식이 없다는 점도 그 이유 중 하나다. 청소년 비행문제를 해결하는 과정에서, 다행스럽게도 많은 청소년들이 집으로 돌아갈 수 있었다. 나는 쉼터를 찾아다니면서 청소년들에게 끊임없이 자신이 인생의 주인공임을 상기시켰다.

"너희들은 지금 시작도 안 했어. 아직 너희들의 인생시간은 새벽이야. 네 인생에 스스로 책임지고 살아야 해. 너희들도 세상의 주인공이 되고 싶잖아. 인생에 있어서 다른 사람은 주인공이 아냐, 바로 너희 자신이 주인공이지. 그 주인공의 권리를 맘껏 누려보렴."

내 말을 제대로 이해했는지는 모르지만, 얼마 안 돼 많은 수의 아이들이 집으로 돌아갔다는 소식을 듣게 되었다. 이러한 변화는 인생의 주인공이 되어 다시 살아보겠다는 아이들의 의지의 표현이 아니었을까?

주인의식을 갖는다는 것은 자신의 삶에 대한 예의를 갖추는 것이다. 그 과정에서 성취감과 더불어 극대화된 긍정 에너지가 뿜어져 나오게 된다. 이 말을 믿지 못하겠다면 긍정의 대가라고 생각하는 이들의 면면을 들여다보길 바란다. 아마 그들 대부분이 인생이란 무대에서 주인공의 삶을 살고 있을 것이다.

09

베풀자 나는 가득 찬다

사람들은 대접받는 것을 좋아한다. 얼마나 좋아하는지, 마땅히 예를 취해 내오는 음식도 접시가 아닌 대접으로 받기를 좋아한다. 받는 걸 좋아하는 사람의 본능은 어쩔 수 없다. 그러나 세상이 어디 그리 호락호락한가? 살면서 대접받을 일이 별로 많지 않은 것이다.

직장을 다니는 가장의 예를 들어보자. 회사에서는 평범한 샐러리맨으로 위로는 상사, 아래로는 후배 눈치를 보며 하루 종일 일에 의해 움직인다. 혹여 업무상의 목적으로 사람을 만날 때에도 대접받기보단 대접을 해야 한다. 퇴근 후에 집으로 돌아와도 가장으로 대접받기가 점점 힘들어진다. 오히려 아내 눈치에 자식 눈치까지 봐야 하니, 대접받는 일이란 그저 상상 속에서만 가능한 일이다. 그런데 아내와 자식도 별반 다르지 않다. 언뜻 보기엔 주도권을 갖고 있는 것 같지만, 실상은 끊임없이 서로의 눈치를 보고 있다. 때문에 누구를 막론하고 일탈을 꿈꾸면서 맘껏 대접받는 상상을 하는 것이다.

뭔가 받으려고 하다 보면 그렇지 못할 경우 좌절감을 느끼게 된다. 그러나 받는 것을 포기해버리면 더 이상 실망할 일이 사라진다. 근심거리를 사라지게 함으로써 긍정의 요소가 생기게 되는 것이다. 이제야말로 발상의 전환이 필요한 때다.

나의 경우 대접받는 문화에 대한 역발상은, 내가 강서구의회 의원으로 일할 때 터득할 수 있었다. 그때는 민원을 처리하면서 주민들과 이야기를 나눌 기회가 많았다. 그런데 그들이 공통적으로 불만을 쏟아놓는 부분이 있었다. 바로 불친절이었다.

민원을 해결하기 위해서는 공무원들과의 대면이 필수적이다. 지금은 공직사회에 서비스 열풍이 불 정도로 무척 친절해졌지만, 당시만 해도 공무원들의 서비스 정신이 많이 부족했다.

"구청에 한번 찾아가면 왜 그렇게 담당자가 많은지, 누가 누군지도 잘 모르겠어요. 게다가 고압적인 태도 때문에 기분이 상할 때가 한두 번이 아니에요."

이런 불평을 듣는 일이 다반사였다. 심지어 어떤 이는 나를 붙들고 이러이러하게 생긴 공무원인데, 자격이 없어 보인다며 혼을 내달라는 청탁(?)까지 했다. 주민들의 불편한 민원을 해결하는 일도 중요하지만, 동시에 우리 사회의 대접받기 좋아하는 문화도 좀 바꾸어야겠다는 생각이 들었다. 그래서 다음과 같은 건의를 했다.

"대접받는 문화에서 대접하는 문화로 바꾸었으면 합니다. 대접을 거꾸로 생각하여 마땅히 행해야 할 예의를 먼저 갖추자는 겁니다. 그런 의미에서 저는 공무원들이 '자기명함 주고 인사하기 운동'을 제안하는 바입니다."

나의 건의는 90년대 공직사회에서는 씨알도 안 먹히는 것이었다. 그러니 찬바람이 쌩쌩 불 정도로 차가운 반응을 받을 수밖에. 그게 왜 필요하냐며 대놓고 불만을 표현하는 사람도 있었고, 쓸데없는 짓을 한다며 불편한 심기를 드러내는 사람도 있었다.

하지만 민원을 제기하는 사람의 입장에서는 매우 필요한 사안이었다. 또한 넓게 보면 일을 효율적으로 처리하는 데에도 도움을 줄 수 있었다. 공무원들의 경우 명함 인사만으로도 마음가짐이 달라질 수 있기 때문이다.

마침내 1995년 나의 강력한 제의로 공무원들이 자기 이름을 찾게 되었다. 사무실 입구에 사진을 붙이고 그에 맞게 책상을 배열한 후, 책상 위에 직위를 올려놓고 자기 명함을 민원인들에게 건네주는 운동이 시작된 것이다.

신기하게도 받는 것보다 주는 것의 위력이 더 컸다. 그중 가장 큰 변화는 명함을 주고받는 하위직 공무원에서부터 시작되었다. 예전에는 그저 고압적인 공무원 환경에 스며들어 생활하던 사람들이 차차 활발해졌다. 처음 민원인들과 마주할 때는 어색해하더니, 시간이 지날수록 명함을 건네며 밝게 인사를 나누었다.

그간 공무원들의 태도에 불만이었던 주민들도, 달라진 태도에 감응되면서 상대방을 배려하는 마음이 배가되었다. 고작 명함 한 장 주고받은 것이었지만, 이 운동의 저변에는 대접은 받는 것이 아닌

하는 것이라는 역발상의 의미가 담겨 있었다.

대접하는 문화를 만들겠다는 나의 의지가 담긴 '자기명함 주고 인사하기 운동'은, 총체적으로 구정행정발전에 크게 기여하여 행정평가에서 높은 평가를 받는 계기가 되었다. 이 운동은 다른 구는 물론 서울시 전반에도 영향력을 발휘했다. 전국의 모든 공무원들이 자기 명함을 갖게 되는 선례를 남긴 것이다.

나는 무엇보다 대접은 먼저 하는 것이라는 역발상을 통해 긍정의 전염력을 확인할 수 있어 기뻤다. 공무원들은 자신의 이름이 담긴 명함을 건네며 웃음을 대접했고, 명함을 받은 사람들은 또 다른 친절로 사람들을 대접하여, 긍정이 연결고리처럼 계속 꼬리를 문 것이다.

긍정은 사고의 역발상에서 시작되는 경우가 많다. 아주 당연하게 생각하던 것들을 뒤집어 생각하는 것만으로도 긍정의 힘이 발휘된다. 말씀에도 있지 않은가. "남에게 대접받고자 하거든 남을 먼저 대접하라."

지금 이 시간 누군가에게 대접받지 못해 서운하거나 섭섭한 마음이 드는 이가 있다면, 역발상해 보길 바란다. 따지고 보면 국그릇 아닌 대접 역시 음식을 바치는 그릇이지 않는가. 대접받기를 바라는 대신 먼저 상대를 대접해 주면, 분명 긍정의 에너지가 퐁퐁 샘솟게 될 것이다.

서울시 강서구의회 구정질문

하루 5분 긍정훈련

·업業의 개념을 알아라.
·사람은 온전히 믿고 맡겨라.
·정상에 올랐을 때 변신하라.
·행하는 자 이루고 가는 자 닿는다.
·보보시도장步步是道場, 즉 '한 걸음 한 걸음이 인생'이다.

– **이병철** 회장의 어록

10

미래세대를 위한 출산장려 선봉장

이중근 부영그룹 설립자

사랑으로 부영

부영그룹의 설립자이자 회장인 이중근 회장은 한국의 임대주택 사업을 선도한 뚝심의 자수성가형 오너로 널리 알려져 있다. 1941년 전라남도 순천에서 3남 3녀 가운데 셋째로 태어난 그는 어려운 환경 속에서도 학업을 포기하지 않고 건국대학교 정치외교학과에 입학했으나 생계가 어려워 대학을 중퇴하였다. 이후 1997년 37년 만에 건국대학교에서 명예졸업장을 받았다.

학문에 대한 그의 열정은 여기서 멈추지 않았다. "학무지경, 배움에는 끝이 없다"라는 자신의 말을 증명이라도 하듯 독학사로 학사 과정을 이수하고 2004년 고려대학교 정책대학원 행정학 박사 학위, 2022년 고려대 일반대학원 법학과 박사 과정에 진학하여 법학 박사 학위를 취득하였다. 그의 학위 논문 주제는 '공공임대주택 관련법의 위헌성 및 개선 방안에 대한 헌법적 연구'였다.

집은 소유하는 것이 아니라 사는 곳

이중근 회장은 대학 중퇴 후 건설 현장에 첫발을 내디디며 경력을 쌓아 나갔다. 작은 일부터 시작한 그는 건설 현장에서의 경험을 통해 부동산 개발의 중요성과 가능성을 깨달았다. 이는 그의 삶에서 중요한 전환점이었다.

이중근 회장은 '집은 소유하는 것이 아니라 사는 곳'이라는 철학을 가지고, 임대주택 사업에 집중하였다. 그는 저렴한 가격에 좋은 품질의 주택을 공급하여 서민들의 주거 안정에 기여하였으며, 이를 통해 부영그룹은 대한민국의 대표적인 건설사 중 하나로 성장하였다. 그의 끊임없는 노력과 도전정신이 오늘날의 부영그룹을 이루게 한 것이다.

세발자전거론

그 이후로 부영그룹은 국내에서 민간 임대아파트를 가장 많이 공급하는 기업으로 전국에 임대아파트 23만 가구 등 약 30만 가구의 아파트를 공급해 왔다. 이는 부영그룹이 국민의 주거 안정과 주거 사다리 역할을 하고 있다는 것을 보여준다.

이중근 회장의 성공 비결 중 하나는 임대주택 사업에 전념한 것이다. 대부분의 건설사들이 수익성이 낮고 부정적인 사회 인식 때문에 임대주택 사업을 기피했지만, 부영그룹은 정부의 국민주택기금 지원을 바탕으로 한 임대주택 사업에만 집중하였다.

이처럼 부영그룹을 성공으로 이끈 데에는 이중근 회장의 경영 철학 중 하나인 '세발자전거론'이 큰 몫을 했다. 세발자전거는 두발자전거보다 느리고 투박하지만 잘 넘어지지 않고 목적지까지 안정적으로 갈 수 있다. 또 세발자전거는 부영의 사업영역인 부동산, 금융, 건설의 세 축을 의미한다. 1등을 하겠다는 생각보다는 치우치지 않고 꾸준히 성장한다는 생각, 즉 '최고'보다는 '최선'을 추구한다는 그의 경영 철학이 부영그룹을 재계 서열 17위의 대기업으로 끌어올리는 신화를 이룬 것이다.

천만 노인 시대, 노인이 살아야 나라가 산다

백세시대를 맞아 우리나라도 천만 노인의 시대가 열리고 있다. 이중근 회장은 2017년 제17대 대한노인회 회장으로 취임하였다.

그는 이전부터 노인복지 향상과 권익 신장을 위하여 솔선수범하였다. 특히 무주에 대한노인회 우정 연수원을 기증하는 등 다양한 지원을 해왔다.

이 회장은 취임 후 대한노인회의 사무실을 부영 태평 빌딩으로 이전하고, 예산 확보 이전까지 개인적으로 직무활동비를 지원하는 등 적극적인 변화를 이끌었다.

그는 대한노인회를 이끌며 노인이 국가 사회 발전에 기여하는 어른다운 노인으로 당당하게 존경받을 수 있도록 노력해 왔고 그 결과 노인복지 향상, 노인 일자리 창출, 경로당 지원, 노인복지정책연구원 설립 등의 성과를 올렸다.

노인이 살아야 나라가 산다는 이중근 회장의 신념이 그 빛을 발한 것이다.

이 회장의 대한노인회에서의 헌신적 활동은 대한민국 천만 노인들이 사회에서 존경받는 어른으로서 자리매김할 수 있도록 마중물 역할을 하였다.

그의 발자취는 앞으로 노인복지와 사회발전에 기여하고자 하는 이들에게 좋은 본보기가 될 것이다.

이중근 회장의 선한 영향력

이와 더불어 이중근 회장은 다양한 사회공헌 활동을 펼치는 것으로도 유명하다.

전국 초·중·고등학교 100여 곳에 자신의 아호를 딴 기숙사 '우정(宇庭)학사'를 설립해 기증하였으며, 창원 창신대 신입생 전원에게 1년간 등록금 전액에 해당하는 '우정 장학금'을 지원하는 등 교육 관련 사회공헌 활동에 앞장서고 있다.

재계의 기부왕 이중근 회장. 그동안 사회공헌으로만 1조 2천억 원을 기부했다.

이 외에도 군부대 지원, 캄보디아·라오스 등 해외 기부활동, 임대료 없는 어린이집 운영, 저소득층 지원, 노인복지 향상, 재난구호 활동 등 적극적인 사회공헌 활동을 통해 현재까지 1조 2천억 원이 넘는 사회 기여 활동을 펼치며 재계의 '기부왕'이란 별칭을 얻었다.

모든 직원에게 출산장려금 1억 원씩 총 70억 지급

특히 올해 들어 이중근 회장은 우리나라의 저출산 문제를 해결하기 위하여 직접 나섰다. 2021년 이후 출산한 직원 자녀 70명에게 직접적인 경제 지원이 이뤄지도록 출산장려금 1억 원씩 총 70억을 지급하기로 한 것이다. 이 회장은 나아가 국가로부터 토지가 제공된다면 셋째까지 출산하는 임직원 가정은 출생아 3명분의 출산장려금

모든 계열사 직원에게 출산 시 현금 1억을 지급하기로 한 이중근 회장이 연년생을 둔 직원에게 총 2억 원의 출산장려금을 전달하고 있다.

이나, 국민주택 규모의 영구임대주택 중 하나를 선택할 수 있도록 하겠다고 하였다. 이를 통해 우리나라의 저출산 문제를 해결하고 무주택 서민의 주거 안정에 기여하고자 하는 이중근 회장의 모습이 무척 인상적이다.

선한 영향력을 끼치는 이중근 회장의 사회공헌 활동은 그의 깊은 철학과 헌신을 바탕으로 이루어졌다. 그는 기업의 성공이 사회와의 상생을 통해 더욱 의미 있게 완성된다고 믿었다.

이러한 그의 신념은 부영그룹의 사회공헌 활동에 고스란히 반영되었고, 이는 많은 사람에게 긍정적인 영향을 미쳤다. 이처럼 이중근 회장의 리더십 아래 부영그룹은 단순한 기업 활동을 넘어 사회적 가치를 창출하는 데 기여하고 있다. 이는 기업이 단순히 이윤을 추구하는 것에 그치지 않고, 사회와의 공생을 통해 더 큰 가치를 실현할 수 있다는 것을 보여준다.

그동안 다양한 분야에서 사회공헌 활동을 쉼 없이 펼쳐온 이중근 회장.

그는 우리 사회에 큰 울림을 주고 있으며, 기업의 사회적 책임을 실천하는 모범적인 사례로 오랫동안 기억될 것이다.

앞으로도 이중근 회장과 부영그룹이 지속적으로 사회공헌 활동을 이어나가며, 우리 사회에 선한 영향력을 끼치기를 기대해 본다.

'긍정'이 '기적'입니다

함경식
(주)대운산업개발 대표이사/회장

고'질'병에 점 하나를 붙여 고'칠'병이 되면
그렇게 두려운 암도 이겨낼 수 있는 힘이 생깁니다.
하지만 삶의 기적, 그 행복한 삶은
아무에게나 찾아가지 않습니다.

어두운 터널 속에 있어도
저 반대편에는 밝은 세상이 있음을 굳게 믿고
껍질을 깨면 더 넓은 세상이 있음을 늘 되새기면서
하루하루 최선을 다할 때, 행복은 찾아옵니다.
이 모든 삶의 태도가 바로
'긍정'이란 하나의 단어에서 비롯됩니다.

많은 독자분들이 하루 5분 나를 바꾸는 긍정훈련
『행복에너지』 책을 읽으시고
행복한 삶이 일상이 되는 진정한 기적을
공유하시고 힘찬 행복에너지
샘솟는 나날 되시길 기원드립니다.

·· PART 2

워밍업
– 마음가짐

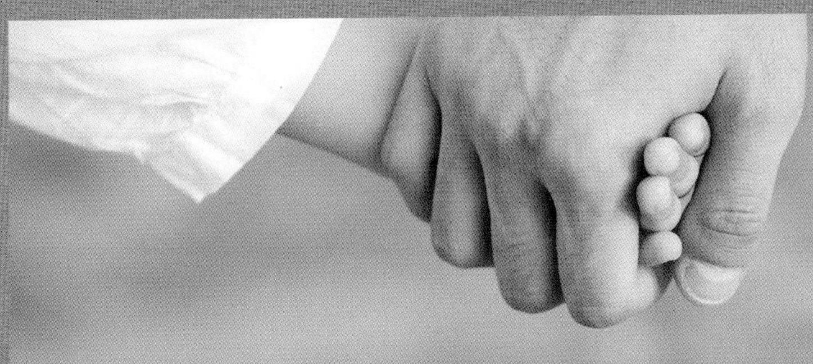

01

귀감이 되어주는 사람

내가 존경하고 배울 만한 사람으로 가장 으뜸인 분이 있다. 바로 가천대학교 이길여 총장이다.

이 총장은 불모지라고 할 정도로 척박하고 암담한 1950년대 대한민국의 의료계에 뛰어들어, 놀라운 혁신을 이루어낸 의료계의 산증인이다. 24평짜리 작은 병원을 5,000명의 직원을 가진 인천 최대의 병원으로 키워낸 능력자이기도 하다.

이길여 총장은 1,000억 원이 넘는 사재를 출연하여 세계적인 역량의 3대 연구소(이길여 암당뇨연구원, 가천뇌융합과학원, 바이오나노연구소)를 설립했다. 여기에 글로벌 명문 도약을 준비하고 있는 가천대학교의 통합까지 이루어냈다. 이 모든 일을 해낸 이길여 총장은 뛰어난 의사이자 훌륭한 교육자, 시대를 꿰뚫어 볼 줄 아는 리더다.

이길여 총장의 이름 앞에는 '최초' '최고'라는 수식어가 늘 따라다닌다. 국내 최초의 보증금 없는 병원, 국내 최초로 진료카드 시스템 도입,

가천대학교 이길여 총장

아시아 최초 방사선 암 치료기 도입 등 남들이 생각하지 못한 일을 실천해 낸 것이다.

전북 옥구에서 태어난 이 총장은 어린 시절부터 불쌍한 동물이나 친구들을 그냥 지나치지 못하는 착한 마음씨를 갖고 있었다. 버려진 개나 고양이를 집으로 데려와 깨끗이 목욕시키고 다리에 부목을 대 붕대를 감아주는 것은 물론, 함께 놀다가 무릎을 다친 친구에게 정성껏 약을 발라주는 따뜻한 마음을 가진 학생이었다.

어렸을 적부터 유별나게 공부에 대한 욕심이 컸는데, 교단 밑 작은 공간과 공습을 대비해 파 놓은 방공호, 동네 방앗간 등이 모두 이 총장의 공부방이었다. 초등학교 내내 1등을 놓치지 않았고, 그 결과 명문인 이리여중(6년제)에 합격할 수 있었다.

그런 이 총장을 누구보다 적극 지지해 준 건 바로 어머니였다.

아이는 부모의 등을 보며 자란다는 말처럼 부모의 모습이 가장 좋은 가르침이다. 이 총장에게는 어머니가 가장 훌륭한 본보기인 동시에 든든한 울타리였다. 전쟁 중의 참담한 상황 속에서도 이 총장이 계속 공부할 수 있도록 최선을 다해 뒷바라지해 준 분이었다. 이길여 총장의 어머니는 남을 도와주는 일에도 앞장서셨다. 어릴 적 이 총장의 집에는 거지들의 출입이 끊이지 않았다. 어머니는 그때마다 바가지에 동냥을 주지 않으시고 꼭 개다리소반에 밥과 반찬, 국까지 푸짐하게 챙겨서 귀한 손님 대접하듯 하셨다고 한다. 사람을 사랑하는 마음과 나눔을 실천하는 방법을, 어머니를 곁에서 지켜본 덕분에 배울 수 있었던 것이다.

이리여중을 졸업한 이 총장은 625가 한창이던 1951년 서울대 의대에 합격했다. 서울대 의대를 졸업 후에는 동인천역 앞에 병원을 개업했다. 병원은 크게 성공했다. 진료를 받기 위해 늘어선 줄로 현관문을 닫기 어려울 정도였으며, 환자들이 감사의 의미로 가져다놓은 과일과 곡식, 생선 등으로 병원 마당이 가득 찰 정도였다.

성공한 여의사로서 명성을 쌓아가던 중 선진의료에 대한 갈망이 이 총장을 사로잡았다. 당시 한국의 의료상황은 너무나 열악했다. 하다못해 주사바늘까지 재활용하는 것이 한국 의료계의 현실이었다. 이길여 총장은 1964년 32세의 나이로 미국 의사자격시험에 합격, 뉴욕으로 떠나게 되었다. 그때만 해도 유학생들은 좀처럼 한국으로 되돌아오지 않았다. 특히 미국 유학생일 경우 대부분이 눌러

앉았는데, 한국의 상황이 그만큼 열악했기 때문이었다.

유학생활의 후반기에 접어든 이길여 총장 역시, 자신을 딸처럼 아껴주던 셜리반 박사의 강력한 만류 때문에 고민에 빠졌다. 그러나 이 총장은 미국에서 편히 살 수 있는 기회를 버리고, 선진의술을 고국의 환자들에게 펼치기 위해 귀국을 선택했다. 미국에서 돌아온 후에도 마흔이 넘은 나이에 또다시 일본으로 박사과정 유학을 떠났다. 오로지 선진의학을 배워 한국의학을 발전시키겠다는 이 총장의 일념 하나로 이룬 꿈들이었다.

이길여 총장은 "우리는 6·25전쟁으로 인해 어려운 시절을 보냈다. 나보다 더 훌륭한 의사와 과학자가 될 수 있었던 수많은 젊은이들이 나라를 지키겠다며 전장으로 나갔고, 가난 때문에 총도 없이 전장으로 내몰린 청년들은 안타까운 죽음을 맞이해야 했다. 난 여자라서 군대에도 가지 않았고, 시골에 있다 보니 피난 가는 고통도 겪지 않았다. 그때 국가를 위해 희생해 준 젊은이들 덕분에 내가 지금의 이 자리에 있을 수 있다고 생각한다. 그러므로 난 세상에 빚이 있다. 그 빚을 갚으며 살아가야 한다."라고 말하곤 했다.

그 후 이길여 총장은 자신의 병원에서 어머니에게 배운 박애정신을 직접 실천하기로 마음먹고, 대한민국 최초로 '보증금 없는 병원'을 실천했다. 1980년대만 해도 돈을 내지 않고 도망가는 환자들이 많았기 때문에 병원에서 보증금을 받는 것이 관례였다. 이 총장은 돈이 없어 치료를 받지 못하는 환자들을 위해 과감히 보증금 제도를 없앴다. 덕분에 많은 환자들이 이 총장의 병원을 찾을 수 있었고, 서서히 다른 병원들에서도 보증금이 사라지기 시작했다.

이길여 총장의 선행은 여기서 멈추지 않았다. 30여 년 전 서해 섬마을에는 의사나 병원이 없었다. 그러다 보니 질병에 대한 기본지식조차 없어, 대부분의 주민들이 자신이 병에 걸린 것도 모르고 죽음을 맞이했다. 이러한 사실을 알게 된 이 총장은 매년 통통배를 타고 서해 낙도를 돌면서 무료진료와 의료교육을 실시하였다.

이후 병원이 조금씩 성장하면서 좀 더 체계적이고 종합적인 진료가 필요해졌다. 더 이상 인천의 응급환자를 서울이나 타지의 큰 병원으로 옮기다 죽게 하는 일은 없어야 하고, 산부인과만으로는 환자에 대한 의무를 다할 수 없다는 판단을 내리게 되었다. 이 총장은 그들 모두를 치료할 수 있는 시스템을 갖추겠다는 포부 아래 종합병원 설립을 추진했다. 그러나 종합병원 설립은 개인이 아닌 의료법인이 주체가 되어야 했다. 즉 의료법인 설립은 개인재산을 사회와 국가에 헌납한다는 의미인 것이다. 결국 이길여 총장은 주변의 만류에도 불구하고 1978년 전 재산을 출연하여 150병상 규모의 '의료법인 인천길병원'을 출범시켰다.

의사로서 확고한 발판을 마련한 이 총장은 대학운영에도 관심을 가지기 시작했다. 1997년에는 가천길대학을, 1998년에는 경원학원을 인수했다. 허리띠를 졸라매던 IMF 시절이었다. 재정적인 난관이 있었지만 명문대로 키워볼 자신이 있었기에 내린 결정이었다. 또한 병원을 운영하며 인재양성의 필요성을 뼈저리게 느낀 까닭이었다. 인재야말로 나라를 이끌고 발전시킬 핵심역량이라는 사실을 깨달았고, 그때부터 대한민국의 미래를 위해 교육에 투자하기 시작한 것이다.

이길여 총장이 취임한 후 가천대학교는 눈부신 성장을 거듭했다. 2012년 성공리에 4개 대학 통합의 대장정을 마치고 가천대학교를 출범시켰다. 비전타워 완공 후 기숙사, 대학본관 건물을 차례로 신축하여 캠퍼스의 지도를 바꾸어놓았다. 매해 신입생의 입학성적과 취업률도 큰 폭의 향상을 보이고 있다. 특히 이 총장은 학생들의 영어능력 향상에 집중했다. 일정 수준 이상의 영어실력을 갖춰야만 졸업할 수 있는 영어졸업인증제를 도입한 데 이어, 하와이에 최첨단 시설의 어학연수원을 마련하고 연간 300여 명 이상의 학생들을 현지로 파견하였다.

이 덕분에 이길여 총장은 미국 시사주간지 <뉴스위크>가 선정한 '세계를 움직이는 여성 150인'에 선정된 바 있다. 평생을 의사와 교육자로 살면서 박애와 봉사를 실천해 온 이 총장의 삶이 세상의 인정을 받은 것이다. 이길여 총장은 그의 저서 『아름다운 바람개비』에서 말한다.

"불모의 땅에 한 그루 나무를 심는 것은 어리석어 보일지라도, 이런 어리석은 행동이 마음을 움직이고 감동에 이르면, 세상을 움직이고 바꾸는 위대한 힘이 된다."

이길여 총장의 삶을 접하게 된 후 나는 진한 감동에 빠졌다. 대한민국이 전쟁으로 병들었던 그 시절에 여성의 몸으로 유학을 가는 것이 얼마나 어려운 일인지, 가난한 조국으로 돌아와 병원을 세우고 대학을 세우는 것이 얼마나 기적과도 같은 일인지 잘 알고 있었기 때문이다.

대한민국에 희망이 있는 것은 바로 이길여 총장과 같은 분들이 사회 곳곳에서 영향력을 발휘하고 있는 덕분이리라. 앞으로도 대한민국에서 제2, 제3의 이길여 총장이 연이어 나타나기를 바란다. 하루 4시간 이상 자본 적이 없다는 이길여 총장. 그만큼 부지런하고 열정적으로 달려왔기에 많은 이들의 귀감이 되는 것이다.

모쪼록 이 시대의 청년들이 이길여 총장처럼 열정으로 무장하고 담대히 나아가기를 소망한다.

가천대학교 캠퍼스 전경

02

긍정하는 마음

긍정이란 단어는 "어떤 상황에서도 가장 희망적인 생각과 말, 행동을 하도록 마음을 품는다."라는 사전적 의미를 갖고 있다. 이 말은 즉, 누구나 스스로의 선택에 의해 충분히 긍정할 수 있다는 것이다.

오늘날 많은 사람들이 시들어가고 있다. 변화하는 시대에 발맞추기 위해, 변화하는 시대를 주도하기 위해, 혹은 변화하는 시대를 따라가지 못해 싱싱했던 영혼들이 시들어가고 있는 것이다. 그러나 우리는 절망적인 상황에 눈을 돌리지 않아야 한다. 어떠한 상황에서도 자신에게 있는 좋은 부분을 바라보는 마음의 창을 열어야 한다.

어느 날 개구리 세 마리가 우유통에 빠졌다. 개구리들은 빨리 빠져나오려고 발버둥쳤지만, 매끈한 우유통 안은 발 디딜 곳이 없었고 너무 깊었다. 그렇게 계속 허우적거리다 힘이 빠져버렸다.

첫 번째 개구리는 이것이 하느님의 뜻이라고 생각하고 그대로 죽음을 받아들였다.

두 번째 개구리는 우유통이 너무 깊어 빠져나간다는 것은 도저히 불가능하다고 판단하고 역시 아무것도 하지 않다가 죽어버렸다.

그러나 세 번째 개구리는 낙관도 비관도 하지 않았다. 그저 이 상황을 현실로 받아들이고 주어진 조건에서 최선을 다하기로 했다. 그리고 코를 우유 밖으로 내밀고 가라앉지 않도록 뒷다리를 계속 움직였다. 점차 지쳐갔으나 끝까지 포기하지 않았다. 얼마나 움직였을까? 그때 개구리 발끝에 딱딱한 무언가가 닿았다. 버터였다. 뒷다리를 쉬지 않고 움직인 덕분에 우유가 버터로 변한 것이다. 개구리는 그 버터를 딛고 마침내 통 밖으로 빠져나갈 수 있었다.

이 이야기는 『탈무드』에 나오는 유명한 일화다. 많은 사람들이 힘들고 어려운 상황에서는 쉽게 현실을 포기하는 경향이 있다. 위의 세 번째 개구리처럼 난관 속에서도 희망과 끈기를 가지고 힘차게 헤엄쳐 나가기 위해서는, 무엇보다 긍정적인 생각과 행동이 필요하다는 교훈을 주는 것이다.

인도 우화 중에 나오는 이야기도 하나 소개하고자 한다. 평소 고양이를 무척 두려워하는 쥐가 있었다. 그 쥐가 가여웠던 신이 쥐를 고양이로 만들어주었다. 고양이가 된 쥐는 뛸 듯이 기뻤으나 이내 고양이를 위협하는 개가 두려웠다. 신은 다시 쥐를 개로 만들어주었으나, 이젠 호랑이가 무서워졌다. 다시 호랑이로 변하게 된 쥐는 호랑이를 사냥하는 사냥꾼이 두려워졌다. 사냥꾼을 두려워하는 쥐를 지켜보던 신이 말했다.

"너는 다시 쥐가 되어라. 내가 너를 무엇으로 만들어도 너는 쥐의 마음을 갖고 있으니 나도 어쩔 수 없다."

사람들은 마음가짐을 바꾸지 못하면서 결과만 바꾸려고 한다. 스스로 생각을 바꿔 긍정의 창을 열면 꿈을 이룰 수 있고 결국 인생을 변화시킬 수 있다. 겁쟁이 쥐가 마음의 창을 열어 좋은 부분을 바라보았다면 고양이, 개, 호랑이 대신 원래 쥐로 살았어도 충분히 행복한 인생을 살 수 있었을 것이다.

이렇듯 우리가 어떻게 생각하고 행동하느냐에 따라 우리의 미래가 달라질 수 있다. 부정적인 상황에 놓여 있어도 마음속으로 긍정적인 생각을 자꾸 해야 하는 이유다.

우리의 뇌는 진짜와 가짜를 구분하지 못한다고 한다. 『뇌내혁명』을 지은 하루야마 시게오는 "우리 뇌는 어떻게 생각하느냐에 따라 달라진다."고 강조한다. 마이너스 발상을 하면 뇌도 그렇게 작용하여 부정적인 호르몬을 분비한다. 하지만 플러스 발상, 즉 긍정적인 생각을 하면 베타 엔도르핀이란 것이 분비되어 사람을 젊고 건강하게 만든다는 것이다.

지금은 이러한 긍정적 생각이 필요한 시점이다. 부정적인 생각의 끝엔 불행한 결말이, 긍정적인 생각의 끝엔 행복한 결말이 기다리고 있다.

03

긍정의 대가(大家)

웃음치료 교실에 오시는 80대 할머니가 계셨다. 그분은 80대의 고령임에도 불구하고 언제나 웃음을 띠고 찾아오셨다. 늘 행복한 표정에 싱글벙글하고 계시던 터라 가끔이지만 그분을 볼 때면 저절로 기분이 좋아지곤 했다.

마침 그날도 웃음치료 교실에 오신 할머니와 마주쳤다. 매번 인사만 주고받고 지나쳤었기에 그날은 제대로 이야기를 나눠보자고 생각했다.

"할머니, 안녕하세요?"

"응, 그래. 반가워요."

"할머니, 뵐 때마다 기분이 정말 좋아요. 건강하게 사시니 얼마나 좋으세요."

"그래, 난 건강해. 말기 위암 빼고는 다 좋아."

순간 전기에 감전된 듯 온몸이 찌릿했다. 말기 위암이란 불청객이 몸을 점령하고 있는데도 언제나 웃음을 잃지 않고 웃음을 찾아다니시는 할머니. 그 웃음을 보고 있는데 이상하게 눈물이 났다.

"난 정말 행복한 사람이야. 아무것도 없이 태어났지만 이젠 집도 있고, 남편도 있었고, 자식도 다섯이나 있었으니 얼마나 행복해. 게다가 지금은 암이 몸에 들어와서 예정된 시간에 태어난 곳으로 돌아갈 수도 있잖아. 그러니 얼마나 즐겁고 행복해!"

인생의 마무리를 정해진 시간에 할 수 있어 행복해하시는 할머니와 헤어지고, 종일 그분에게서 감전된 전율이 따라다녔다. 과연 행복이 무엇인가? 말기 암환자인 할머니를 저토록 아름답게 만드는 힘은 무엇인가? 할머니는 우리와는 다른 세계에서 온 사람일까?

결코 아닐 것이다. 평범한 사람이지만 자신의 삶을 끝까지 존중할 줄 아는 보기 드문 사람일 뿐이다. 할머니는 삶을 긍정적으로 해석할 줄 아는 혜안을 지닌 분이었다.

긍정적인 해석을 한다는 것은 '누구나' 가능한 일이지만 '아무나' 할 수 있는 일은 아니다. 그동안 숱하게 긍정하는 방법에 대해 배워왔지만, 그것을 자신의 삶에 그대로 적용하는 것은 별개이지 않던가?

웃음치료 교실에서 나를 전율시킨 80대 할머니처럼 우리 주변에 계신 긍정의 대가들을 볼 때마다 생각이 많아진다. 그들의 모습이 어쩌면 바로 나의 모습이고, 그들의 삶이 바로 나의 평범한 삶일 수 있기에, 특별한 연결고리가 느껴지는 것이다.

세상엔 60억이 넘는 사람들이 있다. 어떤 이들은 무언가 많이 움켜쥔 상위 1%가 세상을 이끌어간다고 하지만, 그것은 단편적인 생각일 뿐이다.

세상을 돋보이게 만드는 이들은 다름 아닌 긍정의 대가들이다. 결국 긍정이 세상을 움직이는 것이다.

이제 우리도 자신의 삶을 존중하며 긍정의 대가가 되어야 한다. 암에 걸렸지만 행복을 찾는 할머니처럼 바로 지금, 여기, 당신의 삶에서 긍정을 찾는다면 우리 누구나 긍정의 대가가 될 수 있다.

3대가 행복한 모습

04

On problem?
No! No! No problem!

문제라고?
아니! 전혀!

하루는 인도에 선교사로 가 계신 분과 만났다. 그 분은 음악 일을 하셨는데, 국제무대에서 오페라 가수로 활동하시다가 마음의 변화를 느껴 인도에 선교사로 가시게 되었다고 했다. 그 후 슬럼가 아이들의 합창단을 조직하여 복음과 노래를 가르치시기 시작하였다. 사는 이유조차 모르는 아이들에게 노래를 통해 희망을 전하겠다는 그분의 뜻에 무척 감동받았었고, 그래서 늘 응원하던 분이었다.

새카맣게 타서 돌아온 그분은 몰라보게 수척해져 있었다. 얼마나 고생을 하셨을지 마음이 짠해졌다. 이런저런 인사를 하며 인도에 관한 이야기를 나누는데 문득 한숨을 푹 쉬시는 게 아닌가.

"많이 힘드시죠? 후원도 어려우실 테고…."

"물론 그것도 힘들지만 그것보다 더 힘든 일은 따로 있어요. 인도라는 나라가 정말 답이 안 나옵니다. 현지 사람들을 많이 만났는

데 어쩌면 그렇게 하나같이 속을 썩이는지 모르겠어요. 그 사람들이 말끝마다 무슨 말을 하는 줄 아세요? 'No problem'이에요. 그런데 문제없다고 해놓고 정작 시킨 일은 당연하다는 듯이 안 해요. 게으른 데다 돈도 무척 밝혀요. 완전히 'On problem'이지요. 정말 피가 마를 지경이었어요."

인도 사람들을 만나본 적이 없는 나로서는 어떻게 그럴 수 있을지 이해가 가지 않았다. 하지만 여러 가지 정황으로 볼 때 선교사님께서 마음고생을 정말 많이 하신다는 것을 느낄 수 있었다. 그때 그분께서 이런 말씀을 하셨다.

"그래도 이곳에 절 보내신 이유가 분명히 있다고 생각해요. 제 생각엔 On problem이라서 눈물 흘리며 기도도 많이 했는데요, 어느 날 문득 이런 생각이 드는 거예요. 거꾸로 생각해 보자! 그들 말처럼 No problem을 외치는 거죠. 그랬더니 정말 신기하게도 부정적인 마음이 조금씩 치유되는 겁니다. On problem과 No problem, 사실 on과 no는 알파벳 순서만 바뀐 거잖아요. 거꾸로 보니 제 마음가짐도 바뀌더라고요."

그분과 만나며 나 역시 새로운 깨달음을 얻었다. 말이 생각을 좌우한다는 과학적 사실이 실제로 근거가 있음을 경험한 셈이다. 그러고 보면 말이 참 중요하다. 말이 생각을 지배하고, 생각이 습관을 지배하며, 습관이 인생을 지배하기 때문이다. 그래서 예부터 그토록 말을 중요하게 생각했나 보다.

평소에도 말을 사용할 때 그 의미를 잘 파악할 필요가 있다. 가정 사역목회를 하고 계신 송길원 목사님의 책 『마음사전 비움과 채움』

에, 우리말이 담고 있는 숨은 뜻에 대한 글이 나온다.

"서양에서는 drawer(서랍)이란 말 속에 '닫다'라는 의미밖에 없지만, 우리는 빼닫이(빼고 닫는다)라고 한다. 서양에서는 elevator라는 단어를 통해 '오르다'를 넘어서지 못한다. 그러나 우리는 오를 뿐만 아니라 내려오기도 하는 장치, 즉 승강기라고 한다. 인사만 해도 그렇다. 서양에서는 good bye로 끝나지만 우리는 이렇게 말한다. 다녀오겠습니다! W. 셀든은 말했다. "서양인은 보려 하고, 동양인은 되려 한다."

사람은 원래 감정적인 동물로, 감정의 90%는 스스로에게 건네는 말에 따라 결정되는 성향이 있다. 스스로 긍정적으로 이야기하면 상황도 긍정적으로 변하기 마련이고, 모두가 자신을 좋아하게 만들 수도 있다. 그러나 부정적인 말을 담고 있으면 상황도 그 말대로 흘러가게 된다. 과학적으로 볼 때 사람이 말을 내뱉으면 그것이 뇌에 신호를 주고 뇌는 그대로 행동하게끔 만든다는 것이다.

예를 들어 '에잇 못난 놈!'이라고 말하면 뇌에서는 그 사람이 진짜 못난 놈이 되도록 프로그래밍을 한다는 것이고, '에잇 잘난 놈!'이라고 하면 진짜로 잘난 사람이 되기 위해 프로그래밍한다는 것이다. On을 거꾸로 뒤집어 No로 생각하자 현실의 어려움을 뛰어넘는 긍정의 힘이 생겼던 것처럼, 'Good bye'를 '잘 가'로 받아들이는 대신 '다녀오겠다'는 긍정적 해석을 하면 긍정의 힘이 생긴다.

어떤 한 사람의 모습을 그려놓은 그림이 있다고 치자. 그 그림에서 어떤 사람의 모습이 보이는가? 우울한 표정의 사람이 보인다면 그림을 거꾸로 뒤집든지 생각을 뒤집어봐야 한다. 그럼 이전과는 전혀 다른 활짝 웃는 사람이 나타날 것이다.

당신의 눈에는 웃는 사람과 찡그린 사람 중, 누가 보이나요?

하루 5분 긍정훈련

· 써야 할 곳 안 써도 좋을 곳을 분간하라.
· 돈은 거짓말을 하지 않는다. 돈 앞에서 진실하라.
· 돈을 애인처럼 사랑하라. 사랑은 기적을 보여준다.
· 검약에 앞장서라. 약 중에 제일 좋은 약은 검약이다.
· 헌 돈은 새 돈으로 바꿔서 사용해라. 새 돈은 충성심을 보여준다.

— **이건희** 회장의 어록

05

현재와 다른 미래

어느 날 우연히 인터넷 검색을 하다 실시간 검색어에 '美 노숙자소녀 수석졸업'이라는 기사가 눈에 들어왔다. 무슨 사연인가 궁금하여 클릭해 보니, 노숙자였던 흑인소녀가 고등학교를 수석으로 졸업했다는 거짓말 같은 이야기를 다루고 있었다.

이 이야기의 주인공은 미국 조지아주 애틀랜타 남부 리버데일 찰스 드류 고등학교를 수석으로 졸업한 17세 첼리사 피어스였다. 피어스는 어머니와 3명의 형제들과 함께 허름한 아파트에서 살다가, 월세를 내지 못하는 바람에 쫓겨나 노숙자 보호소에서 지내게 되었다. 집도 없이 떠도는 상황에서도 그녀는 꿈을 포기하지 않고 노력을 게을리하지 않았다. 보호소 불이 꺼지는 밤중에도 휴대전화 불빛으로 교과서와 노트를 비춰가며 공부했다. 그 결과 피어스는 고교 시절 내내 1등을 놓치지 않았고, 4.46의 높은 학점으로 수석 졸업을 했다. 졸업식 날 학생 대표로 단상에 오른 피어스의 말은 깊은 감동을 준다.

"나는 나를 더 강하게 만들어야 한다는 걸 알고 있었다. 나는 노숙

첼리사 피어스

자였다. 내 가족은 바닥에 매트를 깔고 잠을 잤다. 하루 삼시 세끼를 챙겨먹으면 운이 좋은 날이었다. 매일같이 샤워하고 먹고 깨끗한 옷을 입는 일에 어려움을 겪고 있었다. 그러나 오히려 이럴 때일수록 내 자신에게 계속 공부해야 한다고 주문했다. 왜냐하면 미래는 더 이상 지금과 같아서는 안 되었기 때문이다. 그러니 누구든 쉽게 포기하지 말고 자신의 꿈을 위해 오늘 당장 필요로 하는 일을 한다면, 여러분 모두에게 원하는 미래가 열릴 것이다."

이 감동적인 노숙자 소녀의 이야기를 미국 ABC뉴스를 비롯한 현지 언론에서 앞 다투어 보도했다. 피어스의 소식을 접한 사람들은 소녀를 향한 격려의 말은 물론 그녀를 통해 자신을 돌아보게 된다는 반성의 목소리를 내는 것도 잊지 않았다.

나 역시 이 기사를 접하고 난 후 많은 생각을 하게 되었다. '만약 내가 피어스와 같은 처지였다면 과연 그녀처럼 노력할 수 있었을까? 지금의 나는 소녀와 같은 어려운 상황에 처한 것도 아니지 않는가? 그렇다면 나는 내가 이루고자 하는 미래를 위해 현재 얼마만한 노력을 기울이고 있는가?' 순간 자신도 모르게 너무 안일해졌다는 후회가 밀려들었다.

피어스의 상담교사는 그녀를 두고 젊고 뛰어난 여성인 동시에 매우 성실하며, 공부에 두각을 나타내면서도 무척 겸손했는데 얼굴에는 항상 미소를 잃지 않고 있었다고 언급했다. 매일 제대로 먹지 못하고 잠마저 편히 잘 수 없던 열악한 환경 속에서도 그녀가 늘 웃으며 지냈다는 것에 놀라움을 금할 수 없었다. 피어스를 통해 어려움을 극복해내는 힘은 역시 긍정밖에 없다는 사실을 한 번 더 느끼게 된다.

피어스는 고등학교 수석졸업의 영예를 안았을 뿐 아니라, 졸업 후 곧바로 자신이 원하던 스펠맨 대학교에서 3학년 과정을 시작했다고 한다. 결국 그녀는 오늘보다 더 나은 미래를 맞이하게 되었고, 그로 인해 더 큰 목표를 갖게 되었다. 한 언론과의 인터뷰에서 그녀가 말했다.

"저는 항상 스스로에게 '내일은 오늘 같지 않을 거야. 시간을 갖고 지금 할 수 있는 일을 하면, 미래는 내가 원하는 내일로 다가올 거야.'라고 다짐하곤 했어요."

그녀의 목표는 오직 하나, 바로 '현재와 다른 미래'였다. 누구나 현재보다 더 나은 미래를 꿈꾸며 살아간다. 과거가 모여 현재를 만드는 것처럼 현재가 모여 미래를 만든다.

우리는 현재보다 더 빛나는 미래를 만들기 위해 오늘 어떠한 노력을 하고 있는가? 자신이 할 수 있는 최선의 노력을 몇 퍼센트나 다 하고 있는가?

스스로에게 끊임없이 물어보고 솔직하게 답해야 한다. 더불어 하루하루 자신과의 타협에만 익숙해지고 있는 건 아닌지 반성해봐야 한다.

쉽게 생각해보자. 그리고 말해보자. 나는 현재를 벗어나기 위해 미래를 꿈꾸었고, 어느새 나는 그 미래에 닿아있었다. 나는 현실에 충실했을 뿐인데 돌이켜보면 "그것이 진짜 노력이었노라고."

코레일 임직원 긍정훈련–행복에너지 특강

06

아름다운 마무리 - 500억 기부한 영화배우 신영균

"우리는 나이가 들면서 깨닫게 된다. 우리의 손 하나는 나를 위한 것이고, 다른 하나는 남을 돕기 위한 도구라는 것을." - 오드리 헵번

<로마의 휴일>, <티파니에서 아침을>, <사브리나> 등 영화 제목만 들어도 떠오르는 전설의 여배우이자 만인의 연인이었던 오드리 헵번. 그녀는 아름다운 외모만큼이나 마음도 아름다웠다.

은퇴 후에는 혼신을 바쳐 사회와 인류를 위해 봉사함으로써 다시 한번 세계인을 감동시켰고, 암 판정을 받은 후에도 열정적으로 소말리아 난민 구호활동을 펼쳐 국제적인 센세이션을 일으키고 생을 마감했다.

세계를 누비며 타인을 위해 두 손을 다 쓰며 봉사하다 간 오드리 헵번을 생각하니, 정말로 행복한 사람들은 어떻게 봉사할지 찾고 그 방법을 발견한 사람들이라는 슈바이처의 말이 떠오른다.

"내 관에 성경책만 넣어달라." - 신영균

경제적으로 남을 돕는 행위, 즉 자선과 기부는 고귀한 일이다.

영국에 오드리 헵번이 있다면 우리나라에는 원로배우 신영균 선생이 있다. 그는 500억 원 상당의 사유재산을 한국영화 발전을 위해 내놓았고, 100억 원 상당의 대지를 모교인 서울대 발전기금으로 기부함으로써 '노블레스 오블리주'의 본을 보였다.

이미 지난 1999년 사재 100억여 원을 들여 국내 최초이자 최대 영화박물관인 '제주신영영화박물관'을 개관했고, 2010년 영화 및 예술계 인재 양성을 위해 명보극장(현 명보아트홀 500억 원)과 제주신영영화박물관을 영화계 및 문화예술계의 공유재산으로 기증했다.

그의 기증 재산을 토대로 2011년 출범한 신영균영화예술재단을 통해 건물 임대료와 기부금 등 각종 수익금으로 10여 년째 영화인 자녀 장학금 지급, 후진 양성을 위해 단편영화 제작 지원 등을 하고 있다.

신영균 선생은 1928년 황해도에서 모태신앙에 뿌리를 둔 독실한 기독교 집안의 차남으로 태어났다. 서울로 이주해 홍인초등학교, 한성중고교를 졸업한 후 극단 '청춘극장'에 입단, 일찍이 신극운동에 열정적으로 참여했다. 서울대 치과대 진학 후에는 총학생회 연극부를 창립, 직접 무대에 오르는 등 연극부장으로 공연활동에 깊이 빠져들었다.

6 · 25 직후 학업을 끝내고 해군 군의관 복무 후 잠시 치과의사

로 활동한 시기가 있으나, 1960년 조긍하 감독의 <과부>로 영화배우 활동을 시작하면서 1970년대까지 한국영화 전성기를 이끌며 톱스타의 정점에서 20년간 <연산군>, <상록수>, <빨간 마후라>, <미워도 다시 한번> 등 294편의 작품을 남겼다.

영화배우 **신영균**

1968년부터 영화배우협회장, 한국영화인협회 이사장을 역임하고 이어서 한국예술단체총연합회 회장으로 선출되어 예술인의료보험조합을 결성, 사회단체의 의료 복지운동 부문에서 선례를 열기도 했다. 제15대와 16대 국회의원으로 활동하는 동안에도 여야 의원 62명으로 구성된 국회문화예술회를 결성, 회장을 맡아 문화예술계의 지원과 발전을 위한 운동과 입법 활동에 앞장섰다.

신영균 선생은 국회의원으로 활동하기 전부터 일찍이 서울의 대표적인 개봉 영화관 중 하나인 명보극장을 운영하면서 장학사업과 영화인재 발굴, 영화단체 행사지원 등의 기여사업을 해왔고 서울방송 계열의 SBS프로덕션, 제주방송 등 예술문화와 미디어산업의 경영 발전에도 열정을 바쳤다.

"이제 내가 나이 아흔을 넘었으니 살아봐야 얼마나 더 살겠습니까. 그저 남은 거 다 베풀고 가면서 인생을 아름답게 마무리하고 싶어요. 나중에 내 관 속에는 성경책 하나 함께 묻어 주면 됩니다."

다시 태어나도 배우의 길을 가겠다는 신영균 선생. 남에게 베푸는 것은 사랑이다. 나눔과 베풂이 자신한테 더 큰 행복을 가져온다는 사실을 깨닫게 되면 생각과 행동이 달라질 수 있다. 아름다운 마무리를 위해 아낌없이 주는 나무가 된 그가 존경받아 마땅한 이유다.

07

베푸는 마음

누군가에게 무엇인가 베푸는 것은 선물이다. 흔히 베푼다고 하면 부담을 갖는 경우가 많다. 물질을 먼저 떠올리기 때문이다. 그러나 곰곰이 생각해 보면 꼭 그렇지만도 않다. 어린 아이들을 생각해보라. 물질을 갖고 있지 않지만 아이들은 그 존재만으로도 부모에게 사랑을 베풀고 있지 않은가.

불경에 '무재칠시無財七施'라는 말이 있다. 가진 게 없는 사람일지라도 남에게 베풀 수 있는 7가지를 갖고 있다는 뜻이다.

7가지 베풀 수 있는 것 중 첫 번째는 '안시眼施'다.

그대로 풀이하면 부드럽고 편안한 눈빛이다. 어린아이가 엄마에게 전해주는 편안한 눈빛, 엄마가 아이를 향해 보내는 따뜻한 시선이 바로 안시에 해당된다. 사람을 대할 때도 편안한 눈빛과 부드러운 눈빛을 베풀어야 한다. 눈빛만으로도 말할 수 있는 감정의 동물이 바로 사람 아닌가. 훌륭한 지도자는 부드러운 눈빛 하나로 좌중을 압도할 수 있다. 그만큼 눈빛이 중요하기에 무재칠시 중 첫 번째 덕목이 되는 것이다.

두 번째는 '화안열색시和顔悅色施'다.

자비롭고 미소 띤 얼굴을 의미한다. 화안열색시는 안시와 더불어 따라오는 것이다. 좋은 일을 하는 사람이라 해도 무표정한 얼굴을 하거나 화난 표정을 짓는다면 그 행위가 저평가된다. 얼굴 표정에서 오는 분위기가 그만큼 중요하다. 자비로운 표정을 상대에게 지었을 때 상대방은 마음을 열고 다가올 수 있다. 그러나 좋은 표정과 부드러운 눈빛을 짓고서도 말을 함부로 한다면, 화안열색시의 의미가 퇴색되고 만다. 말 역시 매우 중요하다는 뜻이다.

세 번째는 '언사시言辭施'이다.

공손하고 아름다운 말로써 사람을 대하는 것이다. 말 한마디로 사람을 살릴 수도 죽일 수도 있듯이, 말은 사람관계에 중요한 소통의 수단이 된다. 사람이 몸으로 짓는 열 가지 업業이란 것이 있는데, 그 중 입으로 짓는 업이 무려 4가지나 된다고 한다. 그만큼 언어생활이 얼마나 중요한지를 깨달아야 할 것이다. 좋은 언어는 먼저 베풀어야 되돌려 받을 수 있다.

네 번째 '신시身施'는 예의 바르고 친절한 태도를 말한다.

식당을 가거나 약속장소에 갔을 때 예의 바른 태도의 종업원을 만나면 저절로 기분이 좋아지고, 나 역시 예의 바르게 응대하게 된다. 이 신시는 몸으로 베풀 수 있는 행위로, 베풀고자 하는 의지만 있으면 가능한 일이다. 흔히 예의는 몸에 밴다고 말하는데 일리가 있다. 특히 오랜 시간 유교 국가였던 우리나라에서 더욱 필요한 태도이기도 하다.

다섯 번째로 베풀 수 있는 것은 '심시心施'다.

착하고 어진 마음으로 사람을 대하는 것이다. 만약 태도나 말에 예의가 있다 해도 진심이 담겨 있지 않다면, 시간이 지난 후에는 반드시 드러나기 마련이다. 진심 어린 마음은 상대방을 따뜻하고 자비로운 마음으로 바라보는 것을 말한다. 상대방이 어려운 처지에 있을 때는 긍휼히 여기는 마음으로, 자신과 마음이 맞지 않을 때는 그럴 수도 있다는 아량으로 넓은 마음을 갖는 것이 필요하다. 사람과 사람이 만나면서 마음이 100% 통하는 일은 극히 드물다. 서로가 맞춰가며 진심 어린 마음으로 대할 때 조금씩 그 틈이 메워지는 것이다.

여섯 번째는 '상좌시床座始'다.

이 말은 자리를 양보하는 것을 뜻한다. 현대와 같은 고령화 시대에는 이 상좌시가 더욱 필요하다는 생각이 든다. 동방예의지국인 우리나라에서는 윗사람에게 자리를 양보하는 일이 당연한 일이지만, 요즘은 그 면모가 많이 사라졌다. 피곤한 몸을 이끌고 대중교통을 이용하다 보면 누구를 막론하고 앉고 싶은 마음이 굴뚝같다. 때문에 온갖 충돌이 벌어지고 말도 안 되는 동영상들이 찍히는 곳이 바로 이 대중교통 안이다. 이럴 때일수록 우리는 상좌시를 베풀어야 한다. 양보함으로써 얻어지는 보람과 기쁨은 해보지 않고서는 알 도리가 없다.

일곱 번째로 돈이 없어도 베풀 수 있는 것은 '방사시房舍始'다.

사람을 방에 재워주는 것을 말한다. 요즘의 세태와는 조금 다른 차원의 일일 수도 있다. 예전의 우리네 삶은 이웃집에서 잠도 자고 재워주기도 하면서, 교통이 잦은 편이었다. 그러나 이제는 사회가 각박해지면서 다른 사람을 재워주는 일이 거의 사라졌다. 물론 방사시의 의미가 사람을 재워주는 것만을 뜻하진 않는다. 더 넓은 의미로 보면 기꺼이 자신의 것을 함께 공유한다는 것이다. 밥을 먹을 때도 기꺼이 나누어 먹고, 당장에 갖고 있는 것을 나눠주는 것 또한 방사시에 포함된다.

위에서 살펴본 것과 같이 따뜻한 눈빛과 부드러운 표정, 아름다운 말투와 예의바른 태도, 어진 마음으로 상대에게 자리를 양보하고 기꺼이 자신의 것을 내어줄 수 있는 마음 등이 우리가 돈이 없어도 베풀 수 있는 것이다. 끊임없이 사람과의 관계를 맺고 살아가야 하는 현대사회에서는, 베푸는 일이야말로 서로에게 긍정적 에너지를 심어 주는 일이리라. 즉 사람과 사람을 잇는 소중한 긍정 바이러스인 셈이다.

이미 우리에겐 돈이 없어도 베풀 수 있는 것들이 수없이 많다. 유교에서 이르는 오복五福 중 오래 사는 것, 부자 되는 것, 건강하게 사는 것, 천수를 다하는 것 외에 마지막 하나가 바로 남에게 선행을 베풀어 덕을 쌓는 것이다. 지금이라도 무언가 남에게 베풀면 자신에게도 복이 되어 돌아온다는 인생의 진리에 귀를 기울여야 하리라.

08

바보 철학

DIESEL

2010년 말 이탈리아 패션브랜드인 디젤DIESEL에서 재미있는 광고를 내놨다. <스마트? No! 바보가 돼라!>는 광고인데, 이 흥미로운 브랜드 광고에 바보예찬이 들어 있었다.

바보가 돼라, 후회 없는 삶을 살기 위한 도전, 스마트한 이들에겐 뇌가 있지만 바보들에겐 배짱이 있지, 스마트한 이들에겐 계획이 있지만 바보에겐 이야기가 있다 등의 내용으로 진행된 광고다. 이 광고를 선보인 디젤 측이 한 매체와의 인터뷰에서 이런 말을 했다.

"바보는 모든 원초적이고 꾸밈없는 사람들을 일컫는 매우 정확한 단어다. 바보는 위험을 감수할 용기가 있으며, 아무리 위험해도 새롭고 창의적인 것들을 받아들인다."

과연 스마트한 세상이 지배하고 있는 이 시대에 신선한 자극이 되는 말이 아닐 수 없다.

지난해 나를 강하게 뒤흔들었던 차동엽 신부의 『바보 ZONE』의

내용이 오버랩되면서 바보에 대해 다시 생각하는 계기가 되었다. 또한 삶을 새롭게 변화시킬 수 있는 역발상과도 잘 맞아떨어진다. 대부분의 사람들이 상위 1%가 되길 원한다. 그러나 너 나 할 것 없이 스마트폰에 목을 매는 획일화된 세상에서, 바보처럼 꿈꾸고 상상하고 모험하는 일이야말로 새로운 변화의 키워드가 될 것이다.

애플의 정신적 지주였던 스티브 잡스도 "Stay hungry stay foolish(계속 배고프고 계속 바보스러워라)."라는 말을 했다. 세계적 CEO인 그도 바보에 Feel이 꽂힌 걸 보면 바보가 지닌 아이러니한 매력이 어지간히 컸나 보다.

나는 주변에서 바보를 꽤 많이 봐온 편이다. 어릴 적 시골동네에는 바보 형들이 많았는데 선천적으로 지능이 낮아 바보짓을 하고 다니는 형도 있었고, 워낙 사람이 좋아 바보 같다는 소리를 듣던 형도 있었다. 또한 나이가 들어 세상을 살펴보니 훌륭한 업적을 남긴 사람 중 스스로를 바보라고 칭한 사람도 있었고, 얼핏 보기엔 바보 같지만 실상은 위대한 삶을 살다 간 사람도 있었다.

그들의 면면을 좇아가보니 참 닮은 점이 많다. '어떻게 저리 매일 웃을 수 있지?' 하는 생각이 들 정도로, 그들은 웃음과 늘 함께했다. 웃음이 많다는 건 매사에 긍정적이라는 의미다. 좋은 일이 있을 땐 좋아서 웃고, 나쁜 일이 있을 땐 기분 좋아지려고 웃고…. 언제나 웃고 있으니 엔도르핀이 생성될 수밖에.

그들의 공통점을 찾다 보니 차동엽 신부의 책 내용과도 일치한다. 스스로 바보가 되기를 자처했던 그들이 어떻게 세상을 움직이는 거인들이 되었는지, 저자는 <바보에게서 얻을 수 있는 12가지 교훈>을 이렇게 요약하고 있다.

제1계명 - 상식을 의심하라.

제2계명 - 망상을 품으라.

제3계명 - 바로 실행하라.

제4계명 - 작은 일을 크게 여기라.

제5계명 - 큰일을 작게 여기라.

제6계명 - 미쳐라.

제7계명 - 남의 시선에 매이지 마라.

제8계명 - 황소걸음으로 가라.

제9계명 - 충직하라.

제10계명 - 투명하라.

제11계명 - 아낌없이 나누라.

제12계명 - 노상 웃으라.

바보철학을 통해 얻을 수 있는 긍정의 에너지는 대단하다. 상식을 의심하는 역발상의 시도, 앞뒤 재지 않고 도전에 뛰어드는 열정, 때론 대범하고 때론 디테일한 삶의 자세, 자신의 것을 취하기보다 아낌없이 나눌 수 있는 배려, 그리고 늘 웃을 수 있는 긍정의 에너지는 스스로 바보가 되는 것에서부터 시작된다. 지금까지 긍정의 힘에 대해 이야기했던 모든 이야기들이 이 바보철학에 요약되어 있다 해도 과언이 아니다.

일본 굴지의 기업인 혼다의 창업자 혼다 소이치로 역시 "머리가 좋으면 성공하는 데 오히려 방해가 된다. 바보처럼 철저히 몰입할 수 없기 때문이다. 무턱대고 도전하고 웃으면서 바보처럼 일해야 성공할 수 있다."라는 말로 바보철학에 힘을 실어주었다.

우리 모두 스스로 바보가 되는 일에 주저하지 않았으면 좋겠다. 바보 같은 자신의 면면을 더욱더 아끼고 사랑하게 된다면, 뜻밖에도 그 힘은 우리를 블루오션의 세계로 안내해 줄지 모를 일이기 때문이다. 생뚱맞고 바보스런 기질이야말로 대단한 창의력을 발휘할 수 있으며, 늘 히죽거리며 웃는 바보스러움이 자신과 주변에 긍정적 에너지를 채워줄 수 있다. 또한 매일 손해 보고 사는 것 같아도 그것이 곧 자신의 것을 나누는 기부가 될 수 있으며, 스스로를 투명하게 만드는 데 기여할 수 있는 것이다.

우리 시대 최고의 어른인 김수환 추기경님은 스스로를 바보로 칭

김수환 추기경

하신 대표적인 분이기도 하다. 삶에 대한 겸양 때문에 바보라 칭하셨겠지만, 추기경님은 바보철학을 온몸으로 실천하신 분이었다. 성직자들과 함께하는 자리에서도 겸손하게 끝자리에 앉으셨고, 허허거리며 웃는 웃음으로 어린아이부터 노인에 이르기까지 친구가 돼주셨다. 또한 한국 현대사에 한 획을 그은 역사의 현장에서조차 몸사리는 일 없이 늘 솔선수범하신 분이다. 지금은 천국으로 소풍을 떠나셨지만 김 추기경님의 바보철학이야말로 우리가 배워야 할 역발상이 아닐까 싶다.

지금부터 기꺼이 바보가 되자. 바보가 됨으로써 얻게 되는 새로운 긍정적 에너지를 만끽해보자. 더불어 내 주변의 바보들을 무시하지 말자. 우리와 어깨를 나란히 할 동료가 될 수도 있을 터이니.

하루 5분 긍정훈련

·웃는 연습을 생활화하라.
·이 세상에 나쁜 사람은 없다.
·함께하는 것이 진짜 사랑이다.
·서로 사랑하십시오. 용서하십시오.
·그게 누구라 하여도 인간인 한은 모두 존엄하다.

– **김수환** 추기경의 어록

09

임계점(臨界點)을 극복하라, 고수와 하수

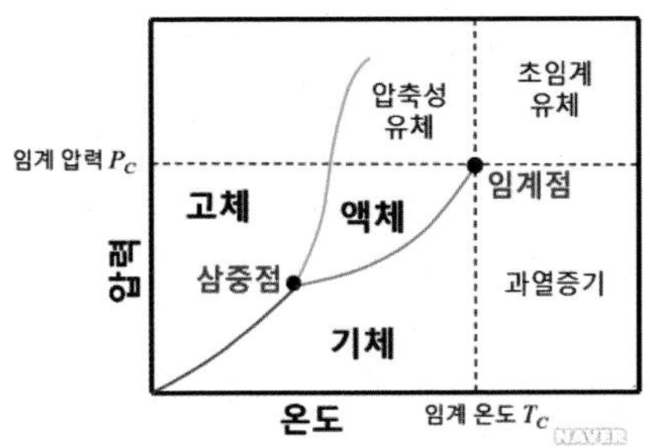

물리학의 전문용어 중 '임계점(臨界點/critical point)'이라는 게 있다. 고체가 액체로 변하거나 액체가 기체로 변하는 것처럼 물질의 구조와 성질이 다른 상태로 바뀔 때의 온도와 압력을 일컫는 말이다. 임계점을 넘어서 고체가 액체로, 혹은 액체가 기체로 변하고 나면, 온도나 압력이 임계점 이하로 내려가지 않는 한 다시 액체나 고체로 돌아가지 않는다.

이제는 이 임계점이란 말을 물리학뿐 아니라 뉴스 기사나 책 제목에서도 자주 보게 되는데, 대체로 자신의 한계를 넘어서 잠재력을 끌어내라는 의미로 사용된다.

박정희 전 대통령이 소양강댐을 건설하려고 국내 대표건설사 4곳을 불렀다.

각 건설사가 어떻게 하면 수주를 받을지 고민할 때, H건설사는 서울 지도를 펼쳐놓고 상습 침수구역 중 소양강댐이 건설되면 침수되지 않을 지역을 찾아 그곳의 땅을 싸게 샀다. 그전까지 상습 침수구역이라 거들떠보지도 않은 땅이었으니 건설사를 투기꾼이라 비난할 수도 없다. 그 땅이 바로 지금의 강남구 압구정이다. 그래서 지금도 압구정에는 H건설사 땅이 많고 백화점도 있다.

남들이 댐공사로 돈을 벌려고 치열하게 경쟁할 때 한 단계 더 멀리 보는 것, 이것이 임계점을 극복하고 성공하는 비결이다.

어느 초등학교 학생들에게 얼음이 녹으면 뭐가 되는지 물었다. 대부분이 물이 된다고 대답했다. 나 또한 과학시간에 배운 대로 물이라고 대답했을 것이다. 그런데 그중 한 학생만 '봄이 온다'라고 대답했다.

이 얼마나 멋지고 훌륭한 대답인가! 많은 이들이 일반적인 사고의 틀을 깨지 못할 때 이 학생만 임계점을 넘어선 생각을 한 것이다.

물이 끓는 온도는 100도다. 99도까지는 물의 성질이 변하지 않는다. 마지막 1도가 있어야 물이 끓고 수증기로 변한다. 고수와 하수의 차이는 이 마지막 남은 1도의 차이라고 한다.

고수와 하수의 차이는 이 밖에도 많다.

하수는 위기 상황에 어쩔 줄 몰라 하고 안절부절못한다. 고수는 위기 상황에 냉정함을 유지하고, 침착하게 하나씩 순차적으로 문제를 해결해 나간다.

하수는 타인을 의지하고 믿어도 타인의 이야기를 경청하지 않는다. 고수는 자신을 의지하고 믿고 타인의 이야기를 경청하고 실천한다.

하수는 여러 가지 일에 에너지와 정신을 분산시키지만, 고수는 한 가지 일에만 에너지와 정신을 집중시킨다.

하수는 늘 거창하고 큰 것을 언급하지만, 고수는 늘 작고 소박한 것을 실천한다.

하수는 타인을 지배하고 조종하려고 하나, 고수는 타인을 존중하고 배려하려고 한다.

하수는 하찮은 재능을 과신하고 맹신하지만, 고수는 재능보다 인내와 성실을 믿는다.

임계점을 극복하고 고수가 되느냐, 하수가 되느냐는 전적으로 자신의 노력 여하에 달렸다.

이루고 싶은 일이 있다면 그 일에 필요한 임계점이 어딘지 자신의 능력과 대비해 설정해 놓자. 항상 틀을 깨는 사고를 하고, 더는 못 버틸 것 같을 때 그때만 잘 견디고 인내하면 누구든 고수가 될 수 있을 것이다.

10

자신만이 할 수 있는 것, 그것은 바로 자신이기 때문이다

세계적으로 유명한 영화 <록키>의 주인공 실베스터 스탤론의 이야기다.

실베스터 스탤론은 정신적으로 외롭고 불안정한 어린 시절을 보냈다. 천덕꾸러기 취급을 당하며 여러 학교를 전전했고, 그런 그를 한심하게 여긴 아버지에게 자주 매질을 당했다. 아버지는 늘 "넌 머리가 나쁜 데다 아무짝에도 쓸모없는 놈이니, 몸이나 단련해라."라고 소리치곤 했다. 그를 고통스럽게 한 건 아버지뿐이 아니었다. 대학 면접 때는 "엘리베이터 수리공이나 하라."라는 모욕을 받은 적도 있었다.

이후 스탤론은 먹고살기 위해 닥치는 대로 일을 해야 했다. 거듭된 실패 속에서도 그는 영화배우라는 막연하고도 실현 가능성 없어 보이는 꿈을 꾸기 시작했다. 꼭 해낼 수 있다는 자신감으로 더욱 용기를 내 배워나갔고, 때가 오기를 기다렸다.

30세가 된 어느 날 밤 헤비급 복싱 세계타이틀전을 시청하던 스탤론은, 삼류복서 척 웨프너가 세계 최고의 복서 무하마드 알리를 상대로 끝까지 최선을 다하는 모습을 보고 감동을 받았다. 결국 15회에 척 웨프너가 KO패를 당하는 바람에 승리는 무하마드 알리에게 돌아갔다. 그러나 스탤론은 챔피언을 향해 열광하는 관중의 함성을 뒤로한 채 쓸쓸히 퇴장하는 패자의 뒷모습에서 영감을 얻었고, 3일 만에 영화 대본 한 편을 완성했다. 척 웨프너의 투지를 지켜보며 자신이 꿈꾸고 있던 영화에 승부를 걸기로 한 것이다. 그 유명한 영화 <록키>의 탄생이었다.

스탤론은 <록키>의 시나리오가 완성되었을 때 자신감으로 팽배해 있었고, 영화사를 찾아가 자신이 주연을 맡는다는 조건으로 대본을 팔겠다고 제안했다. 그러나 어느 곳 하나 연기 경험이라곤 전무한 그를 캐스팅해 주는 곳이 없었다. 그럼에도 불구하고 스탤론은 포기하

〈록키Ⅳ〉 주인공 실베스터 스탤론

지 않았고, 자신의 투지를 불태워 쓴 시나리오의 완성도를 믿고 있었다.

30번이 넘는 거절 끝에 마침내 주연을 맡는다는 조건으로 시나리오를 팔게 되었다. 그러고는 개런티를 따로 받지 않고, 흥행 수입에 따라 받는 러닝개런티 계약을 했다. 그 또한 무모한 자신감에서 나온 선택이었다.

결국 온갖 어려움을 딛고 영화 <록키>가 만들어졌고, 1억 달러 이상의 수입을 올렸으며, <록키 발보아>까지 무려 6개의 시리즈로 제작됐다. 스탤론은 끝까지 긍정의 에너지로 자신감을 잃지 않았기에 그토록 꿈꾸던 영화배우로 성공하게 된 것이다.

자신의 분야에서 성공하는 사람들을 보면 무언가 그들만의 특별함이 있다. 꿈은 꾸는 자의 것이다. 꿈이 없으면 성취도 없다. 아직은 이루지 못했더라도 큰 꿈이 있어야 한다는 뜻이다.

스탤론은 한 인터뷰 "성공이란 실패에 어떻게 대처하는가에 달려 있다. 나는 실패를 할리우드의 중심무대에 뛰어드는 계기로 삼았다."라고 말했다.

보통사람들은 원하는 것이 있을 때 '나는 안 돼.' '내가 될까?'라는, 스스로에 대한 의심부터 갖는다. 그런 의심은 시작조차 못하게 만들고 원하는 바를 얻을 수도, 원하는 곳을 향해 나아갈 수도 없게 만든다. 무엇보다 시작을 위한 첫걸음은 자신 있게 내딛는 것부터다. 때로는 두려움을 없애는 무모한 자신감이 출발의 원동력이 될 수 있다는 사실을 잊지 말자.

〈자신의 삶을 의심하며 쓸데없이 시간을 소모하는 사람들이 저지르는 12가지 잘못〉

1. 제자리에 멈춰 서서 자신이 무엇을 원하고 있는지 생각하지 않는다.

2. 자신의 목표를 선언하는 것을 두려워한다.

3. 자기 앞에 무슨 일이 있는지 모색하지 않는다.

4. 행동하지 않고 아무것도 결심하지 않는다.

5. 작은 실수 앞에서 마치 중대한 실수를 한 것처럼 기가 꺾인다.

6. 사실을 모두 알지 못한다는 이유로 불안을 느낀다.

7. 감정적 또는 개인적으로 자신의 생각에 몰두한다.

8. 자신의 의무에 대해 혼란을 느낀다.

9. 곤란한 상황을 과대평가한다.

10. 앞날을 미리 예상하며 현재를 왜곡한다.

11. 문제를 극복하는 것이 아니라 문제 자체에 집중한다.

12. 곤란을 극복하는 모험을 즐기지 않는다.

최고가 되겠다고 결심하고 뛰어넘어라

JUNO HAIR depuis 1982 준오헤어 대표이사
강윤선

산을 오르는 것을 인생에 흔히 비유하곤 합니다.
완만한 언덕보다 굴곡진 바위와 낭떠러지가 더 많은 산은
오르는 사람에게 많은 시련을 안겨주며
무심코 밟은 돌멩이 때문에 곤경에 처하기도 합니다.

그러나 어느 누구도 탓할 수 없습니다.
삶을 살기 위해 이겨내고 노력해서
어느 분야에서든 최고가 되겠다고 결심하고
스스로 일어서야만 하기 때문입니다.

난관에 부딪혔을 때 그저 피해야 할 장애물로 여기며
편법으로 넘어가기만 한다면
남들과 다른 삶을 살 수 없습니다.
문제를 해결하려는 의지가 무엇보다 중요합니다.

각자의 삶을 살면서 한 번 더 고민하여
자신이 가진 개성을 십분 발휘하고
이로써 자신 앞에 놓인 장애물을 뛰어넘는다면
그것이 바로 빛나는 삶을 만드는 방법입니다.

최고가 되겠다고 결심하고
나를 통해 타인을 행복하게 하십시오.
그것이 쌓이고 쌓이면
언젠가 문득 나는 행복한 사람이 되어 있을 것입니다.

• • • PART 3

실전
– 생각에서 행동으로

스스로 변화하라

실천의 중요성

먼저 주는 기쁨

역지사지(易地思之) 원칙

동화 같은 삶을 선물하는 동화세상 에듀코!

강한 생명력의 포도나무를 닮은 바인그룹!

완전한 사람

내게 이런 삶을 살게 하여 주소서

실현 가능한 시도

역발상에 실천력을

섬기는 리더

01

스스로 변화하라

나는 '왕회장'이라 불린 정주영 회장의 인생 스토리를 좋아한다. 그가 세계적인 기업을 일군 수장이어서가 아니다. 그의 치열하고도 뜨거웠던 인생이 찬란하게 빛나기 때문이다.

나 또한 누구 못지않게 열심히 살았다고 자부하지만, 정주영 회장의 남다른 인생 역정을 들여다보면 순수한 경외심을 갖게 된다.

그 이유는 무엇일까? 그가 기업을 일궈나가며 보편적인 과정을 과감히 뛰어넘어, 역발상에서 나온 긍정의 에너지로 신화를 창조했기 때문이다. 정 회장이 5백 원짜리 지폐 한 장으로 어마어마한 거액의 투자를 끌어낸 일화가 여기 있다.

1970년대 초 정 회장은 조선소 건설 차관을 위해 영국으로 향했다. 당시만 해도 우리나라에서 조선소를 짓는다는 것은 불가능에 가까웠다. 국내외적으로도 부정적 시각이 팽배했다.

현대그룹 故 정주영 회장

국내에서는 조선造船은 허황된 정주영의 꿈이라며 봉이 김선달을 빗대 '정선달'이라 부르는 사람까지 나왔고, 당시 세계조선시장을 장악하고 있던 일본의 방해공작으로 프랑스와 서독의 KFW(재건은행) 쪽에서도 "뭐 탱커를 만들어? 목선이나 만들면 어떠냐?"는 차가운 반응이었다. 그러나 이렇듯 불리한 상황에서도 정 회장은 포기하지 않았다.

그에게는 무에서 유를 창조하는 불굴의 도전정신과, 긍정의 에너지로 무장한 뚝심이 있었다. 우선 런던으로 가 세계적 선박 컨설턴트사인 A&P애플도어의 롱바톰 회장을 만났다.

"롱바톰 회장께서 버클레이 은행을 움직여 주십시오."

"아직 선주船主가 나타나질 않고 한국의 상환능력에 의문이 많아 곤란합니다."

정 회장은 재빨리 지갑에서 한국은행권 5백 원짜리를 한 장 꺼내 테이블 위에 올려놓았다.

"이 돈을 보십시오. 거북선입니다. 우리는 1500년대에 이미 아이언십iron ship을 만든 두뇌와 실적이 있습니다. 해운국 영국의 조선 역사는 얼마나 됩니까?"

"1천8백 년대부터지요."

"우리는 3백 년을 영국보다 앞섰습니다. 다만 쇄국정책 때문에 아이디어가 녹슬고 산업화를 이루지 못한 겁니다. 한번 시작했다 하면 몇 백 년간 잠자던 잠재력이 터져 나올 겁니다."

그제야 롱바톰 회장이 빙그레 웃으며 고개를 끄덕였다. 결국 롱바톰 회장을 움직여 버클레이 은행 차관에 성공, 조선소도 짓지 않은 채 배를 수주하는 쾌거를 올리게 된 것이다.

내게도 긍정 에너지 덕을 톡톡히 본 경험이 있다.

나는 1995년 서울시 강서구의회 의원활동을 할 때 구區 재정에 관심을 갖고 심혈을 기울였다. 재정이 늘어나야 주민들의 복지증진과 행복증진을 꾀할 수 있음에도, 구의 재정상태가 열악했다. 재무구조가 난해하고 관리운영에 허점이 많았기 때문이다.

변화의 필요성을 절감했다. 혼자라도 변해야겠단 생각으로 강서구의 재정 프로세스를 파악한 후, 현장을 찾아다니며 직접 사람들을 만났다. 문제점이 보였다. 확실히 변화가 필요했다. 그리고 마침내 그 해결책을 찾아냈다. 당시 구에서는 예산 전액을 구 지정금고인 은행에 턱없이 낮은 이율로 예치하고 있었다. 이는 다른 국가기관도 마찬가지였다. 기존의 관례에 따라 변화하지 않으려는 구태의연한 행정이 낳은 문제였다.

굳이 이율이 턱없이 낮은 예금으로 예치할 필요는 없지 않은가? 예금계정 하나만 바꿔도 이율이 높아지므로 구의 재정에 큰 도움이 될 터였다. 나는 모든 은행의 이자율과 여러 가지 상황에 대해 조사한 후 구의회 구정질문을 통해 이 문제를 건의하여, 몇 번의 토론과정을 거쳐 결국 내 건의안을 관철시켰다.

결과는 놀라웠다. 만기자금의 운영효율화를 통해 높은 이율의 은행으로 변화를 주었더니, 바로 1년 뒤에 눈에 보이는 변화가 나타나기 시작했다. 전년 대비 20억 가량의 세외수입이 확충된 것이다. 간단히 확보된 예산으로 강서구는 시급한 사안들을 수월하게 처리할 수 있었다.

더욱 놀라운 것은 이러한 행정 변화가 강서구에만 그치지 않았다는 점이다. 강서구의 선례가 서울의 25개 구청 및 서울시청까지 전파되었고, 서울시에서만 1,000억이라는 세외수입이 발생하여 예산을 확충할 수 있었다. 국고금 단수 계산법에 따르면 1996년부터 지금까지 18년간 국가기관들이 이자로만 약 20조 원 이상의 세외수입을 증대할 수 있게 된 것이다.

이렇게 긍정적인 변화를 꿈꾸는 생각의 전환이 20조 원이라는 큰 금액을 만들어낸 것이다. 궁즉변 변즉통! 궁하면 변하고, 변했더니 통하는 결과를 낳게 된 것이다.

궁지에 몰렸을 땐 스스로 변화를 시도해야 한다. 궁지에 몰렸으니 누군가의 도움을 구하거나 주저앉아야겠다고 생각하는 대신 발상을 전환해봐야 한다. 과감하게 변화를 꾀할 때 통하고, 그러한 소통이 오래 간다. 그것이 삶을 긍정적으로 바뀌게 만드는 긍정적 액션이다.

02

실천의 중요성

날마다 기도하는 사람이 있었다. 그는 교회 앞에 세워진 성인 조각상 앞에서 늘 두 손을 가지런히 모아 빌었다.

"제발, 제발, 제발 1등 복권에 당첨되게 하소서."

어찌나 간절히 기도하는지 그 내용을 모르는 사람들까지 혀를 차며 그를 걱정했다. 매일 조각상 앞에 서서 기도를 이어가던 어느 날, 간절한 기도 덕분인지 조각상의 성인이 그 앞에 짠 하고 나타났다. 그러고는 그를 향해 말했다.

"얘야! 제발, 제발, 제~발 복권을 사라!"

모든 일은 말과 함께 실천이 동반되어야 한다. 로마 속담에 "생각을 잘하는 것은 현명하고, 계획을 잘하는 것은 더 현명하며, 실행을 잘하는 것은 가장 현명하다."라는 말이 있다.

『사랑의 기술』의 저자인 에리히 프롬도 말했다. "어떤 사람이 꽃을 사랑한다 해놓고 꽃에 물주는 것을 잊었다면, 그가 꽃을 사랑한다고 믿지 않을 것이다. 사랑에도 실천이 따라야 한다."

과거에는 '아는 것이 힘'이라는 격언에 의지했다. 그만큼 정보가 부족한 시대에 살았기에 아는 것이 경쟁력이 되었을 것이다. 하지만 지금은 어떤가? 하루에도 수많은 정보가 인터넷 세상에 넘쳐난다. 이제 많이 알고 있는 것은 그리 큰 경쟁력이 되지 않는다.

그렇다면 무엇이 힘이 될까? 사실 실행에 옮기는 것이 중요하다는 것은 삼척동자도 알고 있는 사실이다. '구슬이 서 말이라도 꿰어야 보배'라는 말도 있지 않은가. 그만큼 실천하는 일이 쉽지 않기에 나온 말일 것이다.

일찍이 맹자는 유학의 덕목인 인의예지仁義禮智 정신을 사람의 마음에서 찾았다.

"측은해하는 마음惻隱之心이 없으면 사람이 아니고, 부끄러워하고 미워하는 마음羞惡之心이 없으면 사람이 아니며, 사양하는 마음辭讓之心이 없으면 사람이 아니고, 시비를 가리는 마음是非之心이 없으면 사람이 아니다. 즉 측은지심은 인의 단서이고, 수오지심은 의의 단서이며, 사양지심은 예의 단서가 되고, 시비지심은 지의 단서가 된다."

그런데 다산 정약용 선생은 이러한 유학의 덕목에서 인의예지 정신 역시 실천 이후에 성립된다는 것을 일찍이 밝힌 바 있다. 『맹자요의』란 그의 저서에 보면 이런 구절이 나온다.

"어린애가 우물에 들어가려 할 때 측은지심이 생겨도 가서 구해주지 않는다면, 그 마음의 근원만을 캐물어서 인仁이라 할 수 없다. 밥 한 그릇을 성내거나 발로 차줄 때 수오지심이 생겨도 그것을 버리지 않고 캐물으면, 의義라 할 수 없다. 큰 손님이 문에 이르렀을 때 공경지심이 생겨도 맞이하여 절을 하지 않으면, 그 마음의 근원만을 캐기에 예禮라 할 수 없다. 선한 사람이 무고를 당했을 때 시비지심이 생겨도 분명하게 분별해주지 않는다면, 그 마음의 근원만을 캐묻기에 지智라 말할 수 없다."

정약용 선생 시대에 이르러 학문은 실천의 윤리학으로 진화되었다. 그가 쓴 글을 통해서 알 수 있듯 아무리 좋은 학문과 지식이라도 실천이 따라주지 않으면 소용없음을 알려준 것이다.

사람들은 계획은 참 잘 세운다. 해가 바뀌면 누구나 한 번쯤 연례행사처럼 1년 계획을 세워봤으리라. 올해는 어떤 것을 꼭 하겠다거나 자격증 따기, 운동하기 등등 자기 자신이 꼭 해야 할 일을 잘 알고 있기에 그럴싸한 계획들이 쏟아져 나온다. 이것이 삼일천하로 끝나지 않으려면 반드시 행동으로 옮겨져야 한다.

운동을 하기로 했으면 체육센터나 피트니스 클럽, 하다못해 자전거 카드라도 만들어서 꼭 실천해야 한다. 그런데도 대부분의 사람들이 하겠다고 입버릇처럼 되뇌기만 하다가, 1년 뒤 다시 연중계획으로 운동하기를 집어넣는 것이다. 또한 올해는 기필코 자격증을 따겠다고 벼르면서도 학원조차 끊지 않는 건, 자신의 의지를 모욕하는 행위다. 앞서 언급한 것처럼 복권에 당첨되기를 간절히 기도하면서도 정작 복권을 사지 않아 시간만 낭비한 것처럼 말이다.

하루 5분 긍정훈련

·'혼자 빨리' 아닌, '함께 멀리 가자.'
·둥지만 지키는 텃새보다는 대륙을 횡단하는 철새의 생존본능을 배워야 한다.
·늘 앞을 내다볼 줄 알고 또한 일의 속도를 중히 여기는 사람이 되어야 한다.
·과거와의 단절이야말로 새로운 시대, 새로운 미래로 나아가는 첩경이 될 것이다.
·변화의 물결에 신속히 적응할 수 있는 판단과 기민성이 있는 사람이 되어야 한다.

– **김승연** 회장의 어록

03

먼저 주는 기쁨

긍정하는 삶을 위해서는 받는 것보다 주는 것에 익숙해져야 한다. 때로는 관념을 뒤집어볼 필요가 있다. 받고 싶으면 먼저 주면 된다. 주는 것의 즐거움을 먼저 느껴보라는 뜻이다. 먼저 준다는 행위는 언뜻 손해를 보는 것 같지만 결코 그렇지 않다. 사실 자세히 들여다보면 주는 것에는 주고받는 행위가 포함되어 있다.

간단한 예로 내가 먼저 커피 한 잔을 뽑아 상대방에게 건네면, 비록 몇 백 원의 돈이 나가지만 상대방과 더불어 웃을 수 있고 진심으로 고맙다는 마음의 표현을 받게 된다. 상대방으로부터 나오는 긍정적 에너지를 받게 되는 것이다. 이것만으로도 나는 기를 충전하는 셈인데, 고맙게도 상대방이 커피와 도넛까지 들고 와 되갚아준다면 일석삼조의 효과가 아니겠는가!

꼭 물질적인 것만이 아니다. 먼저 줄 수 있는 것은 무척이나 많다. 그리고 그로 인해 받게 되는 긍정의 기운은 어마어마하다. 나는 다행히 이러한 긍정의 법칙을 잘 활용하는 편이다.

받고 싶어 하는 것은 뭔가 마음이 허전한 상태의 또 다른 표현이며, 긍정의 기운이 필요하다는 신호이기도 하다. 그때는 먼저 주는 것으로 긍정의 기운을 회복시키는 것이 좋다. 세상 그 어떤 기쁨 중 주는 기쁨에서 오는 희열만큼 순수한 정서는 없다.

이와 관련하여 한 팝송의 노랫말을 소개하고자 한다. 조Joe라는 남자가 겪은 감동적인 이야기로, 주는 것이 얼마나 커다란 파장을 일으키는지를 느끼게 한다.

그는 폭풍우 치는 고속도로에서 한 노부인의 고장 난 자동차 타이어를 교체해 주었다.

노부인이 그에게 돈으로 사례하려 하자 그가 말했다.

"부인께선 제게 빚진 것이 없습니다. 저도 전에 제가 부인에게 해드린 것과 똑같은 도움을 받은 적이 있습니다. 정 사례하기 원하신다면 사랑의 사슬이 부인에게서 끝나지 않도록 해주십시오."

노부인은 어느 식당에 들러 친절하지만 몹시 지쳐 보이는 임신부 종업원을 보게 되었다.

노부인은 얼마 되지 않는 식대로 100달러짜리 지폐를 내고는, 종업원에게 나머지를 가져도 좋다는 쪽지를 내밀었다. 쪽지에는 노부인을 도왔던 조라는 젊은이가 했던 말을 써넣었다.

"사랑의 사슬이 당신에게서 끝나지 않도록 해주세요."

지친 종업원은 집으로 돌아와 침대에 잠들어 있는 남편을 발견했다. 그녀는 남편을 깨우지 않은 채 그의 귀에 대고 속삭였다.

"모든 일이 잘될 거예요. 사랑해요, 조!"

<또 하나의 이야기>

20대 중반의 사내가 낡은 트럭 한 대를 끌고 우리나라에 주둔하고 있는 미8군에서 영내 청소를 하청받아 사업을 시작했다. 한번은 물건을 실어서 인천에서 서울로 돌아가는 길이었다. 그런데 외국 여성이 길가에 차를 세워놓고 난처한 표정으로 서 있는 모습이 보였다. 사내는 그냥 지나치려다 차를 세우고 사정을 물어보았다. 그러자 외국 여성은 차가 고장이 났다며 난감해했다. 그는 무려 1시간 30분 동안이나 고생해서 차를 고쳐주었다. 그랬더니 외국 여성은 고맙다면서 상당한 금액의 돈을 내놓았다. 하지만 그는 그 돈을 받지 않았다. 우리나라 사람들은 이만한 친절을 베푸는 것은 관습이라고 극구 사양했다. 그러자 외국 여성이 주소라도 가르쳐 달라고 사정을 하여 알려주었다. 얼마 후, 그 외국 여성은 남편과 함께 찾아왔다. 그 남편은 바로 미8군 사령관이었다. 그 여성은 미8군 사령관의 아내였던 것이다. 그녀의 남편인 미8군 사령관은 그에게 직접 돈을 전달하려 했지만 그는 끝내 거절하며 말했다.

"명분 없는 돈은 받지 않습니다. 정히 저를 도와주시려면 명분 있는 것을 도와주시오."

사령관은 물었다.

"명분 있게 도와주는 방법이 무엇입니까?"

"나는 사령관님 영내에서 일하는 운전기사입니다. 그런데 미군에서는 아직 쓸 만한 차도 일정 기간이 되면 폐차시키더군요. 그 폐차권을 제게 주시면 그것을 수리하고 그것으로 사업을 하겠습니다. 폐차를 인수할 수 있는 권리를 제게 주십시오."

미8군 사령관으로서 그것은 조금도 힘들지 않은 일이었다. 고물로 처리하는 폐차를 주는 것은 어려운 부탁도, 특혜도 아니었다. 그는 그리하여 미 8군에서 폐차시키는 차들을 인수해서 수리를 하고 운송 사업을 시작했다. 그리고 차츰 운송업을 확장시키며 큰 기업을 일구었다. 그 기업이 바로 '대한항공'이다. 오늘날의 한진그룹은 이렇게 우연한 인연에서 시작되었다. 이 이야기는 故조중훈 회장의 실화이다.

먼저 주는 것에 인색한 세상이다. 개중 많은 사람들이 자기 것을 먼저 내어주는 대신, 먼저 받으면 주겠다는 심보를 갖고 있다. 그것도 아니면 얌체같이 받기만 하고 입을 싹 씻고 만다. 그러나 위의 故조중훈 회장의 이야기는 조건 없이 베푼다는 것의 참된 감흥을 전하고 우리로 하여금 그 가치를 일깨워준다.

04

역지사지易地思之 원칙

상대편과 처지를 바꿔 생각한다는 역지사지易地思之야말로 더불어 사는 사회에서 반드시 필요한 긍정의 에너지가 아닐까 생각한다.

2010년 4월, 냉정하다고만 여겨졌던 법정에서 따뜻한 광경이 연출되었다. 당시 서울 서초동 법원청사 소년 법정에서 재판이 진행되고 있었다. 16세의 A양은 친구들과 함께 오토바이 등을 훔쳐 달아난 혐의로 피고인석에 앉아 무거운 보호처분을 기다리고 있었다.

사실 그녀는 간호사를 꿈꾸던 활발한 학생이었다. 그런데 어느 날 남학생 여러 명에게 끌려가 집단 폭행을 당한 뒤 삶이 바뀌어버렸다. 후유증으로 병원 치료를 받았고 충격을 받은 어머니는 신체 일부가 마비되기까지 했다. A양은 그 사건 이후 학교에서 겉돌면서 비행 청소년들과 어울려 14차례나 범행을 저질렀다. 더 이상 삶이 재밌지도 않았고, 살아야 할 이유도 못 느꼈던 것이다. 그런 상태에서 절도죄로 붙잡혀 왔으니 얼마나 마음이 무거웠을까.

그때였다. A양 사건을 재판하던 김귀옥 부장판사가 뜻밖의 결과를 발표했다. A양에게 아무 혐의가 없다는 불기소처분 결정을 내린 것이다. 판사는 법정에서 이렇게 말했다.

"이 학생은 가해자로서 재판에 왔습니다. 그러나 학생의 삶이 이렇게까지 망가진 사실을 알게 되면, 누군들 쉽사리 이 학생에게 가해자라고 말하겠어요? 정말로 잘못이 있다면 자존감을 잃어버린 겁니다. 그러니 스스로 자존감을 찾게 하는 처분을 내립니다. A양 앞으로 나오세요."

눈물범벅이 된 A양이 판사 앞으로 나왔다.

"자, 나를 따라 힘차게 외쳐봐. 나는 세상에서 가장 멋지게 생겼다!"

잠시 머뭇거리던 A양은 나지막이 따라 하기 시작했다.

"더 큰소리로. 나는 이 세상에 두려울 게 없다. 이 세상은 나 혼자가 아니다."

"이 세상은 나 혼자가 아니다."

그 순간 A양은 물론이고 A양의 어머니, 부장판사, 재판 진행을 돕던 참여관, 법정경위 모두가 눈시울이 붉어졌다.

"이 세상에서 누가 제일 중요할까? 그건 바로 학생 자신이야! 그 사실만 잊지 않으면 돼. 그러면 지금처럼 힘든 일도 이겨낼 수 있을 거야, 알았지? 손 한번 잡아보자. 마음 같아선 꼭 안아주고 싶은데

법대가 가로막고 있어서 이 정도밖에 못해주겠구나."

이 따뜻한 재판은 비공개로 열렸지만, 서울가정법원 내에서 화제가 되면서 뒤늦게 알려졌다. 나는 이 기사를 읽으면서 근래에 참 보기 드문 일이란 생각이 들었다. 판사는 문제 학생을 가해자뿐 아니라 피해자의 입장에서도 돌아봐준 것이다. 즉 처지를 바꾸어 생각해 보고 벌을 주는 대신 진심으로 보듬어준 것이다. 이처럼 따뜻한 가슴을 지닌 사람들이 아직 많이 남아 있다는 사실에 나는 무척 흐뭇했다.

우리는 급변하는 시대에 살고 있다. 갈수록 사람과 사람 사이의 훈훈한 정은 사라지고 점점 황폐해지고 있다. 일상 속에서 사람들은 '역지사지易地思之'란 말을 자주 사용한다. 그러나 정말 그 뜻을 알고 쓰는 건지는 잘 모르겠다. 말로만이 아닌 가슴으로 느껴보면 '역지사지易地思之'란 사막의 오아시스 같은 존재다.

"나는 이 세상에 두려울 게 없다."
"이 세상은 나 혼자가 아니다."

05

동화 같은 삶을 선물하는 동화세상 에듀코!
강한 생명력의 포도나무를 닮은 바인그룹!

김영철 | 동화세상 에듀코/바인그룹 회장

어느 날 출판사로 전화 한 통이 걸려왔다. 코칭 · 교육 전문기업 '동화세상 에듀코'라는 회사인데 4천여 명의 구성원들 생일선물로 우리 출판사 책을 주문하고 싶다는 얘기였다. 구성원 생일에 책을 선물하는 회사가 있다니! 출판사의 수장으로서 참으로 고맙고 감동적인 일이었다.

1995년 유아놀이 교육사업으로 시작한 동화세상 에듀코는 회사의 성장만큼 구성원의 성장을 우선시하며 높은 성장률을 보인 회사이다. 회사 이름부터가 깊은 뜻을 담고 있다. '동화세상'은 김영철 회장이 출판사 영업사원 시절 자신이 팔던 동화책 속에서 새로운 세상을 보고, 동화 같은 세상과 동화 같은 회사를 만들어 보겠다는 꿈을 었던 것에서 비롯되었다. '에듀코Educo'는 Educate의 라틴어 어원으로 '가르쳐서 끄집어낸다'라는 의미를 담고 있다. 다시 말해 동화 속 아름다운 세상을 현실에서 만들고 싶은 바람, 교육을 통해 잠재력을 끌어내는 코칭 · 교육 전문기업이 바로 동화세상 에듀코였다.

자연히 내 관심은 이런 훌륭한 회사를 이끌고 있는 CEO인 김영철 회장에게 향했다.

김 회장은 동화세상 에듀코를 창업한 이후, 회사를 온라인교육/학원/무역 및 유통/플랫폼서비스/자산운용/외식/호텔/해외법인 등 10여 개 계열사를 보유한 중견기업 바인그룹으로 성장시킨 전문경영인으로 탁월한 능력을 대내외적으로 인정받고 있는 분이다.

바인그룹의 '바인VINE'은 포도나무의 강한 생명력과 무성한 줄기 그리고 다양하고 풍성한 열매를 상징한다. 이러한 포도나무를 닮은 바인그룹의 중심엔 극복과 도전의 아이콘, 김영철 회장이 있다.

강원도 양구에서 태어난 김 회장은 양구중학교 2학년 때 유도를 시작해 국가대표를 꿈꿨다. 그룹 역사관에는 그의 땀내가 밴 '춘천농고' 유도복이 전시돼 있다. 그는 그 시절 "운동이 끝나면 늦은 밤 읍내에서 집까지 20리 길을 걸었다. 그때의 꿈과 정신력이 오늘날의 나를 만들었다고 생각한다"라고 말한다. 김 회장은 양구중 졸업 후 유도 명문이었던 춘천농고로 스카웃돼 선수생활을 이어갔다. 전국적으로 기량을 인정받으며 대학에 진학해 서울로 올라왔지만 부상을 입으며 더 이상 유도를 할 수 없었다. 그렇게 스물한 살에 사회에 나왔다.

처음 사회생활을 시작한 곳은 출판사 국민서관 생산부였다. 나중에는 좋은 평가를 받으면서 마케팅과 세일즈도 관리했다. 오늘날 기업경영의 기초를 그때 닦은 셈이다. 1990년대 초 회사를 그만두고 신당동의 비가 새는 낡은 건물에서 동화세상 에듀코의 모기업인 '국민에듀코'를 창업했다. 서른다섯의 눈물겨운 도전이었다.

그는 믿었다. 단순 주입식 교육(티칭)이 전부였던 시대에 '물고기 잡는 법'을 알려줄 '코칭의 시대'가 오리라는 것을. 동화세상 에듀코는 그렇게 뿌리를 내렸고, 2014년 대통령 표창 및 2019년 올해의 브랜드 대상(청소년 학습 코칭부문)을 수상하며 동종업계에서 선두주자로 시장을 선점해 나갔다.

김 회장은 돈을 버는 사업가이기 전에 인성을 강조하는 교육자다.

"처음에는 돈이나 벌겠다고 사업을 했다. 그러나 교육을 받고 공부를 하면서 점차 또 다른 나를 발견했다. 교육을 받으니까 어느 분야든 자기 계발이 되는구나 하는 생각이 들었다. 어린 학생들에게도 이를 접목시켜 보자는 생각을 했다. 성적을 올려주는 것이 중요하지만 티칭에 코칭을 추가했다." 다른 교육사업가와는 달리 김 회장만의 철학이 번득이는 대목이다.

강원도 산골짜기 가난한 농부의 아들로 태어나 배움에 대한 허기가 누구보다 컸던 김영철 회장이 전국체전 은메달을 목에 건 유도선수, 억대 연봉을 받는 출판영업왕, 비 새는 사무실에서 10여 개가 넘는 계열사를 거느린 그룹 회장에 오르기까지 팔색조처럼 변신을 거듭할 수 있었던 원동력은 배움에 대한 갈증이었다.

그래서인지 김 회장은 환갑이 지났어도 여전히 공부에 대한 열정이 남다르다. 산책할 때도 출근할 때도, 심지어 출장 갈 때도 늘 귀에 이어폰을 꽂고 강의를 듣는다고 한다.

김 회장 집무실엔 특이한 달력이 걸려 있다. 1995년부터 2094년까지 표기된 100년 달력. 동화세상 에듀코가 설립된 1995년부터 시작해 100주년이 되는 2094년까지 이어진다. 그는 “달력처럼 100년 가는 그룹으로 키운다”라는 신념 아래 코칭을 통해 대한민국 청소년의 건강한 성장을 도우며 전 구성원이 디지털리스트가 되어 100개의 프로젝트를 성공하고, 1천 개의 코칭학원을 운영해 회사를 매출 1조 원의 글로벌그룹으로 우뚝 세우고자 한다.

세상에서 가장 어렵다는 ‘사람’을 상대하는 일로 성공을 일군 김 회장과 바인그룹. 성공의 밑거름은 척박한 환경에 굴하지 않는 도전정신과 끊임없이 배우고 나누는 선한 영향력이다.

구성원의 성장과 함께 사람을 키우는 회사를 지향하고, 교육의 힘을 믿으며 평생 공부하고, 늘 솔선수범하며 초심을 잃지 않기 위해 노력하는 김 회장이 있기에 바인그룹이 더 밝게 빛난다.

우연히 걸려온 전화 한 통을 계기로, 그동안 잊고 있던 나 자신을 되돌아보게 되었고 다시 한번 초심과 도전정신, 선한 영향력에 대해 생각하게 되었다.

나 역시 여러 분야의 사업을 하면서 믿었던 사람에게 배신당하기도 하는 등 참 많은 일을 겪었다. 그러나 이제부터는 시련이 닥칠 때마다 김영철 회장과 같이 처음 사업을 시작하게 된 동기와 각오, 끊임없는 도전정신, 그리고 한 걸음 더 나아가 이 사회에 선한 영향력을 끼칠 수 있도록 노력하는 모습을 본받아야겠다. 역경 속에서도 희망을 꿈꾸는 것, 그것이야말로 행복으로 가는 지름길이기 때문이다.

06

완전한 사람

포유류 중에 미숙아로 태어나는 유일한 동물은 사람이라고 한다. 듣고 보니 그 말이 정말 맞다. 다른 동물들은 엄마 배 속에서 나오자마자 걷고 일어서지만, 유일하게 사람만이 누워서 자리를 보전한다. 한마디로 미숙아로 태어나는 것이다.

누워 있던 아이가 일어나 앉고, 얼마 지나지 않아 기어 다니기 시작하다 일어서서 두 발로 걷는다. 그 과정에는 대략 1년이란 시간이 필요하다. 어릴 때뿐만이 아니다. 젊었을 땐 혼자 잘 다니다가 세월이 지나 늙었을 땐 또다시 도움을 필요로 한다. 구석구석 아픈 곳이 생겨나면서 또다시 자리보전하게 되는 것이다.

결국 사람은 태어나서 죽는 과정 동안 남의 도움을 받는 미숙아인 셈이다. 그러니 더 이상 남의 도움을 받지 않아도 될 시기에는, 마땅히 남을 도와줘야 하지 않겠는가. 나눔만이 완전한 사람으로 가는 길이란 뜻이다.

얼마 전 우리나라를 뜨겁게 만든 신부님이 있다. <울지 마, 톤즈>란 다큐멘터리로 알려진 이태석 신부님이다. 아프리카 수단의 척박한 현실 속에서 선교활동을 펼치다 세상을 마감한 그의 감동적인 삶을 통하여, 진정한 나눔에 대해 생각해 본다.

부산에서 태어난 이태석 신부는 근처 성당을 놀이터로 삼아 유년시절을 보냈다. 자갈치 시장에서 삯바느질을 하며 10남매를 키우신 어머니 슬하에서 어렵게 자랐지만, 그는 공부도 잘하고 신앙심도 깊었다. 성당에서 놀던 어느 날, 벨기에 출신의 다미안 신부에 관한 영화를 보게 되었다. 다미안 신부는 하와이 근처 몰로카 섬에서 한센인들을 돌보다가, 자신도 한센병(나병)에 걸려 49세에 숨을 거둔 성인이었다. 그분의 영화를 보며 어린 이태석은 큰 감동을 받았고, 자신도 신부가 되어야겠다고 마음먹었다.

이 신부는 인제의대를 졸업하고 나자 현실적으로 집안의 기둥이 되었다. 그러나 어린 시절 사제가 되리라고 결심했던 것만은 지울 수 없는 그였다. 이미 신부가 된 형과 수녀가 된 누이가 있던 터라, 어머니는 그를 붙잡고 꼭 너까지 신부가 돼야 하느냐며 눈물로 호소했다. 어머니의 눈물에도 불구하고 이 신부는 하나님께 자꾸 끌리는 자신을 주체할 수 없어, 결국에는 신학대에 진학하여 사제가 되었다.

신부가 된 그는 아프리카 수단으로 향했다. 수단은 내전 때문에 황폐할 대로 황폐한 상태였고, 특히 남수단은 최악이었다. 각종 전염병이 창궐하여 날마다 사람들이 죽어나갔다. 그때 이 신부가 찾은 곳이 남수단의 톤즈라는 곳이었다. 그곳의 유일한 의사가 된 이태석 신부는 하루에 300명의 환자를 돌보면서, 이렇게 될 줄 미리 아시고 의사공부를 시켜주신 하느님께 감사드렸다. 그리고 자신이 어려운 이들에게 무언가 도움을 줄 수 있다는 사실에 감사했다.

어느새 수단 사람들 사이에 톤즈에 가면 살 수 있다는 소문이 퍼지기 시작했고, 100km를 걸어오는 환자까지 생겨났다. 밀어닥치는 환자들을 모두 수용할 수 없어지자, 이 신부는 손수 시멘트를 구입하고 모래를 퍼와 병원을 짓기 시작했다. 전기가 없는 관계로 지붕에 태양열 집열기를 설치한 뒤, 냉장고를 돌려 전염병에 필요한 백신들을 보관했다. 이때부터 말라리아와 콜레라로 속수무책 죽어가던 톤즈 사람들이 목숨을 건지기 시작했다.

병원 일 외에도 이태석 신부는 톤즈 사람들과 많은 것을 나누고자 했다. 선교사들이 가장 먼저 하는 일은 교회나 성당을 짓는 일이었지만, 그는 폐교를 수리하여 학교부터 세웠다. 학교야말로 그들에게 더 필요한 것이라고 생각했기 때문이다. 글자를 읽지 못해 허구한 날 총싸움만 하면서 노는 톤즈의 아이들에게 지식을 나눠주기 위해서였다.

그의 노력에 힘입어 초중고 11년 과정의 학교가 세워졌다. 이태석 신부는 수학과 음악을 가르쳤는데, 사실 음악에 한해서는 문외한이었다. 그런데도 직접 악기 설명서를 보면서 아이들을 가르쳤고, 안 되면 되게 하라는 불굴의 정신을 유감없이 발휘하여 현지 청소년들을 모아 군악대까지 조직했다. 훗날 그 군악대는 국가적 행사에 출연하는 등 톤즈의 희망이 되었다.

이태석 신부님

이태석 신부의 현지 이름은 '쫄리'였다. 요한이라는 세례명을 따라 존리John Lee라는 이름을 쓰다가 현지인들이 빠르게 부르면서 생긴 애칭이었다. 그가 수단에 간 이래로 톤즈의 아이들은 물론이요, 어른들까지 희망을 얻기 시작했다. 이 신부가 자신이 가지고 있는 것을 아낌없이 나눠주며 희망이 살아 있음을 몸소 보여준 덕분이었다.

수단의 슈바이처로 활동하던 이태석 신부는, 2009년 암에 걸려 48세의 일기로 천국으로 떠나고야 말았다. 그의 죽음에 톤즈의 온 시민이 눈물을 흘렸다. 웬만해선 울지 않는다는 아프리카 사람들의 심금을 울린 것이다.

그의 인생은 짧았지만 큰 나눔으로 찬란했던, 그래서 더 아름답고 완벽한 인생이었다는 생각이 든다. 평범한 사제로 평범한 의사로 살았다면 결코 누릴 수 없었을 것을, 9년간의 사역을 통해 이룬 것이다. 그는 천국으로 떠나기 전에 하늘나라 수학공식에 대한 이런 이야기를 남겼다.

"가진 것 하나를 열로 나누면 우리가 가진 것이 10분의 1로 줄어든다는 속세의 수학과는 달리, 하늘나라의 참된 수학은 가진 것 하나를 열로 나누었기에 오히려 그것이 천과 만으로 부푼다는 것이다. 끊임없는 나눔만이 행복의 원천이 된다는 정석을, 나는 그들과의 만남을 통해 배우게 되었다."

이처럼 나눔은 인생을 아름답고 완벽하게 이끌게 도와준다. 나눔은 이태석 신부와 톤즈의 헐벗은 사람들을 잇는 긍정의 끈이 되어, 지금까지도 그 희망을 놓지 않게 하고 있다.

나눌 것이 없다는 것은 핑계에 불과하다. 마음 하나만 있으면 나눌 수 있는 것이 얼마든지 많다. 마음이 준비되면 나눌 것은 무한히 생겨나기 마련이다. 옛날 어르신들이 콩 한 쪽도 나눠먹으라고 했던 것에는 이유가 있었다. 그것이 맛있거나 배불러서가 아니라, 나누는 온기로 사람 사는 맛을 느끼라는 것이었다.

지금도 나는 내가 강서구 구의원 시절 앞장서서 조성했던 우장산 시민의 숲에 갈 때마다, 자연을 공유하고 그것을 나누고 있음에 가슴이 벅차오르곤 한다. 역시 마음만 있으면 나눔은 가능하다. 나눔이야말로 완전한 사람으로 가는 자양분인 것이다.

인디언들이 말하는 인간의 의무에 관한 글 중 이런 구절이 있다.

"인간은 매우 신성한 의무를 지고 이 세상에 태어난다. 그러므로 인간은 신에게서 받은 특별한 선물을 다른 생명들과 함께 나누어야 할 책임을 갖고 있다. 인간은 살아 있는 모든 것들을 보살필 수 있는 능력을 부여받았기 때문이다."

결국 우리는 상상 이상의 능력자란 뜻이다. 모든 것들을 보살필 수 있는 능력을 가졌기에 우리는 더더욱 나눔을 실천해야 한다.

하루 5분 긍정훈련

·악기를 배우기 전 착한 마음을 먼저 배워라.
·사랑을 너무 깊게 하면 그리움도 아픔이 된다.
·가장 보잘것없는 이에게 해준 것이 나에게 해준 것이다.
·네 도움이 필요하다면 누군지, 어딘지, 피부색, 믿음을 묻지 말고 몸, 시간, 돈을 던져라.
·예수님이라면 이곳에 학교를 먼저 지으셨을까, 성당을 먼저 지으셨을까? 아무리 생각해도 학교를 먼저 지으셨을 것 같다.

– **이태석** 신부의 어록

07

내게 이런 삶을 살게 하여 주소서

게리 채프먼(Gary Chapman)

사람마다 사랑을 표현하는 방식은 제각각이다. 『5가지 사랑의 언어』의 저자이자 부부상담의 세계적 권위자인 게리 채프먼 박사도, 사람마다 주된 사랑의 언어가 다르다고 한다. 그는 다섯 가지로 사랑의 언어로 구분했는데 그것은 다음과 같다.

1. 같이 있는 시간
2. 선물
3. 스킨십
4. 인정하는 말
5. 봉사

이러한 구분은 곧 사람마다 사랑을 느끼는 언어가 모두 다르다는 것을 암시한다. 사람마다 성향이 다르기에 사랑을 표현하는 방식도 다를 수밖에 없다. 어떠한 방법이 되었든 사람과 사람 사이에 사랑이란 감정은, 분명 긍정적인 에너지를 폭발시킨다.

내게 있어 사랑을 느끼고 표현하는 방식은 시간과 봉사가 아니었을까 싶다. 지역에서 봉사하겠다는 마음으로 시작한 강서구의회 의원활동은, 지역에 대한 끊임없는 사랑을 실천하고 확인할 수 있는 좋은 시간이었다.

지금 살고 있는 강서구는 내가 태어난 고향이 아니다. 그렇지만 마음을 다하고 아낌없이 사랑을 주고받은 곳이기에 사실상 정신적 고향이나 다름없다. 이곳에서 주민의 대표로 일할 수 있었던 것 자체가 내게는 큰 행운이었다. 그 때문에 시간을 허투루 쓴다는 것은 상상조차 할 수 없었다. 나는 사랑을 다양한 방법으로 표현하려고 애썼다. 무엇보다 어렵고 소외된 사람들을 향한 관심을 놓치지 않으려고 노력했다. 그런 가운데 복지정책이란 타이틀에 묻혀 도움을 받지 못하는 사람들의 사정을 알게 되었다.

한번은 영세민 아파트를 둘러보다가 고급 차량이 주차되어 있는 것을 보았다. 이상한 생각이 들어 경비원과 이웃들에게 물어물어 확인해 보니, 아파트 주민 차량이 맞았다. 영세민 아파트에 고급 세단이라니, 기가 막혔다. 차량 주인이 부적격자인데도 생활보호대상으로 지원받고 있는 것이다. 나로서는 가만히 있을 수가 없었다. 지금 이 시간에도 허리 한 번 못 펴시고 폐지를 줍는 노인 분들이 수두룩하고, 약값이 없어 병원조차 가지 못하는 어르신들이 얼마나 많은데…. 곧바로 저소득층 지원파악에 들어갔다. 한 사람이라도 더 많은 이웃이 도움을 받고, 그 도움이 정당한 것이어야 한다는 마음 하나로 실태를 파악해 나갔다.

생각보다 서류상의 문제가 심각했다. 특히 18세 미만의 아동을 양육하는 모자가정은 구에서 파악한 현황과 차이가 많이 났다. 초등학교를 돌아보며 내가 직접 파악한 것과 차이를 보인다는 것은, 구에서 실사를 나가지 않았음을 증명하는 것이다. 나는 그 점을 계속적으로 지적하면서 지원을 받을 만한 사람을 제대로 선정해 달라고 요청했다. 동시에 저소득층에게 지급되는 지원비와 영세민 관련사업 비용이 지속적으로 지급될 수 있도록 시스템을 만들어달라고 촉구했다.

한창 배우고 뛰어놀 나이에, 급식비 낼 돈이 없어 고민하던 초등학생의 표정을 본 적이 있다. 급식비를 걱정하던 아이들이 부디 또래와 같은 웃음을 되찾길 바랄 뿐이었다. 이후 부정하게 지원금을 챙기던 이들이 적발되었을 때는 먹먹했던 가슴에 숨통이 트이는 것 같았다. 다소나마 위안을 받은 셈이었다.

그러나 이 일과 관련하여 어느 누구도 잘했다고 칭찬해 주지 않았다. 나 혼자 해낸 일이 아니었기에 사실 칭찬을 바라는 것도 우스웠다. 어떤 이들은 간혹 내게 "뭘 그렇게까지 열심히 하냐?"며 비아냥거리기도 했지만, 그것이 곧 내 사랑의 표현방식이었다. 내가 주민들을 사랑하는 방법, 즉 내 시간을 쏟고 봉사하는 마음으로 그들의 아픔과 마주하는 것이었다.

사랑이란 꼭 연인 사이에만 존재하는 것이 아니다. 가족 간의 사랑, 친구 간의 사랑, 동료 간의 사랑 등등 수많은 사랑이 사람과 사람 사이에 존재한다. 성경말씀을 보면 "아무리 천사의 말과 방언을 해도 사랑이 없으면 소리 나는 구리와 울리는 꽹과리에 불과하다."고

했다.

그만큼 사랑은 우주를 있게 하는 힘이요, 살아가는 에너지원이 된다. 그러므로 우리는 무엇보다 사랑의 감정을 소중히 간직해야 한다. 사랑의 감정을 갖추게 될 때 비로소 삶에 대한 긍정의 에너지도 솟아날 수 있을 것이다.

서울시 강서구 전경

08 실현 가능한 시도

대한민국 소리꾼 이자람

예술 공연을 관람하는 일은 참으로 신선한 자극이다. 평소 판소리에 조예가 깊은 편은 아니었지만 우연히 관람할 기회가 생겼다. 그 무대의 주인공은 창작소리로 유명한 젊은 소리꾼 이자람 양이었다. 내가 관람한 공연은 이자람 양의 두 번째 창작 작품 <억척가>였다. 제목부터 인상적이었다. 한국적 매력이 진하게 느껴진다고나 할까.

본격적인 판을 시작하기에 앞서 공연소개가 있었다. 이자람 양의 무대는 판소리도 아니고 연극도 아니고 뮤지컬도 아니었다. <억척가>는 어떤 장르라고 콕 집어 설명할 순 없어도, 분명 그녀만이 할 수 있는 세계 유일의 퍼포먼스였다. 한 여인이 전쟁으로 험악해진 사회의 영향을 받아 점점 억척스럽게 변해가는 모습을 판소리로 표현해낸 것이다.

판소리가 이런 거였나! 이자람 양의 무대는 판소리에 문외한이던 나를 완전히 매료시켰다. 적당한 추임새에 따라 반응하고, 1인 15역을 소화해내는 그녀의 감정선을 따라가다 보니 어느새 나는 울고 있었다. 무뚝뚝한 나를 울릴 만큼 그녀의 공연은 무척 훌륭했다.

이와 더불어 처음부터 끝까지 내 시선을 사로잡았던 무대장치도 빼놓을 수 없다. 공연장소가 LG아트센터라고 하기에 처음에는 아무 생각이 없었다. 그런데 문득 그곳이 서양식 공연에 맞게 지어진 곳이라서 관객과 추임새를 맞추고 참여를 이끌어내는 판소리 공연과 맞을까? 하는 우려가 들었다. 막상 도착하여 공연장으로 들어가 보니 괜한 기우였다. 공연장은 객석이 무대가 되고, 무대는 객석이 되어 있었다. 평소 무대였던 곳에 계단식 의자가 놓여 있었고, 관람객은 무대였던 곳에서 객석인 곳을 마주보고 앉게 되었다.

공연을 지켜보는 내내 나는 어떻게 이런 역발상을 해냈을까! 감탄했다. 얼마 안 가 무대를 뒤바꾼 이유를 극 속에서 찾을 수 있었다.

세 자식을 잃은 어미의 찢어지는 마음을 표현해 내려면, 극장 천장부터 바닥까지 객석 모두를 가릴 거대한 휘장이 필요했다. 전쟁 통에 죽어나간 수많은 목숨을 표현하기 위해 흰 광목을 이용, 수많은 객석을 덮어놓는 방식을 취했는데, 이러려면 객석과 가까운 거리에 있어야 했다. 또한 죽은 자식과 살아 있는 엄마, 이승과 저승을 잇는 기막힌 연출을 표현하기 위해서는 객석 전체를 가로지르는 큰 공간이 필요했다. 그런 이유들로 객석을 무대로 사용하였고, 반대로 깊고 작은 무대공간은 숨소리까지 들을 수 있도록 호흡장소로 사용하여 관객들이 유대감을 갖게 만든 것이었다.

공연을 보는 내내 나는 장소의 역발상에 끊임없이 박수를 보냈다. 사실 말이 쉽지, 실제로 장소를 뒤바꿀 때는 많은 어려움이 도사리고 있었을 것이다.

90년대 후반 내가 강서구를 위해 발바닥에 땀이 나도록 뛰어다녔을 때의 이야기다. 나는 민원해결에 집중하면서도 환경에 대한 관심을 놓지 못하고 있었다. 지역구의 살림을 잘하려면 보다 다양한 분야에 관심을 가져야 한다는 것을 알면서도 유난히 환경 분야에 관심이 쏠렸고, 한편으론 환경에 관심을 갖는 것이 마땅하다고 생각했다.

그 당시 강서구는 녹지조성 사업에 관한 예산을 갖고 있었다. 때문에 새로 짓는 지역센터나 주거공간을 대상으로 녹색사업이 진행되고 있었다. 그때까지만 해도 환경에 대한 인식이 지금보다 낮았던 때라, 녹색사업은 사이드 플랜 정도로만 취급받았지 메인은 아니었다. 예산이 많은 편도 아니었고, 녹지사업을 할 만한 장소도 녹록치 않은 것이 현실이었다.

녹색사업은 향후 미래를 내다볼 때 꼭 필요한 사업인데도 딱히 획기적인 아이디어가 떠오르지 않아 고민이었다. 괜히 지역에서 접근하기 편한 우장산만 자꾸 생각났다. 그러던 어느 날 우연히 한 건물의 옥상에서 미팅을 갖게 되었다. 손님과 만나 커피를 마시며 대화를 나누던 중 '그렇지, 꼭 나무 심는 일을 땅에다만 할 필요는 없잖아. 이렇게 넓고 햇볕 잘 드는 옥상이 있는데. 여기로 정원을 옮겨오면 되지 않을까?' 하는 생각이 떠올랐다.

문득 머리를 스치고 간 아이디어가 작은 씨앗이 돼주었다. 곧바로 나는 옥상정원을 실현하고 있는 사례들을 하나둘씩 모으기 시작했다. 생각보다 꽤 많은 사례가 있었다. 이미 선진국에서는 에코사업이라 하여 옥상정원이 실용화되어 있었고, 옥상에서 채소를 재배하여 판매하는 사례들도 있었다.

자료를 확보하고 강서구 일대의 고층건물 옥상들을 돌아다녔다. 워낙 가구 수도 많고 건물도 많은 지역이라 옥상 역시 많았다. 그러나 이제는 수많은 옥상들이 단순한 옥상이 아닌 금밭으로 보였다. 대부분의 옥상들이 고작해야 담배 태우는 장소로밖에 활용되지 않고 있었다.

다음 날 구회에서 이 의견을 정식으로 발언했다. 건물 옥상을 활용해 녹지를 조성하자는 안건이었다.

"우선 건물 중 평면으로 된 지붕 위에 잔디 또는 나무를 심는 것입니다. 그럼 심각해져 가는 환경오염도 줄일뿐더러, 냉난방 에너지를 절약하는 좋은 수단이 될 수도 있습니다. 또한 도시 미관을 돋보이게 하는 일석삼조의 효과를 얻을 수 있을 것입니다."

나는 소신껏 의견을 피력했고, 마침내 내 건의가 받아들여져 하나둘씩 실현되기 시작했다. 정원 설치가 가능한 건물부터 선정하고 정원 꾸미기에 돌입하자, 잿빛 콘크리트 바닥이 전부였던 옥상이 푸르게 변해갔다. 파릇파릇 잔디가 솟아났고 꽃과 나무가 피어올랐다. 하늘에 가까운 정원이 생긴 것이다. 무관심하던 사람들도 꽃과 나무가 심어진 옥상 정원에 호의적으로 반응했다.

도시의 옥상 정원은 강서구에서 처음으로 실현되었고, 그 후론 다

옥상정원 녹화 전경

른 지역구까지 확산되었다. 요즘에는 웬만한 규모를 자랑하는 건물 옥상은 그냥 두는 일이 거의 없다. 서울시 푸른도시국에 따르면 시가 본격적으로 옥상 녹화사업을 펼치기 시작한 2002년 이후부터 집계 완료된 2013년까지 공공건물 257개소(12만4,582㎡), 민간건물 386개소(14만8,898㎡)의 옥상이 녹지대로 탈바꿈했다고 한다.

지금도 나는 가끔씩 장소의 반란을 시도한다. 어떤 장소에 우뚝 멈춰 서서 한참을 지켜보다가, 지금과는 다르게 변화된 모습을 상상해보는 것이다. 장소의 반란은 공연장이나 옥상처럼 어떤 곳에서도 실현 가능한 시도라고 생각한다.

09

역발상에 실천력을

Google

역발상, 즉 기존의 생각을 뒤집은 발상의 전환은 무수히 많다. 역발상의 대표주자로 구글을 빼놓을 수 없다. 세상은 구글이라는 포털 사이트의 성공신화에 이목을 집중했다. 이전까지는 야후가 전 세계를 꽉 잡고 있었는데, 어떻게 구글이 그 아성을 뛰어넘을 수 있었을까? 여기에서도 발상의 전환이 큰 힘을 발휘했다.

이전에 포털 사이트를 장악하고 있던 야후의 경우, 수많은 서비스가 메인 화면에 뜨면서 날씨, 지도, 광고, 블로그 등등의 서비스 홍수를 이루었다. IT 강국인 우리나라와는 달리 외국은 인터넷 속도가 그리 빠르지 않다. 그 때문에 수많은 서비스창이 다 뜰 때까지 기다리는 일은 지루할 수밖에 없을 것이다.

후발주자인 구글은 야후와는 반대인 단순함으로 세계 1위를 차지하며 크리에이티브한 기업으로 우뚝 섰다. 구글의 메인 페이지는 구글이란 글씨 하나만으로 단순하게 꾸며져 있다. 당연히 화면이 뜨는 속도도 빠를 수밖에. 많은 사람들이 단순함에서 오는 속도의 쾌감에 열광하기 시작했다. 또한 구글은 기념일마다 로고를 재미있게 디자인하고 작은 선물을 제공하면서 빠른 웹서핑을 강조했다. 광고로 얻던 수익은 검색 광고라는 시스템으로 극복했다.

복잡한 서비스에서 단순한 서비스로, 복잡함에서 오는 속도의 둔화를 단순함에서 느낄 수 있는 속도의 쾌감으로 바꾼 구글은, 단박에 세계 1위 포털 사이트로 떠오르면서 세계적 기업으로 성공한 것이다. 물론 인터넷 속도가 빠른 우리나라는 구글보다 네이버라는 포털 사이트가 우위를 점하고 있다. 구글의 전략이 우리나라엔 맞아떨어지지 않았기 때문이다.

역발상 아이디어는 신선함을 주는 큰 힘이 있다. 생각을 조금만 비틀었을 뿐인데, 그것이 사람들의 니즈와 맞아떨어지는 것이 무척 신기할 따름이다. 한편으로 왜 나는 그러한 생각을 못했을까 하는 아쉬운 마음에 무릎을 치기도 한다.

역발상은 평범한 삶에 돌을 던지는 것과 같다. 발상의 전환으로 인해 세상이 즐겁게 되기도 하고 세상이 더 편하게 되기도 하며 세상을 놀라게도 만든다. 그런 의미에서 역발상이야말로 세상을 사람을 변화시키는 긍정적인 자극제란 생각이 든다. 그러나 역발상 자체에만 안주하고 있어서는 안 된다.

2011년 3월 11일, 일본 동북부 이와테 현 오후나토 시 어촌마을에 대지진과 함께 강력한 쓰나미가 밀려왔다. 그로 인해 수백 척의 배들이 침몰하거나 파괴되었고 많은 사람들이 목숨을 잃었다. 거대한 쓰나미로 참변이 일어났을 당시 조업을 하던 어부들에게, 쓰나미가 몰려오고 있으니 대피하라는 긴급 연락이 왔다. 그런데 고토부키 씨의 배를 포함한 10여 척의 어선들은, 육지로 대피하는 대신 수심 깊은 바다로 나갔다. 놀랍게도 그들은 거의 피해를 입지 않았다. 어떻게 이런 일이 가능했을까?

"예부터 수심이 깊은 바다로 나가면 쓰나미는 높아지지 않는다는 말이 있어요. 저희는 선조들의 그 말을 믿었지요. 위태로운 상황에서는 도망치는 것이 상식이지만, 쓰나미가 오는 방향으로 되돌아간 겁니다. 그 덕분에 목숨을 건졌고요."

태평양 연안에 인접해 있는 이와테 현은 예로부터 쓰나미 피해가 잦은 곳이어서, 선조들의 경험에서 우러나온 생생한 가르침과 지혜를 어부들이 늘 가슴 깊이 새기고 있었던 것이다.

쓰나미가 오는 방향으로 되돌아간다는 생각. 그것 자체가 역발상이다. 그러나 목숨이 왔다 갔다 하는 상황에서 본능적인 행동을 제어한다는 것은 결코 쉬운 일이 아니다. 대부분의 사람들이 쓰나미를 피해 항구 쪽으로 갈 때, 거꾸로 거슬러 간다는 건 대단한 용기와 배짱이 필요한 일이었을 것이다. 그런데 그 어부들은 거대한 해일을 뚫고 들어가는 행동력을 발휘했다.

이처럼 역발상을 하는 것도 어려운 일이지만 그것을 행동으로 옮기는 일은 더 어려운 일이다. 생각의 전환과 함께 용기와 배짱, 그리고 거기에 실천력이 겸비되어야만 진정한 역발상이라 할 수 있다. 그렇다고 너무 어렵게 생각할 필요는 없다.

꼭 크고 획기적인 발상만이 중요한 것은 아니다. 누구나 할 수 있는 작은 생각일지라도 그것을 실천으로 옮기는 것 역시 중요하다. 다시 말해 실천 가능한 생각으로 행동하는 습관을 들이는 것이 바람직한 것이다. 나 또한 작지만 실천 가능한 일들을 생각하고 찾기 위해 늘 노력하고 있다.

강서구의회 의원 시절 때도 마찬가지였다. 내가 의정활동을 하는 지역에는 유난히 놀이터가 없었다. 늘어가는 건축물 속에서 아이들이 놀 수 있는 공간은 점점 줄어들었다. 친구들과 맘껏 뛰어놀면서 창의력을 키우고 사회성을 길러야 하는 시기에, 아이들은 놀이터 부족으로 뛰어놀 곳이 없어 동심마저 잃어가는 듯했다.

나는 안타까운 마음에 놀이터를 지을 자투리 공간을 물색하기 시작했다. 운 좋게도 위치 좋은 곳에 버려진 공터가 있었다. 바로 우장산의 배드민턴 코트였다. 그곳은 지면이 평평하지 못한 데다 관리부재로 인해 제대로 사용되지 않고 있었다. 이곳을 활용하여 제대로 된 배드민턴장과 어린이 놀이터를 만든다면 일거양득이 될 듯했다.

나는 그대로 실천에 옮겼다. 적극적으로 발언하고 추진한 덕분에, 오랫동안 쓸모없이 방치돼온 공터가 어린이 놀이터와 배드민턴장으로 탈바꿈할 수 있었다.

이는 조금만 살펴보면 누구나 할 수 있는 생각들이다. 그러므로 작은 생각에서부터 실천으로 옮겨가는 연습을 쉬지 않고 해야 한다. 평소에 무심코 지나가는 작은 일이라도, 조금만 생각을 전환하여 쓸모 있게 바꾸려고 노력해야 한다. 작은 일들부터 실천하다 보면 내 삶의 큰 부분까지 바꿀 수 있는 힘을 기를 수 있다.

이쯤에서 한 번쯤 자신의 생각을 들여다보자. 남들과 다른 생각을 하고 있지 않은지? 남들의 생각을 따라하고만 있지 않은지? 스스로 점검해봐야 한다. 자신을 자주 들여다보면 그 가운데 미세한 차이를 발견하게 되는데, 그것이야말로 발상의 전환을 가져오는 원동력이 될 수 있다.

또한 자신의 삶을 더욱 긍정적으로 변화시키는 역발상을 사모하자. 발상의 전환에 따른 적극적인 행동이 뒤따를 때 확실한 자극제의 맛을 더 실감나게 느낄 수 있을 터이니.

<이런 역발상의 놀라움이라니!>

흔히 붕어빵 하면 길거리에서 사먹는 음식으로 생각하지만, 이 음식을 카페라는 공간 안으로 들여온 곳이 있다. 아자부Azabu라는 카페인데, 길거리 음식인 붕어빵을 고급화하겠다는 역발상에서 시작된 것이다. 붕어빵의 유래는 일본의 도미빵인 타이야끼다. 그것이 우리나라로 넘어오면서 붕어빵이 되었고, 그 붕어빵을 카페 안으로 들여온 것이다. 이 카페에서는 100% 국내산 팥만 사용하고 방부제나 합성첨가물을 넣지 않는다. 매장에서 주문을 받으면 바로 구워 손님에게 제공하는데, 강남 트렌드 세터들에게 크게 어필하면서 대박을 터트렸다.

10

섬기는 리더

헤르만 헤세의 소설 『동방으로의 여행』은 여러 사람이 여행을 떠나면서 벌어지는 이야기다. 한 교단의 후원을 받아 여행을 떠나게 된 사람들이 각지에서 모여들었다. 그중 유독 레오라는 사람은 여행을 떠나는 날부터 일행들의 뒷수발을 들며 허드렛일을 도맡았다. 레오 덕분에 다른 사람들은 여행 내내 편안히 보낼 수 있었다. 그러던 중 레오가 갑자기 사라져버렸다. 한 사람이 빠진 것뿐이었지만 일행들은 오합지졸이 돼, 여행 자체를 계속할 수 없는 지경에 이르렀다. 충직한 심부름꾼이던 레오가 없어지고 나서야 비로소 레오의 소중함을 깨달은 것이다.

수년이 흐른 어느 날, 일행 중 한 사람이 우연히 레오를 만나게 되었다. 그들은 반갑게 조우하고 여행담을 나눴다. 알고 보니 그 여행을 후원했던 교단의 책임자가 바로 레오였다. 그는 정신적 지도자요 리더로서, 여행 내내 섬기는 사람의 본을 보였던 것이다.

섬기는 리더, 이 말 자체가 역설적이다. 리더라는 의미가 앞에서 끌어가는 역할자를 의미하는데, 섬긴다는 것은 맨 뒤에서 받들어 모신다는 의미가 있으니 말이다. 그런데도 21세기 수많은 리더십 가운데 서번트 리더십, 즉 섬기는 리더가 각광을 받는 것은 그동안의 권위를 중시하던 리더십에 문제가 있기 때문이다.

내가 아주대학교 공공정책대학원에 재학 중일 때 리더십에 대해 조사할 일이 있었다. 5천 년 전 고대 이집트에서 '파라오(Pharaoh, 고대 이집트의 최고 통치자)'가 되기 위해서는 다음과 같은 세 가지 조건을 필요로 했다.

"그대의 입에는 단호한 권위가 있어야 하며, 그대의 가슴에는 모든 것을 통찰할 수 있는 능력이 있어야 하며, 그대의 혀에는 정의의 창고가 있어야 한다."

권위와 통찰력, 정의로 요약된 5천 년 전 리더의 조건 때문이었을까? 역사적으로도 권위중심적인 리더십이 세계를 이끌어 나갔다. 때문에 영웅적 리더, 슈퍼 리더, 비전적 리더처럼 앞에서 이끌어가는 혁신주도형 카리스마적 리더의 자질이 부각되었던 것도 사실이다.

하지만 이제는 세상이 바뀌었다. 리더가 사회를 이끌어가는 사실에는 변함이 없지만, 더 이상 리더들이 권위를 내세워 강요하거나 이끌어가는 모습은 찾아보기 힘들다. 대신 충직한 심부름꾼으로 허드렛일도 마다하지 않는 레오 같은 리더가, 정신적 지도자로 지지를 받는 시대가 됐다. 많은 사람들이 협력하여 일을 성취하는 세상이 도래하면서 그만큼 사람을 존중하는 마음이 필요한 시대에 살게 된 것이다.

세계적인 경영 컨설턴트로 알려진 켄 블랜차드의 『섬기는 리더』를 보면, 이제 인류가 리더십에 대한 또 하나의 최상의 결론에 이르렀다는 것을 알 수 있다.

주인공 마이크 윌슨은 평소 사이가 소원한 아버지와 생의 마지막 시간을 함께 보내며, 섬기는 리더십의 구체적인 실천방법을 제시한다. 진정으로 섬기기 위해서는 무조건적인 섬김이 아닌 엄격한 섬김을 추구하라는 것이다. 무조건 온화할 것이라는 통념을 깨면서도 자신을 낮추기 때문에 스스로 높아지는 역설, 즉 낮은 곳으로 내려갈수록 오히려 강한 카리스마를 얻게 되는 역설의 진리를 느끼게끔 한다.

이 땅의 가장 낮은 자로 오셨지만 가장 높은 자리에 앉게 된 예수님 리더십의 극치를 보라, 예수님께서 무릎을 꿇어 제자들의 발을 씻김으로써 섬기는 리더로서의 모습을 보이신 것도 같은 맥락일 것이다. 많은 사람들이 리더를 꿈꾸며 리더가 되기 위해 노력한다. 그러나 시대가 원하는 리더는 모두를 긍정적으로 변화시킬 수 있는 리더다. 나랏일을 맡아보는 공직자 또한 국민을 섬기는 리더가 되어야 한다. 그들은 국민들에게 봉사하는 봉사활동가인 동시에 리더인 것이다. 그런데도 국민을 섬겨야 할 리더가 불법에 가담한 사건들이 근래에 비일비재하게 일어나고 있다.

전국적으로 성인오락실이 한창 성행할 때가 있었다. 오락실은 스크린경마, 게임랜드 등으로 불리며 도박장으로 변질되어 그 피해가 날로 심각해져 갔다.

내가 의정 활동 당시 2005년 이전에는 30개소에 불과하던 강서구 내 성인오락실이, 2005년 11월경에는 130여 개가 영업할 정도로 늘어났다. 불과 1년도 안되어 100여 개가 증가한 것이다. 130여 개 성인오락실 중 대부분이 불법으로 상품권을 제공하였고, 교환소에서 5~10%가량의 수수료를 챙기고 있었다. 이러한 성인오락실의 하루 매출액은 1억 원, 순이익만 2,000여만 원이나 되었다. 금액이 크다 보니 조직폭력배까지 가담하여 세력 확장의 척도로 쓰이게 되었고, 점점 범죄가 증가할 수밖에 없는 위기 상황이었다.

더욱 충격적인 것은 이러한 사행행위를 엄격히 단속해야 할 검·경·공무원들이, 오히려 성인오락실 업주에게 돈을 상습적으로 받아온 사실이었다. 결국 불법행위에 가담한 공무원들이 적발되었는데, 우리 지역에도 그러한 일들이 일어난다는 소문이 돌고 있었다. 주변에서 이러한 행위가 일어난다는 사실에 놀라움을 금치 못했다.

나는 당시에는 별다른 제재가 없었던 성인오락실에 대해 강력한 단속이 이루어져야 한다고 주장하고 나섰다. 또한 단속에 관련된 공무원들의 관리 감독을 강화하여 부정을 미연에 방지할 수 있도록 철저히 단속할 것을 적극적으로 당부했다.

그 결과 강력한 단속이 행해져 성인오락실의 수는 점점 줄어들었고 악의 온상인 성인오락실이 하나둘 폐쇄된 일은 참으로 다행스런 일이었다.

힘들게 살아가는 서민들의 호주머니를 털고 가정을 파탄으로 치닫게 만드는 성인오락실에서, 조직폭력배와 함께 부당이득을 취하는 공직자가 과연 믿고 섬기는 리더가 될 수 있을까?

나는 그때 섬기는 리더의 진정한 의미에 대해 다시 한번 생각하게 되었다. 진정한 공직자란 국가 그리고 국민을 위해 열심히 산 대한민국의 산증인으로서의 모습을 보여주어야 한다는 것을. 그리고 그런 공직자가 서 있는 나라야말로 진실된 미래가 있는 국가라는 것을.

하루 5분 긍정훈련

· 행동을 변화시키려면 많은 돈을 투자해야 한다.
· 좋게 만들 수 없다면 적어도 좋아 보이게 만들어라.
· 가장 불만에 가득 찬 고객은 가장 위대한 배움의 원천이다.
· 겨울은 내 머리 위에 있다. 하지만 영원한 봄은 내 마음속에 있다.
· 성공은 형편없는 선생이다. 똑똑한 사람들로 하여금 절대 패할 수 없다고 착각하게 만든다.

– **빌 게이츠**의 어록

행복에너지가 그리는 삶

양택근 | (주)모닝라이프 대표이사

인생을 어떻게 살아야 할까요?
사회가 만들어 놓은 성공의 삶을
따라갈 수도 있겠지만 그것이 오로지
유일무이한 성공이라고 할 수는 없을 것입니다.

자신만의 성공이 담긴 삶을 만들어내려면
자신의 마음부터 제대로 비추어보아야 합니다.
마음속에 넘치는 열정과 힘찬 에너지가
담겨 있다면 미래를 행복하게 만들 준비가
이미 다 되어있는 것입니다.

삶을 과거, 현재, 미래로 나누어 볼 때
행복한 미래를 만들기 위해
과거를 뒤돌아보며 더 나아지기 위해 반성하고
긍정에 가득 찬 현재를 살아가는 것이야말로
삶을 대하는 가장 이상적인 태도입니다.

행복에너지가 그리는 삶은
바로 긍정적인 현재의 나로부터 시작합니다.
그림을 긍정의 붓으로 차근차근 채워나가 보면
어느새 행복의 풍경이 완성되어 있을 것입니다.

···· PART 4

강화
– 노력하고 노력하라

01

성공의 열쇠, 백종원의 초심

현재 국내 요식업 시장에서 가장 영향력이 큰 인물을 뽑으라면 단연 백종원이라고 할 수 있다. '요리하는 CEO'로 불릴 정도로 요리 연구가이자 기업의 대표이사, 학교법인의 이사장까지 맡고 있다. 그는 빽다방, 홍콩반점 등 여러 프랜차이즈 음식점은 물론 각종 방송에서도 활발하게 활동하고 있다. 방송에서 알려진 그의 재산만 추정해보아도 약 3,000억 원이 넘는다.

그러나 지금은 이렇게 잘나가는 그도 한때는 빚이 17억이나 있었고, 더 이상 빚을 갚을 방법이 없자 홍콩으로 가서 인생을 마무리하기로 결심했다. 그랬던 그가 어떻게 17억의 빚을 모두 청산하고 오늘날의 성공을 거머쥘 수 있었던 것일까?

백종원은 1966년 충남 예산군에서 태어났다. 증조할아버지를 닮아 어렸을 때부터 장사꾼으로서의 천부적인 재능을 가지고 있었다. 그는 연세대학에 입학한 뒤 대학교 1학년 때 아르바이트 삼아 일한 호프집을 1달 만에 인수해 처음으로 요식업에 뛰어들었다. 이후 3년간 가게 3개를 운영하며 15억 원대의 자산가가 되었으나, 그가 나이트클럽을 인수하려던 것을 알게 된 가족이 기겁하고 반대하는 바람에 대한민국 육군 학사장교로 지원하게 되었다고 한다. 그는 간부식당 관리장교로 군 복무를 마치고 전역 후 1993년 원조 쌈밥집을 인수하며 다시 요식업에 뛰어들었다.

그런데 백종원의 원래 꿈은 세계를 누비는 무역업자였고 그때 관심을 가졌던 것이 목조주택 사업이었다. 이때부터 그의 인생이 나락으로 떨어지기 시작했다. 97년 터진 IMF로 인하여 목조주택 사업은 망하고 17억의 빚을 떠안고 만 것이다. 상황을 타개할 방법이 없자 결국 인생을 마무리하기로 결심했고 그 장소로 홍콩을 선택했다.

막상 출국해서는 일단 좀 먹고 봐야겠다는 생각으로 눈에 들어오는 식당에서 식사했는데, 이때 여러 가지 사업 아이템들이 떠오르면서 결국 마음을 고쳐먹고 귀국하게 된다. 귀국 이후 17억 원의 채권자들을 모두 모은 뒤 그 앞에서 "기회를 주신다면 식당을 해서 모두 갚겠다"라고 말했고 채권자들은 그의 마음이 통했는지 전원 기회를 주기로 했다고 한다.

이후 그는 1998년 한신포차, 2002년 본가, 2005년 새마을 식당,

2006년 빽다방, 홍콩반점 등 오늘날까지도 여전히 사랑받고 있는 대박 브랜드들을 모두 성공시키면서 빚을 모조리 청산하고 3,000억 대의 자산가로 성장하게 된다.

'초심불망初心不忘 마부작침磨斧作針'이라는 사자성어가 있다. '초심을 잃지 않고 도끼를 갈아 바늘을 만든다'라는 의미다.

백종원이 TV 프로그램 <골목식당>에서 항상 하는 말도 이와 같다. 초심을 잃지 말라는 말이다. 그가 실패를 딛고 다시 일어날 수 있었던 이유 중 하나가 바로 초심을 잃지 않고 욕심을 부리지 않았다는 것이다. 그는 지금도 맛있는 음식을 누구나 쉽게 접근할 수 있도록 하겠다는 초심을 간직한 채 모든 일에 임하고 있다.

또한 그가 역경 속에서도 위기를 기회 삼아 더욱 큰 성공을 거둘 수 있었던 이유는 인생을 대하는 그의 태도 덕분이다. 그는 17억의 빚을 갚을 때도 거액에 절망하는 대신, 조금씩이나마 이자를 갚아나갈 수 있다는 사실에 희망을 가졌다. 절망에 초점을 맞추는 것이 아닌 조금이라도 찾아볼 수 있는 작은 희망에 초점을 맞춘 것이다.

아무리 어려운 상황이 닥치더라도 그와 같이 초심을 잃지 않고 끝까지 희망의 끈을 놓지 않는다면, 누구라도 성공을 향해 힘차게 나아갈 수 있으리라 믿는다.

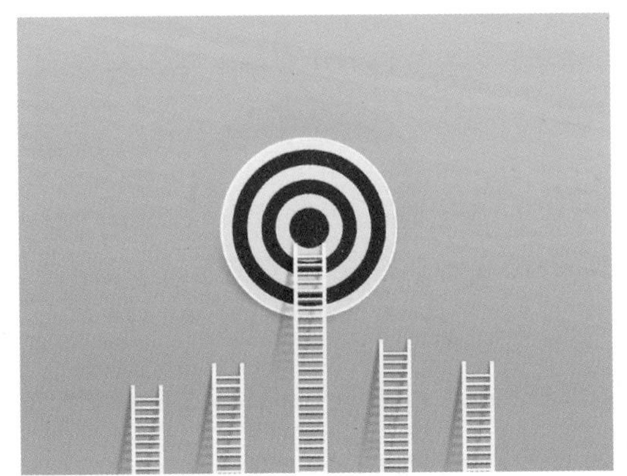

02 선택과 집중

외국 속담 중 "돼지에게 노래 부르는 것을 가르치려 하지 마라. 그건 시간낭비일 뿐 아니라 돼지에게도 괴로운 일이다."라는 얘기가 있다. 즉 현명한 선택과 집중을 해야만 시간과 금전적, 인적 낭비를 줄이고, 성공대열에 더 빨리 합류할 수 있다는 뜻이다. 잘할 수 있는 것을 선택해서 그것에 집중해야 한다. 괜히 안 되는 일, 부단한 노력을 해도 될까 말까 한 것을 선택하는 것은 긍정의 엔도르핀이 솟는 일이 아니란 것이다. 다시 말해 잘할 수 있는 일, 조금 더 노력하면 최고의 성과를 거둘 수 있는 일을 선택하고 집중할 때 성공과 더 빨리 만날 수 있다.

미국 남부의 어느 시골 술집에서 큰 싸움이 벌어졌다. 손님은 물론 주인과 악단들도 혼비백산하여 도망쳐버렸다. 한참 후 출동한 경찰이 난장판이 된 홀 안으로 들어갔는데, 한 흑인청년이 무대에서 열심히 트럼펫을 불고 있었다. 경찰이 다가가 상황을 물었다.

"도대체 어떻게 된 겁니까?"

"네? 저도 모르겠는데요. 대체 무슨 일이 일어난 거죠?"

그는 트럼펫 연주에 집중하느라 싸움이 일어난 사실조차 의식하지 못하고 있었다. 바로 이 청년이 세계적으로 유명한 가수이자 트럼펫 연주자인 루이 암스트롱이다.

가난한 흑인으로 태어난 그는 허름한 술집에서 몇 푼의 팁으로 연명하면서도 오직 음악만을 위안으로 삼으며 지냈다. 한 번도 자신이 좋아하는 트럼펫과 재즈를 포기한 적이 없었고, 결국 재즈의 황제가 되어 스타덤에 오를 수 있었다. 어쩌면 암스트롱은 좋아하는 일에 몰입하는 법을 남들보다 잘 알고 있었을지도 모른다. 그의 성공은 자신이 좋아하는 일과 잘하는 일에서 재능을 발견하고 노력하여 얻은 값진 것이었다.

누구나 재능을 가지고 태어난다. 재능은 다르게 말하자면 강점이다. 다른 사람들과 비교했을 때 선천적으로 우월한 면, 바로 그것이다. 사람인 이상 좋은 점만 가지고 태어날 순 없으니, 누구에게나 강점과 더불어 약점도 있다. 그런데 대부분의 사람들이 자신의 강점을 말해보라고 하면 우물쭈물한다. 겸손한 태도 때문이 아니라 실제로 잘 찾지 못한다. 반면 단점을 물을 땐 말 꺼내기 무섭게 줄줄 읊는다. 스스로 생각하기에 그토록 단점이 많다면 어떻게 성공적인 삶을 꿈꿀 수 있겠는가?

잘하는 것에 집중했을 때, 성공으로 가는 길이 훨씬 수월해진다. 세계적인 부자 워런 버핏 역시 잘하는 것에 집중했기에 부를 축적할 수 있었다. 그는 마이크로소프트의 빌 게이츠와 친분이 두터운 것으로 알려져 있다. 사람들은 그가 벌써 빌의 회사에 투자했을 거라고 확신했지만 사실은 아니었다. 그 이유는 명백했다. 버핏은 인터넷 또는 IT산업이 어떻게 발전할지, 그 가능성과 전망을 이해할 수 없었다. 그 분야를 싫어한 것이 아니라 도무지 자기로서는 예측할 수 없다는 판단이 섰기 때문에 투자하지 않은 것이다. 그가 투자해서 성공을 거둔 분야는 전통산업 분야였다. 그 분야에 있어서만큼은 가능성과 전망을 내다보는 강점이 있었다. 그러한 강점을 제대로 활용했기 때문에 그의 투자 신화가 계속될 수 있었던 것이다.

여성들의 멘토로 떠오른 오프라 윈프리 역시 자신의 강점에 집중하여 성공한 인물이다. 그녀는 다른 사람들로 하여금 자신의 이야기에 귀를 기울이게 하는 강점이 있다는 것을 알았다. 실제로도 많은 이들이 그녀와 이야기를 하게 되면 가슴 깊은 곳 이야기까지 털어놓았고, 눈물을 흘리며 카타르시스를 느꼈다.

그녀를 세계적 인물로 끌어올린 <오프라 윈프리 쇼>도 처음부터 수월하지는 않았다. 그런 밋밋한 쇼를 누가 보겠느냐는 방송가의 반대가 있었지만, 그녀는 자신의 강점을 살린 토크쇼에 대한 확신이 있었고 투쟁을 통해 그것을 얻어냈다. <오프라 윈프리 쇼>에 나온 사람들은 그녀와 함께 스타가 됐고, 전 세계의 시청자들은 오프라 윈프리의 강점을 통해 출연자들과 공감하며 카타르시스를 느낄 수 있었다.

성과는 약점의 보완보다는 장점을 강화하는 데에서 산출되기 마련이다.

우리에겐 누구나 남보다 잘할 수 있는 특정 분야의 강점이 있다. 물론 필요한 모든 것을 다 갖출 수는 없다. 그럴 때는 부족한 것을 갖추려 하지 말고, 자신의 강점 강화에 더 많은 투자를 해보라. 그에 비례해 효과도 더 잘 나타날 것이다. 그러므로 남들보다 잘하는 것이 있다면 무엇보다 집중하여 자신감 있게 밀고 나가야 한다.

오프라 윈프리

03

사람이 죽기 전 가장 많이 하는 후회는?

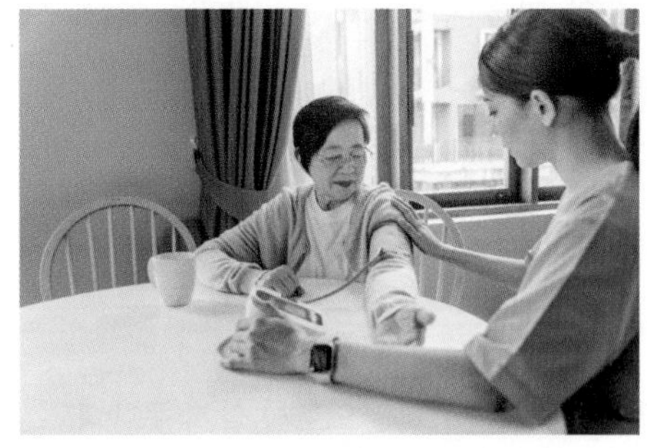

한 호주 여성이 우수한 성적으로 대학교를 졸업한 후 누구나 다니고 싶어 하는 좋은 은행에 취업하게 되었다. 처음에는 평생 먹고살 걱정 없는 좋은 직장에서 엘리트의 길을 걷고 있는 자신이 대견하고 자랑스러웠다. 그러나 매일 반복되는 일만 하면서 한평생을 보내야 한다고 생각하니 인생이 너무 재미없고 무의미하다는 생각이 밀려들었다.

고민 끝에 직장을 그만두고 새로운 꿈을 찾기 위해 영국으로 여행을 떠났다. 영국 여러 곳을 여행하다 돈이 바닥나자 그녀는 생활비와 여행경비를 벌기 위해 일을 노인 전문 요양병원에서 병간호하는 일을 시작했다.

그렇게 여행을 마치고 다시 호주에 돌아온 그녀는 자신이 좋아하는 작곡 공부를 시작했다. 그러면서도 영국 여행 중의 경험을 토대로 틈틈이 환자 돌보는 일을 계속했다.

상냥하고 붙임성이 좋았던 그녀는 사람을 편하게 해주는 재능이 있었다. 죽음을 목전에 둔 환자들은 그녀가 묻기도 전에 평생 후회되는 일을 줄줄이 얘기했다. 그녀는 환자들이 들려준 가장 후회되는 일들을 일일이 노트에 적어서 정리하였고, 몇 년 후 그 이야기들을 요약하여 그에 얽힌 에피소드와 함께 엮어 책으로 출간하였다. 그 책은 얼마 지나지 않아서 베스트셀러가 되었다. 바로 브로니 웨어의 책 『죽음을 앞둔 사람들이 남긴 후회 5가지』이다.

여기에 사람들이 죽기 전 가장 많이 후회하는 5가지를 소개한다.

1) 남들의 기대에 부응하기 위해 진정한 나 자신으로서 살지 못했다

환자들 대부분이 자신이 하고 싶은 일과 진짜 꿈이 무엇인지조차 깨닫지 못했다. 이 후회는 환자들이 죽기 전 가장 많이 했던 후회라고 한다.

2) 직장 일에 너무 바빴다

남성 환자 대부분이 가족들과 더 많은 시간을 보내지 못하고 직장 업무를 위해 몸 바쳐 일했던 과거가 후회된다는 의견을 토로했다. 그들은 직장에서의 일이 너무 바빠 자신의 아이들이 커가는 것을 지켜볼 수 없었으며 사랑하는 배우자와도 충분한 시간을 보내지 못한 과거를 아쉬워했다.

3) 진심을 표현할 용기를 내지 못했다

많은 환자가 원만한 사회생활을 위해 자신의 목소리를 내지 못했던 과거를 후회했다. 자신의 감정을 숨긴 결과로 생겨난 억울함이 환자의 증세를 키운 경우가 많았다.

4) 친구들과 연락하지 못했다

바쁜 일상 속에서 오랜 친구들과 꾸준한 연락을 유지하는 것은 분명히 누구에게나 힘든 일이다. 죽어가는 환자들은 오래전 연락이 끊어져 버린 친구를 다시 찾는 것이 불가능하며 그들이 얼마나 소중한 존재였는지 너무 늦게 깨달았다며 후회하는 경우가 많았다.

5) 자신을 더 행복하게 만들지 못했다

많은 환자가 행복이란 자기 자신이 만드는 것이란 걸 깨닫지 못했다. 그들이 행복하지 못했던 이유는 변화에 대해 두려워하며 타인의 눈치를 보고, 그들이 삶 속에서 만들어 낸 일반적인 습관과 행동 패턴들로 인해 진정한 행복을 차단당했기 때문이다.

많은 사람이 사는 내내 성공하고 싶어 하고 부자가 되고 싶어 한다. 그러나 위의 5가지 후회에서 알 수 있듯 사람이 죽기 전에 가장 많이 한 후회는 성공이나 부자와는 거리가 멀었다. 그들은 세속적인 욕망을 이루지 못한 것보다 자기 자신과 가족, 친구에게 훨씬 더 많은 가치를 두었다.

"익은 밥이 날로 돌아갈 수 없다"라는 속담이 있다. 후회는 언제 해도 항상 늦는 법이다.

더 늦기 전에 자기 자신을 살피고 가족을 살피고 친구를 살펴야 한다. 그래야만 마지막 한 걸음을 내디딜 때 죽음을 겸허히 받아들이며 행복한 미소를 지을 수 있을 것이다.

사는 동안 지혜롭고 진실하게 선택하자. 삶은 바로 자신의 선택이지 않은가.

04

왼손이 하는 일을 오른손이 모르게 하는 삶

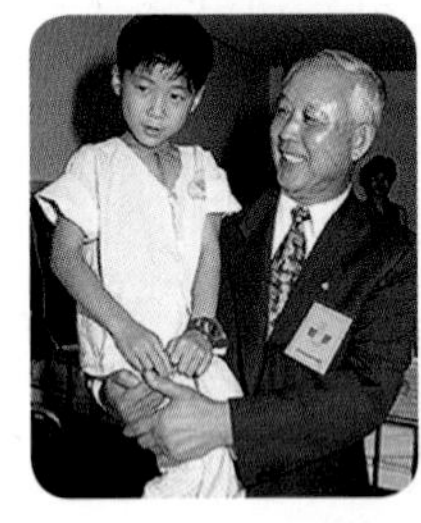

(주)오뚜기 **함태호** 명예회장과 **함영준** 회장

갓난아기 재균이(가명)는 태어난 지 일주일 만에 심장 수술을 받아야 했다. 재균이 아빠는 뇌졸중으로 인해 일을 할 수 없는 상황이었고, 할아버지가 학원 셔틀버스를 운전해 버는 수입이 전부였기에 심장 수술비용 1천만 원은 그들이 감당하기에는 너무 큰 돈이었다. 결국 수술을 포기하려던 그때, 한 할아버지가 도움의 손길을 보내왔다. 그 덕분에 재균이는 다섯 번의 대수술을 통해 건강을 되찾을 수 있었다.

시간이 흘러 어느새 11살이 된 재균이는 도움을 주신 할아버지를 찾았다. 하지만 이제는 할아버지의 따뜻한 얼굴을 볼 수 없었다. 아이가 찾은 곳은 할아버지의 장례식장이었기 때문이다.

재균이뿐 아니라 무려 4,358명의 심장병 어린이들에게 새 생명을 선물하고 떠난 할아버지의 정체가 알려지자 모두가 감동했다. 바로 오뚜기 그룹 창업주인 고故 함태호 명예회장이었다.

함태호 회장은 1992년부터 24년 동안 심장병 어린이를 후원해왔다. 자신이 도움을 준 어린이들이 보낸 편지에 일일이 답장해줄 정도로 그의 후원엔 진심이 담겨있었다.

이 이야기는 우리에게 많은 가르침을 준다. 간혹 눈에 띄지 않는 작은 선한 행동이 현실에 희망을 심어주고, 사람들의 마음을 따뜻하게 만드는 것을 보여주기 때문이다. 함태호 회장이 평소 "왼손이 하는 일을 오른손이 모르게 하는 삶이 되고 싶었다"라고 말했던 것처럼, 그는 자신의 말을 실행으로 옮겼고 실제로 많은 이들에게 용기와 희망, 그리고 생명을 선물했다.

새 생명 4,000명 탄생 행사에 참석한 어린이들

오뚜기의 창업주인 고 함태호 명예회장은 1930년 함경남도 원산에서 태어났다. 경기고등학교 재학 중에 1950년 한국전쟁이 발발하자 피난 대신 자원 입대하였다. 자신의 안위보다 나라사랑이 깊었던 그는 한국전쟁 임시군사교육학교인 육군종합학교를 거쳐 소위로 임관하여 1957년까지 근무하였다.

1969년 풍림상사를 설립하고, 영등포 문래동에 작은 공장까지 마련했다. 오랜 준비가 있었기에 진행은 일사천리였고, 단 몇 개월의 준비 끝에 1969년 5월 5일 첫 제품을 시장에 내놓았다. 반세기가 넘도록 정상의 자리를 지킨 '오뚜기 카레'가 세상에 첫선을 보이는 순간이었다. ㈜오뚜기는 설립 이후 반세기에 다다를 동안 한 번도 마이너스 성장을 기록하지 않고 앞으로만 내달렸다. 출시 제품과 수준도 다양해지고 깊어졌다. 이제 오뚜기의 제품이 없는 주방과 식단은 찾아보기 힘들 정도로 생활기업이자 국민기업으로 성장한 것이다.

㈜오뚜기와 함태호 명예회장에게 '오뚝이'는 넘어져도 다시 일어나겠다는 것이 아니라, 결코 넘어지지 않고 항상 서 있는 부전상립不轉常立의 정신이다.

1980년대 10여 년에 걸친 다국적기업과의 경쟁에서 우리 시장을 지켜내며 승리한 사례에서 기업가로서의 강인함을 엿볼 수 있었으며, 우리나라 최초의 시식판매 및 판매여사원 제도를 도입, 국내 최초의 파격적인 차량 광고마케팅 등을 통해 고객의 마음을 움직이는 등 창의적이고 진취적인 정신을 발견할 수 있다. 함태호 명예회장은 치열한 시장경쟁 속에서도 직원들을 가족처럼 대하면서 사기를 높이고, 협력업체의 이익을 보장하는 동반성장을 통해 함께 싸우고 견뎌냈다.

부전자전이라고 선친의 뜻을 이어받아 아들 함영준 회장도 선친의 윤리경영과 '사람을 비정규직으로 쓰지 말라'는 등의 경영철학을 일찌감치 전수받으며 2010년부터 독자경영으로 실천해왔다. 함영준 회장은 현행법에 따라 선친으로부터 물려받은 상속 지분 3,000

억 원의 50%를 상속세를 내는 데 주저함이 없이 5년 내 분할해 내겠다고 약속했고 실제로 그 약속을 지켰다.

대기업에서부터 프랜차이즈 기업까지 경영 승계 과정에서 편법을 동원해 상속세와 증여세를 회피해온 기존 재벌가 관행과 상반된 행보로 소비자의 찬사와 주목을 받은 바 있다.

각종 갑질 행태와 비리 의혹으로 찌든 재계에서 (주)오뚜기는 이렇게 투명하고 따뜻한 리더십으로 착한 기업으로 거듭나고 있으며, 함영준 회장은 '은밀하게 위대하게'라는 국내 기업 윤리경영의 지평을 넓혔던 선친의 경영철학을 이어받아 노블레스 오블리주를 실천하는 최고경영자로 소비자들을 감동시키고 있는 것이다.

그들의 모범 사례가 우리에게 미래에 대한 희망과 긍정을 전달하는 역할을 해주기에 진심으로 응원의 박수를 보내며, 우리나라 토종 기업이자 2대에 걸쳐 사회적 책임을 다하는 모범적인 기업으로서 (주)오뚜기의 미래가 더욱 밝게 빛나고 더욱 승승장구하기를 기원한다.

05

즐겨라

축구계의 신사라 불리는 이영표 선수에게 어떤 기자가 물었다.

"어떤 선수가 가장 무섭습니까?"

"저는 세상에서 축구를 즐기는 선수가 가장 무섭습니다. 즐기는 것도 직업이 되면 싫어진다지만, 제 경우에는 축구가 재미없던 적이 한 번도 없었으니 다행이지요. 축구를 통해 팬 여러분께 즐거움을 선물할 수 있다면 더 바랄 게 없겠지요."

한국 야구의 큰 획을 긋고 있는 메이저리그의 추신수 선수 또한 자신의 저서 『즐기는 자가 성공한다』를 통해 즐기는 야구가 얼마나 큰 효과를 가져다주는지 얘기하고 있다. 추 선수는 한국에 있을 때부터 야구를 즐기자고 마음먹었지만 승부의 세계는 냉정했다. 이기지 않으면 아무 소용이 없었다. 그런데 메이저리그에 진출하고 보니, 그곳에는 정말 승패를 떠나 야구 자체를 즐기며 행복해하는 선수들이 많았다. 그 후 추 선수 역시 점수에 대한 강박관념을 내려놓고 야구에 집중하게 되었고, 부족한 것보다 잘하는 것을 강화하다 보니 예전엔 느끼지 못한 재미가 붙는 동시에 동료들과 성취의 기쁨도 만끽할 수 있었다. 점점 자신이 진심으로 야구를 즐기고 있다는 생각이 들면서 자신감이 붙었고, 그 결과 눈부신 성적을 낼 수 있었다고 한다.

성공을 꿈꾸는 이들이 겪게 되는 오류 중 하나가 앞만 보고 달려가는 것이다. 이미 많은 사례를 통해 알 수 있듯이, 천부적인 재능을 지닌 사람이라도 즐기면서 노력하는 자는 따라잡지 못한다. 그러나 무한경쟁 시대에 살면서 즐긴다는 것이 말처럼 쉽지만은 않다.

그렇다면 많은 사람들이 그냥 즐기면 그뿐인 것을 왜 즐기지 못하는 것일까? 아마도 즐기는 법을 잘 모르기 때문일 것이다.

무언가 즐기고 싶다면 제일 먼저 자신이 좋아하는 일을 찾는 것이 중요하다. 여행가 한비야 씨가 구호관련 일을 하면서 보람을 느끼고 즐길 수 있었던 것은, 그녀의 말처럼 그 일이 가슴을 뛰게 하는 일이었기 때문이다. 자신의 가슴을 뛰게 하는 일을 어떻게 즐기지 않을 수 있으며, 그 즐거움 가운데 어떻게 욕심이 생기지 않겠는가?

이 순간을 더! 이 느낌을 더! 더! 더! 이렇게 가슴 뛰는 느낌을 유지하고 싶은 욕심, 그것이 바로 열정이다. 누구든지 가슴이 콩닥콩닥 두근거려주기만 하면 즐기는 것은 쉽다. 그러나 유감스럽게도 세상에는 가슴이 뛰지 않는 일이 훨씬 더 많다. 좋아하는 일은 얼마든지 즐길 수 있지만, 하고 싶지 않은 일이 세상에 더 많은데 어떻게 하란 말인가?

문제는 이처럼 손도 대기 싫고 귀찮은 일들과 맞닥뜨렸을 때다. 하고 싶지 않은 일을 처리하는 방법에는 여러 가지가 있다. 무시할 수도 있고, 누군가에게 대신 해달라고 응석을 부릴 수도 있고, 일을 안 하니만 못하게 대충 처리해버릴 수도 있다. 이 중 가장 현명하게 처리하는 방법은 단 한 가지다. 나름대로 즐길 수 있는 방법을 찾아내어 스트레스 받지 않고 일하는 것. 간단하게 말해 '그래 이왕 벌어진 일, 이 상황을 받아들이자.'라고 마음을 바꿔먹는 것이다.

이지훈 씨의 책 『혼창통』에 나오는 영국의 괴짜 기업가 브랜슨 버진 그룹 회장은 즐거움을 추구하는 사람이다. 그는 "여러 가지 사업을 하며 살았지만, 한 번도 돈을 벌기 위해 사업을 한 적은 없다. 사업에서 재미를 발견하고 즐기면서 하다 보니 자연스럽게 돈도 따라왔다."라고 당당히 밝혔다.

15살의 나이에 「스튜던트」란 잡지를 만들며 사업을 시작한 그는 일이 무척 즐거웠다. 학생 잡지임에도 불구하고 저명인사들을 인터뷰하는 일에 도전했더니 거액의 광고가 몰려왔다. 그 후 그는 우편 음반 할인 판매업, 레코드숍 등으로 사업을 확장해 나갔다.

어느 날 여자 친구와 여행을 가던 중 비행기가 결항되는 일을 겪게 되었다. 승객들은 발을 동동 구르며 어찌할 바를 몰라 했다. 순간 호기심이 발동했다. 비행기 한 대를 15,000달러로 전세 낸다고 가정한 후, 좌석 숫자대로 나눠보니 39달러란 돈이 나왔다. 그가 곧바로 <버진 항공사-푸에르토리코행 편도 39달러>라고 칠판에 써 붙이자 사람들이 앞 다투어 구입했다. 그것이 오늘날 버진 그룹의 주력사업인 버진 애틀랜틱 항공의 출발이었다고 한다. 일상적인 사건을 즐기면서 새로운 사업으로 연결시킨 그의 재치와 순발력이 돋보인다.

그는 늘 이렇게 말했다고 한다.

"내가 만약 어떤 일에서 재미와 즐거움을 더 이상 찾을 수 없다면, 다른 일을 찾아야 할 때가 된 것이라고 믿는다. 행복하지 않은 시간을 보내기에는 인생이 너무 짧다. 난 언제나 즐기며 살아왔고 내 일이 곧 즐거움이었다. 재미야말로 처음부터 내가 하는 비즈니스의 핵심이었다. 인생은 긍정적으로 바라보는 사람에게 문을 열어준다. 여러분도 일을 하면서 만나게 되는 사람들과 함께 즐거움을 찾길 바란다."

미국 코넬대학교의 한국인 종신교수인 박영운 박사의 유명한 어록이 있다.

"들으면 잊어버리고 보면 기억하고, 직접 해보면 이해할 수 있고, 즐기면 응용할 수 있다."

요즘 같은 어플 시대에는 더더욱 즐기는 자가 응용(어플라이)을 할 수 있다고 하니, 21세기 최고의 인재상은 즐기는 자가 아닐까 싶다. 그런 의미에서 어느 코칭 센터에서 알게 된 <자녀를 즐기는 아이로 키우기 위한 다섯 가지 팁>을, 자신의 삶을 즐기기 위한 팁으로 응용하면 좋을 것 같아 소개해본다.

1. 단점보다는 강점에 집중하라.
2. 성취의 기쁨을 함께하라.
3. 옳고 그른 것에만 집중하기보다 좋고 싫은 것에 집중하라.
4. 평가를 최소화하라.
5. 가치관을 강요할 것이 아니라 자신의 가치관을 형성하도록 하라.

하루 5분 긍정훈련

·남이 미처 안 하는 것을 선택하라.
·기업은 사람이 사람을 위해서 하는 활동이다.
·남에게 의뢰하는 마음은 성공을 방해하는 가장 무서운 적이다.
·사람이 기쁘게 만나기는 쉽다. 그러나 기쁘게 헤어지기는 어렵다.
·한번 믿으면 모든 일을 맡겨라. 책임을 지면 사람은 최선을 다하도록 되어 있다.

– **구인회** 회장의 어록

06
노력의 결실

어느 TV 광고에 나왔던 장면으로 기억된다. 기형적으로 생긴 발과 두툼하면서도 상처투성이인 손이 오버랩되었다. 보기만 해도 저절로 눈살이 찌푸려지는 손과 발이었지만 왠지 모를 고생의 흔적이 역력했다.

잠시 후 그 손과 발의 주인공이 화면 가득 나왔을 때 나는 탄성을 내뱉었다. 거칠고 뒤틀어진 발의 주인공은 세계적인 축구선수 박지성이었고, 다 터져버린 손의 주인공은 세계를 든 역도선수 장미란이었다. 두 선수의 피눈물 나는 노력이 그 손과 발에서 고스란히 표출되는 것 같아 눈물이 핑 돌았다.

발레리나 강수진 씨의 발 역시 화제였다. 1985년 동양인 최초로 스위스 로잔 발레콩쿠르 그랑프리를 수상한 그녀는, 최연소로 슈투트가르트 발레단에 입단한 뒤 최고 여성 무용수로 선정되었고 독일 궁정무용가라는 칭호를 수여받기도 했다. 세계적으로 인정받은 그

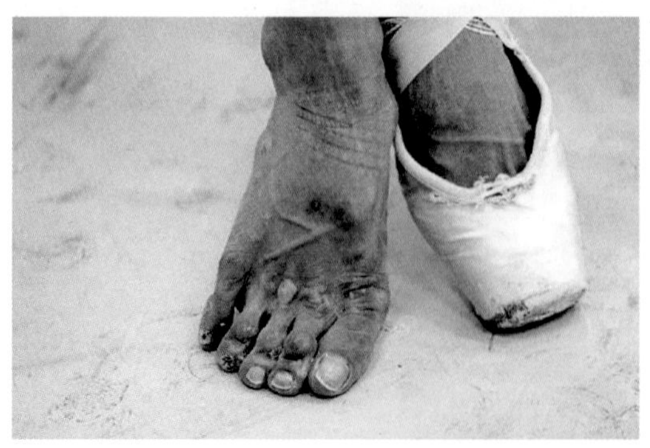

강철나비 **강수진**의 세상에서 가장 아름다운 발

녀의 천재성은 그녀에게 강철나비란 별명을 붙여주었다. 무대 위에서는 날개를 펼치며 아름다운 몸짓을 하는 나비였지만, 무대 뒤의 그녀는 강철 같은 연습벌레였다. 하루에 10시간씩, 많을 때는 19시간을 연습한 적도 있다고 한다. 잠자는 시간만 빼고는 오롯이 연습에 몰두했다는 이야기다. 해져서 못 신게 된 토슈즈가 한 시즌에 150켤레, 1년이면 1,000켤레였다고 하니, 그녀의 연습량을 가늠하는 일이 미안할 정도다. 그러니 발가락마다 굳은살이 박힌 흉측한 발이 될 수밖에.

"아침에 눈 뜨면 어딘가가 아파요. 아픈 것도 무용수 삶의 일부분이거든요. 그런데 어떤 날은 아무데도 안 아파요. 그러면 걱정이 됩니다. 어제 연습을 게을리한 건 아닌가 하고요. 나중에 무덤에 가서 실컷 쉴 테니 지금은 쉬고 싶지 않아요. 이상하게도 대부분의 사람들이 최선을 다하지 않는 것 같아요. 80%만 노력하고 나머지 20%는 자신과 타협하니까요. 그렇지만 전 타협하지 않아요. 20%도 연습으로 채웁니다. 그 때문에 제 발이 좀 고생이지만 앞으로도 크게 달라지진 않을 거예요."

저절로 고개가 숙여지는 태도다. 우리는 흔히 성공한 이들을 보면서 그들의 천재적 재능과 환경을 부러워하며 맘대로 생각한다. '그들은 워낙 좋은 재능을 타고 났으니까, 별다른 노력을 하지 않아도 잘 될 거야.'

그러나 에디슨도 말했듯이 천재는 1%의 영감과 99%의 노력으로 이루어진다. 그만큼 노력을 기울여야 열매를 맺을 수 있는 것이다. 사실 노력하는 자가 먼저냐, 천재가 먼저냐는 그리 중요한 일이 아니다. 자신이 가진 재능이 많고 적고를 떠나 타협하지 않고 끝까지 노력하는 것이 중요하다. 세계 유수의 역사를 보더라도 역사를 바꾸고 주도했던 자들은 대부분 노력하던 자들이다. 이처럼 가진 것에 연연하기보다 가진 것을 바탕으로 노력하는 것이 더 중요하다는 이야기다.

나는 선거출마 당시 공약으로 내세웠던 주민과의 약속을 지키고자 최선을 다해 노력했다. 그 과정에서 불가능해 보이는 일도 노력하면 얼마든지 이루어낼 수 있음을 깨달았다. 내가 2002년 출마 당시 주민들에게 약속한 것은 다섯 가지였다.

첫째는 우리의 미래인 청소년들을 위한 환경 개선이었다. 청소년들의 교육환경 개선을 비롯하여, 올바른 사고 형성을 위해 최선을 다하겠다는 사명 아래 나는 학교 증축과 장학금 등 지역학교 발전에 노력하였고 해당 학교로부터 감사패를 받기도 했다. 또한 지역 저소득가정 학생들을 위해 입시학원 및 컴퓨터학원, 태권도 도장 등을 무료로 수강할 수 있게 해주었다.

둘째는 환경문제였다. 환경보호를 위해 앞장설 것을 약속하고, 지역의 심장이라 할 수 있는 우장산의 자연환경을 해치는 유해한 것들을 차단시켰다. 자리만 차지하고 무용지물로 여겨졌던 배드민턴장을 정비하고, 살기 좋은 우장산 길 조성 등 우장산 공원화사업에 약 25억 원을 지원하여, 주민과 자연이 함께 쉴 수 있게 만들고자 노력했다.

셋째는 재개발과 재건축 등의 주거환경 개선이었다. 주민편의를 위한 도시환경 개선을 목표로 담장 허물기, 내발산 초등학교 스쿨존 사업 시행, 도로 보수공사, 축구장 인조잔디 운동장 개선 등 균형 있는 지역발전을 위해 꾸준히 노력을 기울였다.

넷째는 고용 촉진과 탁아 근무환경 개선이었다. 구립 어린이집 및 민간 어린이집의 예산지원의 형평성 문제를 제기하였고, 민간 어린이집에 근무하는 보육교사들의 열악한 근무환경을 지적했다. 양질의 보육교사를 근무하게 함으로써 어머니들이 아이를 믿고 맡길 수 있게 하는 정책을 꾸준히 촉구했다. 또 지역 어린이집을 최신식 시설로 탈바꿈하고자 지대한 노력을 펼쳤다.

마지막은 어린이 놀이터 증축이었다. 우장산에 방치되어 있던 부지를 발견하여 어린이 놀이터로 만든 후 아이들이 마음껏 뛰놀 수 있는 환경을 조성했다.

내가 주민과의 다섯 가지 약속을 지키기 위해서는 무던히 부딪치는 방법밖에 없었다. 나를 믿고 선출해 준 주민들을 실망시키지 말자는 생각뿐이었다. 그것을 원동력으로 삼아 열심히 주어진 업무에 열과 성을 다하기 위해 노력했고, 그 노력들이 흘린 땀과 눈물만큼의 결실을 만들어주었다.

발명왕 에디슨은 어릴 땐 둔재 소리를 들었지만, 자신이 잘하는 발명에 집중하고 그 분야에서 노력 또 노력함으로써 1,093건의 특허권을 따내게 되었다. 음악의 천재 모차르트는 35년이란 짧은 생애를 살면서, 단순히 천재적인 음악 솜씨를 뽐내는 데 그치지 않고 600편의 곡을 작곡하여 세상을 아름답게 변화시켰다. 상대성 원리의 창시자 아인슈타인 역시 50년 동안 248건의 논문을 발표할 정도로 끊임없는 노력을 기울였다. 우리가 천재라 부르는 사람들은 보통 사람들에 비해 5배는 더 노력한다고 한다. 아마도 보통 사람들보다 노력하는 유전자가 더 발달한 탓인지도 모른다.

불도저 정신의 정주영 회장 또한 회사를 이끌어가면서 여러 가지 난관에 부딪혔다. 그때마다 그는 젊은 시절에 목격했던 빈대의 끈질김을 상기했다고 한다. 그가 인천 부둣가에서 막노동을 할 때였다. 노동자 합숙소에서 여러 사람과 함께 생활했는데, 그러다 보니 지저분한 환경 때문에 빈대가 들끓었다. 매일 밤 빈대들이 물어뜯는 바람에 잠을 잘 수 없었던 그는 빈대들을 잡아보려 했지만 빈번히 실패하고 말았다. 내쫓으면 다시 들어오고 약을 뿌려도 다시 나타나 빌붙는, 말 그대로 빈대였다.

나무 탁자 위에서 자면 피할 수 있으리란 생각에 탁자 위에서 잤지만 소용없었다. 빈대들이 상다리를 타고 기어 올라온 것이다. 정 회장은 궁리 끝에 탁자의 네 다리를 물이 가득 채워진 세숫대야에 담가놓았다. 상다리를 타고 올라오는 빈대들을 물에 빠뜨리기 위해서였다. 과연 그의 예상이 적중하여 오랜만에 고요히 잠을 이룰 수 있었다. 그런데 며칠 후 다시 빈대들이 물어뜯는 바람에 잠에서 깨어났다. 도대체 어떻게 된 일인지 알 수가 없어 빈대들을 자세히 관찰하기 시작했다. 상다리를 타고 올라가기 불가능해진 빈대들이 다른 쪽 벽을 타고 천장으로 기어 올라가서는 침상 위로 뚝 떨어져 내리는 것이 아닌가.

그 순간 정 회장은 '세상에, 빈대도 저렇게 노력하는데 나라고 못할 것이 무엇이냐!'라고 외치면서 심기일전했다는 것이다.

그렇다. 하찮은 빈대들도 저렇듯 빈대 붙기 위해 노력에 노력을 거듭한다. 하물며 만물의 영장인 사람이 노력하지 못할 것이 무엇이랴.

소크라테스가 말했듯이 지금 바로 당신 곁에 있는 일이 가장 소중한 만큼 그 일에 최선의 노력을 기울여야 한다. 그것도 그냥 노력이 아니라 발레리나 강수진 씨가 무대 위의 나비를 벗고 무대 뒤의 강철로 변신하는 것처럼 철저한 노력이 필요한 것이다. 노력이야말로 열정적인 삶과 성공적인 삶으로 가는 급행열차이다.

07

지독하게 배워라

강서구의원 시절 나는 강서구 곳곳을 돌아다니며 다양한 민원을 접할 수 있었다. 그러니 당연히 공무원들과 만나는 자리에서 질문이 많을 수밖에 없었다. 특히 주민센터나 학교 건물을 건설하는 과정에서 발생하는 민원 때문에 도시계획 부서에 대한 궁금증이 컸다. 각 부서별 업무추진비 내역이 공개되어 투명행정의 본을 보이도록 부서장에게 건의하는 과정에서 생활복지국의 기초생활수급자 기준은 무엇이며, 어떻게 생활자금이 지급되는지 등의 질문거리가 많아졌다.

돌이켜 생각해보면 구의원 활동 때 답답한 것 투성이었다. 서울특별시 안에서의 구는 행정구역이 한정적이기에 일을 처리하는 것이 나름 수월했을 텐데도 내가 구정에 질문한 것 중 시원스런 답변을 들은 것이 별로 없었다. 적게는 십 년, 길게는 수십 년 근무한 사람들의 가장 빈번한 답변은 "다시 살펴보고 답변 드리겠습니다."였다. 신중한 답변을 주고 싶은 의도였는지는 모르겠으나 너무 무성의하게 느껴졌다. 그럴 때면 정말이지 "모르면 배우세요."라는 말이 목울대까지 올라오곤 했다. 물론 그런 생각을 하면서 나 역시 모르면 배우자는 다짐을 했던 기억이 난다.

모르면 오해하고 알면 이해한다고 했다. 가끔 모르는 게 약이 될 때도 있지만, 모르면 손해 보는 일이 더 많다.

우리가 잘 아는 명언 중에 "내일 죽을 것처럼 살고, 영원히 살 것처럼 배우라."는 말이 있다. 개인적으로 참 멋있는 말이라고 생각한다. 내일 죽는다고 생각하면 오늘을 누구보다 열심히 살 수밖에 없을 것이다. 반대로 영원히 산다고 생각해도 배움에는 소홀할 수가 없다. 배울 것이 너무 많기 때문이다. 인생의 선배들 중 성공한 이들의 삶의 자취를 따라가다 보면, 어느 누구를 불문하고 배움에 모든 창을 열어놓았음을 알 수 있다.

어린이 학습 분야의 선구자적 역할을 주도한 대교의 강영중 회장 역시 배움의 중요성을 늘 강조했다. 그는 배움에 몰두하는 사람이야말로 어떤 분야에서든 최정상에 오를 수 있다고 했다. 다른 친구들에 비해 보잘것없는 환경에서 자란 그였지만, 지독하게 배움에 매달린 결과 원하는 것을 이뤄낼 수 있었기 때문이다.

"배움은 철저히 후불제다. 그러기에 순간의 즐거움을 포기하고 배움을 선택하면 그 결과는 시간이 보상해 준다."

강 회장이 말하는 성공의 비밀은 먼저 자신이 뭘 배우고 싶은지 알고 있어야 하며, 배우기 위해 치러야 할 대가를 결정한 뒤 열심히 그 대가를 치르는 것이었다. 참으로 배움을 중요하게 생각하는 인물이란 생각이 든다.

중국의 대문호 왕멍은 학생을 자처하는 시대의 스승으로 알려져 있다. 그의 저서 『나는 학생이다』를 보면 그가 얼마나 배움을 사모하는지 알려주는 구절이 나온다.

"내게 배움은 가장 명랑한 것이며 가장 홀가분하고 상쾌한 것이다. 또한 가장 즐거운 것이며 가장 건강한 것이다. 그리고 가장 티 없이 깨끗하고 떳떳한 것이며 가장 진실한 것이다. 특히 아무 일도 할 수 없는 역경에 처했을 때, 배움은 내가 파도에 휩쓸리지 않도록 매달릴 수 있는 유일한 구명 부표였다. 배움은 내가 의지할 수 있는 유일한 의탁처이자 암흑 속의 횃불과 같았고, 나의 양식이자 병을 막아주는 백신과 같았다. 배움이 있었기에 비관하거나 절망하지 않을 수 있었고, 미치거나 의기소침해지거나 타락하지 않을 수 있었다. 배움을 지속함으로써 나는 하늘을 원망하며 눈물을 흘리거나 무위도식하며 세월을 허송하지 않을 수 있었다. 나에게 배움은 타인에 의해 결코 박탈당하지 않는 유일한 권리였다."

영원한 학생이 되어 배움을 소망하는 왕멍과 지독한 배움으로 아름다운 삶을 살아갈 것을 조언하는 강영중 회장의 말을 되새겨보노라면, 배움은 정말 정해진 때도, 갖춰야 할 능력과도 상관없이 오로지 의지만으로 가능한 일이란 생각이 든다.

남녀노소 불문하고 매 순간을 경험으로 교육받고 있다. 어쩌면 사람은 자신도 알지 못하는 새 배우고 익히는 것이 아주 당연한 일이 되어 나이가 들수록 그 사실에 무뎌져 버린 것일지도 모른다. 그러나 지금까지 그랬던 것처럼, 모르는 것은 배우면 된다. 배움을 통해 긍정의 에너지가 선순환되고 있다는 사실에 다소 무뎌져 버릴지라도.

"내일 죽을 것처럼 살고,
영원히 살 것처럼 배우라."

하루 5분 긍정훈련

·사람이라면 누구나 목표에 집중해야 한다.
·가장 뛰어난 모델은 종종 가장 단순한 것에 있다.
·세상에는 뛰어난 이념이란 없다. 성실한 결과만 있을 뿐이다.
·관계란 의존할 것이 못 된다. 사업은 관계나 영특함만으로 되는 것이 아니다.
·순탄할 때는 모든 사람들이 앞다투어 나올 수 있지만 역경에 처할 때 지도력이 나온다.

– **마윈** 알리바바 회장의 어록

08

미치지 않은 그대, 미쳐라

갑자기 누군가에게 '미쳤다'라는 말을 들으면 기분이 몹시 나쁠 것이다. 그만큼 '미치다'라는 말은 부정적인 의미를 내포하고 있지만, 삶을 살아가면서 한 번쯤 미쳐 보는 것도 나쁘지는 않은 일이다. 일반적인 열정을 넘어서는 '미침'을 내뿜었을 때 인생의 큰 줄기가 뒤바뀌고 세상을 움직이는 힘이 생기기 때문이다. 다음의 이야기들에 귀 기울여 보면 그 까닭을 잘 알 수 있다.

중국의 송나라 때, 진요자는 활쏘기의 명수였다. 그가 쏘는 화살은 십중팔구 과녁에 적중했다. 하루는 자신의 집 궁터에서 연습하고 있는데 기름장수 노인이 지나가다가 그 모습을 우연히 보게 되었다. 노인은 입가에 웃음을 띠고 가만히 고개만 끄덕였다. 이를 본 진요자가 노인에게 물었다.

"제 솜씨가 훌륭하지 않습니까?"

"별게 아닙니다. 손에 익으면 되는 것이지요."

"저를 무시하는군요."

"그렇지 않소. 내가 하는 것을 한번 보시오."

노인은 땅 위에 기름병을 놓고 병 주둥이에 구멍이 뚫린 동전을 올려놓았다. 그러더니 국자로 기름을 떠서 작은 동전구멍으로 천천히 부었다. 기름을 다 부었는데 한 방울도 동전구멍에 묻지 않았다. 인생이 황혼에 접어든 무렵까지 한 가지 일에 열정을 쏟은 덕택이었다. 남다른 열정 그리고 부단한 훈련이 낳은 결과다.

한 청년이 전기 공장에 취직하러 갔다. 인사 담당자는 남루하고 왜소한 그가 탐탁지 않았다. "지금은 사람이 필요하지 않으니 한 달 뒤에 다시 오게." 그는 한 달 뒤에 다시 찾아갔다. 인사 담당자가 다시 한 달을 미뤘다. 그러기를 수차례 반복하다가 인사 담당자는 본심을 드러냈다. "그렇게 꾀죄죄한 몰골로 우리 공장에 들어올 수 없다네." 그는 돈을 빌려 깔끔하게 차려입고 갔다. 인사 담당자가 또 핑계를 댔다. "전기 분야의 전문 지식이 없기 때문에 안 되겠네." 두 달 후 다시 그가 나타났다. "전기 분야를 열심히 공부했습니다. 부족하면 차근차근 보충하겠습니다." 인사 담당자가 그를 찬찬히 뜯어보며 말했다. "내가 이 바닥에서 몇 십 년을 일했지만 자네 같은 사람은 처음일세. 두 손 다 들었네."

마쓰시타 고노스케, 그는 그렇게 취업했고 결국에는 마쓰시타전기의 창업주가 됐다. 일반적으로는 견디기 힘든 온갖 시련과 굴욕을 견디고 부단히 능력을 향상시키는 것이야말로 인생을 성공으로 이끌기 위한 초석을 마련하는 것이다.

열심히 하고 싶은데 아무것도 할 수 없는 형편인가. 그렇다면 더욱 내공을 쌓아야 한다. 이랜드의 박성수 사장은 대학 졸업 후 5년간 근육무력증에 시달렸다. 그 상황에서 그가 할 수 있었던 것은 수많은 책을 읽고 신문 8개를 스크랩하는 것이었다. 그러나 그는 그때 얻은 방대한 지식 덕분에 이랜드의 급성장을 이끌 수 있었다고 한다.

신체의 일부가 조금만 불편해도 일에 집중을 하지 못하고 금방 무력해지고 마는 현대인들에게 시사하는 바가 크다. 크게 불편이 따르는 환경에서 더욱 한 가지 일에 집중하여 추후의 성공을 위한 발판을 마련하는 일 역시 미치지 않고서는 불가능한 일이다.

소프트뱅크의 손정의 회장은 26세 때 만성간염으로 3년간 병원 신세를 져야 했다. 그때 그는 병상에서 4천 권의 책을 독파했다. 나중에 그는 병상에서 평생 먹고살 수 있는 지식을 얻었다고 말했다. 아무것도 할 수 없는 병상에서 성공을 위해 자신이 할 수 있는 최선의 노력, 그 방법은 무엇인지 찾아낸 것이다.

그러한 생각이 그저 머릿속에서만 머물러서는 안 된다. 좋은 여건에서도 그렇게 많은 책을 읽기란 쉽지 않은 일이다. 오직 독서에 골몰하고 또 골몰했기에 손정의 회장은 작은 도서관 하나를 자신의 머리와 마음속에 세울 수 있었다.

이와 같이 우리의 미래를 짊어질 젊은 청년층은 이 '미칠 수 있는 힘'을 가져야 한다. 그래야만 미치지 않고서는 도저히 할 수 없는 일도 자신의 가능성을 폭발시켜 이루어낼 수 있는 것이다. 그리하여 어렵고 고단한 일에도 자신의 재능을 확장시켜 밝은 미래를 기대할 수 있다.

또 하나의 이야기가 있다. 정민 교수의 책 『미쳐야 미친다』에는 18세기 조선 때 한 분야에서 일가를 이룬, 이른바 미쳐서 산 사람들의 이야기가 나온다. 미친다는 말이 워낙 뉘앙스가 강해 언뜻 거부감이 들 수도 있지만, 뭔가에 치열하게 빠졌을 때도 우리는 미친다는 표현을 쓴다. '사랑에 미쳤다' '공부에 미쳤다' 등등, 미친다는 것은 쉽게 범접할 수 없는 치열함의 또 다른 표현인 것이다.

그 책에 나온 인물 중 김득신이란 인물을 소개하고자 한다. 조선 중기의 뛰어난 시인으로 이름이 알려진 김득신은 둔재 중에 둔재였다. 열 살이 되어서야 글을 배우기 시작했고, 또래 아이들은 술술 읽는 책의 첫 단락 26자를 사흘 동안이나 읽지 못했다. 스무 살이 되어서야 겨우 글 한 편을 지었다고 하니, 그의 수준이 어느 정도였는지 상상하고도 남는다.

그런 그가 어떻게 당대의 뛰어난 시인이 되었을까? 글에 미쳐 살았던 그의 태도 덕분이었다. 그는 걸을 때나 앉을 때는 물론이요, 이야기를 주고받을 때도 옛 글을 외우고 다녔다. 자신이 책 읽은 횟수를 기록한 독수기에 의하면 사기의 『백이전』은 11만 3천 번을 읽었고, 『노자전』은 2만 번, 『중용서』는 1만 8천 번을 읽었다고 한다. 『장자』와 『대학』 등도 많이 읽었지만 만 번을 채우지 못해 독수기에 싣지 않았다고 하니, 그가 얼마나 독서에 광적인 집착을 했을지 짐작할 만하다. 그런데 만 번이 넘게 읽은 책들이 수두룩한데도 김득신은 그걸 외우지는 못했다. 그때마다 말고삐를 끌던 하인이 대신 책 제목을 설명해 줄 정도로 둔재였다는 것이다.

김득신은 거기서 포기하지 않고 열 배 이상의 노력을 보태 10만 번 이상씩 읽고 나서야 비로소 줄줄 외웠다고 하니, 그의 미친 듯한 책 읽기와 불굴의 노력에 감탄할 수밖에.

이 책에는 그 외에도 굶어죽은 천재 천문수학자 김영, 조선시대의 이단아 허균 등등 미치지 않고서야 이르지 못할 경지에 오른 열정적 인물들이 등장한다.

그들이 남겨놓은 자취는 무척이나 아름답다. 업적이 뛰어나다는 것은 이 대목에서 그리 중요하지 않다. 그 사람이 삶에 대해 지녔던 태도, 자신이 파고들던 분야에서 미치도록 미쳐 있었던 자세만이 감동스럽게 전해진다.

지금까지 한 번도 미쳤다는 소리를 들어보지 못한 사람은 반성해야 한다. 그만큼 앞뒤 가리지 않고 열정적으로 살지 않았다는 반증일 수도 있기 때문이다. 즐기며 일하는 것도 삶을 긍정적이고 적극적으로 바꾸는 방법이 될 수 있으나, 이제는 거기서 한 단계 더 업그레이드시켜 미쳤단 소리를 들을 정도로 푹 빠져보길 권한다. 내 경험상으로 봐도 미쳐 있을 때의 집중력과 시너지 효과는 정말로 상상을 초월한다.

09

디테일로 승부하라

몇 년 전 세상을 떠나 전 세계인의 마음을 안타깝게 만든 스티브 잡스, 그는 디테일의 귀재였다. 어느 일요일 아침 스티브 잡스가 매우 중요한 일이라며 구글로 전화를 걸었다. 한창 아이폰 출시를 앞두고 있을 때였는데, 아이폰에 들어가는 구글 앱의 'Google' 로고 가운데 두 번째 'o'자의 노란색 그림자 색상이 이상하다는 것이었다. 내일 당장 사람을 보낼 테니 두 번째 글자의 노란 색상을 바로잡아 달라는 요청이었다. 이때 전화를 받았던 구글의 수석부사장은 스티브 잡스를 통해 진정한 CEO에 대해 다시 생각하게 되었다고 한다. 일요일 아침인데도 노란 글자의 그림자까지 고민하는 디테일의 힘을 그에게서 배운 것이다.

이 글을 읽는 사람 중 어떤 이는 자세히 들여다봐도 알까 말까한 것들을 잡아내는 스티브 잡스야말로 꽤나 피곤한 성격의 소유자라고 생각할 수도 있다. 그러나 이는 1차원적인 생각에 불과하다. 스티브 잡스의 그러한 멈출 수 없는 디테일의 본성 덕택에 오늘날 애플이 정상의 자리를 굳건히 지킬 수 있는 것이다.

21세기를 디테일의 힘이 좌우하는 시대라고도 한다. 디테일, 한마디로 종이 한 장보다 더 얇은 차이로 승패가 갈리는 시대에 살고 있는 것이다. 외식업계 표준화의 정석으로 통하는 맥도날드의 경우, 햄버거를 만드는 규칙에서부터 종업원이 지켜야 할 행동에 이르기까지 상세한 매뉴얼이 존재한다. 560페이지에 달하는 디테일한 규정 중 몇 가지를 소개하면 다음과 같다.

△ 빵 두께는 17mm, 고기 두께는 10mm로 한다.
△ 총 두께는 인간이 가장 편안하게 느끼는 44mm로 한다.
△ 음료수 빨대 두께는 4mm로 하는데 이는 모유를 먹이는 어머니의 젖꼭지 크기다.
△ 원재료를 만들 때 반드시 위생장갑을 착용하되 고기 패티를 다룰 경우 파란 위생장갑을 끼며, 채소나 빵을 조리할 때는 투명한 위생장갑을 사용한다.

560페이지에 달하는 디테일한 규정이 계속 이어진다고 생각해보자. 그것을 다 외우는 일은 거의 불가능하다. 하지만 그 일에 종사하는 이들은 이러한 디테일을 통해 고객을 위하는 마음을 가질 수 있고, 어떤 음식을 제공해야 하는지 다시금 생각하게 될 것이다.

의원활동을 하면서 가장 중요하게 생각했던 부분이 주민들과의 만남이었다. 원래 지역구에서 활동하기로 마음먹었던 이유가 지금까지 받았던 사랑을 되돌려드린다는 봉사의 목적 때문이었다. 어쨌든 그 기간 내에 나는 민원이 발생하는 곳이라면 반드시 찾아가 확인하고, 사람들과 만나 해결 방법을 함께 고민해 나갔다. 무슨 대단한 해결책을 가지고 있던 것은 아니었지만, 도움이 조금이라도 필요한 사람이 있으면 무조건 찾아갔다. 특히 독거노인들은 자신을 찾아주는 것만으로도 고마워했다.

또한 지역 기업인들과 함께 일자리가 필요한 청년들을 만날 때에는 그들이 어떤 일을 원하는지 이야기를 나누며 고민을 함께했다. 거기서 그치지 않고 나는 인터넷 정보를 통해 구직구인을 활성화시켰다. 그러다 보니 지역구 의원 중 가장 많은 민원을 제기하고 발언한 사람이 되어 있었고, 그런 나를 감사하게도 많은 분들이 좋게 생각해 주셨다. 작은 일에도 세심히 신경 써준다는 인식이 퍼지면서 여기저기서 와달라는 요청도 많이 받았다.

사람들을 만나 작은 부분까지 신경 쓰는 일이 계속되다 보니, 나도 모르게 긍정적인 힘들이 솟아나기 시작했다. 주변에서 간혹 지역구 의원이 뭐 그런 일까지 일일이 신경 쓰냐며 핀잔을 주기도 했지만, 오히려 그런 세심함이 내겐 기쁨이었고 주변을 한 번 더 돌아보게 만드는 계기가 되었다. 어떤 면에서는 나 역시 주위의 관심 덕분에 디테일한 사람이 될 수 있었던 것이다. 그 후로도 나는 계속 바빠져 오지랖 인생이 되었고, 전보다 더욱 열정적이고 디테일한 삶의 태도를 갖게 되었다.

중국의 경영 컨설턴트인 왕중추는 만만디(느린) 중국인들에게 디테일의 힘을 강조했다.

"100-1=0 즉, 100가지를 다 했어도 1가지를 잘못하면 허사가 된다."

기본적인 사항이나 중심이 되는 사항을 간과하고 넘어갔을 때는 원하는 결과를 얻지 못하기 마련이다. 디테일의 힘은 소리 없이 강하다. 또한 시간이 지날수록 분명한 가치를 드러내는 것이 바로 디테일이다.

디테일의 귀재 **스티브 잡스**

10

한국인의 양심 테스트

몇 년 전 외국의 한 화장품 브랜드에서 서울 시민을 대상으로 한국인의 양심을 테스트한 적이 있다.

테스트를 위해 꽃과 선물, GPS를 넣어둔 100개의 종이가방을 준비하고, 서울의 1호선 지하철 100대에 분산 배치했다. 이윽고 100대의 지하철이 움직이기 시작했다.

과연 종이가방은 100개 중 몇 개나 사라지지 않고 돌아올 수 있을까? 돌아온 종이가방 수만큼 서울 시민의 양심을 알 수 있는 셈이었다.

과연 결과는 어땠을까? 예상외로 실망스러운 상황이 벌어졌다. GPS를 통해 종이가방이 열차를 이탈하고 있는 것을 확인했기 때문이다. 운행을 끝내고 100대의 지하철이 도착했을 때 그대로 돌아온 종이가방은 고작 6개에 불과했다.

나머지 94개의 종이가방의 위치를 확인하던 중 대반전이 일어났다. 수많은 GPS 신호가 한곳에 모여 있었는데, 바로 지하철 유실물센터였다. 이곳에 81개의 종이 가방이 접수되어 있었다. 시민들이 남의 물건을 탐내지 않고 주인을 찾아주라고 유실물센터에 자진해서 맡겼던 것이다. 최종적으로 돌아온 종이가방의 수는 87개였다. 87%의 양심과 정직함이 돌아온 것이다. 해외에서는 상상도 할 수 없는 결과였다.

세계를 좌지우지하는 미국은 어떨까?

어떠한 문제나 사회적인 이슈가 생기면 미국에서는 폭동이 일어난다. 그 결과 대형 마트를 습격하여 그곳에 진열되어 있는 물건들을 송두리째 빼앗아가는 모습을 뉴스를 통해 심심치 않게 보아왔다.

그곳에서도 놀라운 반전이 있었다. 대형 마트가 폭도들에 의해 털리고 직원도 경비도 없는 무방비 상태에서, 어떤 사람이 필요한 물건을 들고나오며 카운터에 물건값을 놓고 간 것이다. 그 모습이 고스란히 CCTV로 녹화되었고 그 양심적인 사람을 찾아본 결과, 놀랍게도 한국인이었다.

그 미담은 곧 모든 방송에 보도되었고 양심 있는 미국인들이 반성하고 부끄러워하며 한국인들을 반기며 좋게 평가하였다고 한다.

우리 국민의 이러한 양심과 정직성 덕분에 대한민국이 오늘날 선진국 반열에 올라선 것이 아닐까 싶다.

외국인들이 한국 와서 가장 놀라는 일 중 하나가 카페에서 지갑, 스마트폰, 노트북 같은 귀중품을 두고 화장실에 다녀와도 가져가는 사람이 아무도 없다는 것이다. 외국이었으면 상상도 할 수 없는 일이라고 한다. 해외에서는 걸어가고 있는 와중에도 낚아채어 빼앗아

달아나는 일들이 비일비재하기 때문이다. 한국에서 양심가게 및 무인점포 등 국민들의 양심을 믿고 새로운 아이디어 사업들이 속속 개발되어 나오는 이유이다.

경남 밀양의 한 사거리에서 트럭에 싣고 가던 소주병이 도로에 쏟아지는 바람에 순식간에 아수라장이 되었다. 순간 누구랄 것 없이 지나가던 학생들과 행인, 그리고 인근의 상인들이 쏟아져 나와 그 많은 깨진 소주병들을 단 5분 만에 치우고 도로를 정상화시켰다는 놀라운 일화가 해외 언론에 소개되기도 했다.

택배기사가 아파트 현관 앞에 물건을 그냥 놓고 가도 어느 누구도 가져가는 사람이 없는 대한민국이 아닌가? 해외에서는 생각할 수 없는 일들이 우리나라에서는 일상처럼 일어나고 있다.

정직과 신뢰는 곧 돈이다. 신뢰가 있으면 많은 것을 간소화할 수 있고, 그런 만큼 엄청난 비용을 절약할 수 있다. 한국인의 양심과 정직함이 실질적으로 엄청난 비용을 절약해주고 있는 셈이다. 한국인으로서 자긍심을 갖기에 충분하다.

소낙비

구자관 | 삼구아이엔씨 책임대표사원

세차게 쏟아지는
희뿌연 하늘에서 내리는 시원한 빗줄기를 맞으며
헛간 지붕 위에 핀 하이얀 박꽃을

뒷문 작은 툇마루에 걸터앉아
물끄러미 바라본다

세상은 온통 초록으로 법석인데
우거진 풀섶에
족두리풀의 수줍은 꽃술과 작은 풀꽃들 사이로
산나리며 초롱꽃이
소낙비를 흠뻑 맞는다

꿈을 주우며 정답게 지내던
저 박꽃같이 하얀 얼굴을 가진 순이의 손을 잡고
들꽃들과 함께 비를 흠뻑 맞으며
이 빗속을 다정하게 걷노라면

그치지 않는 소낙비가 없듯이

언제 그랬느냐는 듯이 소낙비 그치고
활짝 개인 파아란 하늘이 나타나서

해맑게
순이와 나를 보고 웃어주겠지

♣ 존경하는 나의 어머니 ♣

어머니 나이 44세에 육신과 이별하시고, 별이 되신 나의 어머니!

돌아가시기 전 어린 저에게 오병이어의 기적을 알려주신 존경하는 나의 어머니!

100여 가구가 사는 시골마을에 집집마다, 물고기를 무료로 나눠주게 하신 나의 어머니!

물고기를 받는 숙모님들 얼굴에 밝은 미소와 입꼬리가 기쁜 마음에 모두 귀에 걸린 듯

너무나 행복해하시는 숙모님들과 동네 이웃 주민들! 아 나눠주는 기쁨이 행복이구나!

이후 성인이 되어서도 나누는 기쁨은 그 무엇과도 바꿀 수 없는 나의 습관이 되어버렸네.

8남매를 낳으시고, 기르시고, 나이 어린 4남매를 이승에 놓고 가시려니 그 무거운 발걸음을

어찌 옮기셨을까? 존경하는 나의 어머니는 살아서도 죽어서도 영원히 우리 곁에 계시네.

자식들에게 사랑과 지혜를 일찍 깨닫게 해주시고 돌아가신 어머니의 현명함에

고개 숙여 감사를 드립니다. 항상 웃으시면서 하늘에서 지켜보고 계실 나의 어머니께 이제라도

정말 감사드린다고, 말씀드리고 싶습니다. 44년 전 고인이 되셨지만 어머니께서 알려

주신 나누는 기적이 행복이라는 지혜를 깨닫고, 이 아들 항상 감사드리고, 실천하며 살고

있습니다. 어머니의 위대하신 가르침이 조금이라도 인간사에 도움이 될 수 있도록 이 아들

실천하면서 살아가겠습니다. 항상 어머니께 감사기도 드리며 형제들과도 항상 우애 있고

화목하게 잘 살아가겠습니다. 이제는 자식들 걱정 다 내려놓으시고, 평안히 영면하소서.

어머니가 그리운 날! 아들 호덕이가 어머니를 그리며 몇 글자 올렸습니다. 감사합니다.

2022년 8월 1일 월요일 아들 **주호덕**(올림)

• • • • • **PART 5**

숨고르기
– 긍정하는 자신을 믿고

당신도 인생의 명장(明匠)이 될 수 있다

긍정의 요소

털어서 칭찬 안 나오는 사람 없다

미소로 치유하는 치과의 마에스트로

나의 위대한 씨앗

반드시 때가 온다

아직 남아 있는 것

고난은 성장의 기회

회복탄력성

나에게 주는 하프타임, 결실을 맺는 해거리

01

당신도 인생의 명장明匠이 될 수 있다

AMOREPACIFIC
CORPORATION

YOJIN

우리와 똑같이 인간의 자리에 서 있지만 우러러볼 수 있는 누군가는 어떤 존재일까. 아마도 그러한 주인공은 자신의 몫을 묵묵히 실천하되 더 나아가 세상에 한 줄기 빛을 뿜는 영향력을 가진 존재일 것이다.

여기 내가 얘기하고 싶은 이 어두운 시대를 밝히는 한 줄기 등불과 같은 존재가 있다. 그 주인공은 바로 최근 세계 200대 부자에 당당히 이름을 올린 자랑스러운 기업인, 아모레퍼시픽의 서경배 회장이다.

그의 경영철학은 단순하면서도 심오하다. 그것은 바로 '자연과 인간에 대한 깊은 이해로 아름다움을 창조한다'는 것. 이러한 경영철학으로 그와 아모레퍼시픽은 대중에게 널리 알려져 있는 '설화수'를 비롯 명실공히 대한민국 화장품 업계의 대부로 우뚝 서 현재도 성공가도를 달리고 있다.

한류와 케이팝이 우리나라 문화예술의 중축을 담당하고 있다면 아모레퍼시픽은 케이뷰티를 담당하고 있다고 해도 과언이 아니다. 이러한 근거는 한국은 물론 중국을 비롯 해외에서 화장품 하나만으로 아모레퍼시픽의 명성을 널리 떨치고 있는 현상만 보더라도 자명해진다.

내가 특히 감명받은 것은 단지 하나의 힘, 바로 화장품 한 분야만 파온 세월과 내공을 느꼈기 때문이다. 그것이야말로 서경배 회장의 긍정으로 무장한 천부적인 선택과 집중의 힘이 아닌가 한다. 그만큼 서경배 회장의 아모레퍼시픽은 우리나라를 대표하는 화장품 브랜드로 자리매김한 지 오래고 이는 아모레퍼시픽의 주가만 봐도 증명된다. 아모레퍼시픽은 2013년 12월 30일 기준 백만 원이었지만 2014년 12월 30일 기준 222만 원으로 올라섰다. 2014년 한 해 동안 122만 원의 주식가격 상승을 이루어낸 것이다. 이는 당초 주가의 120%가 넘는 증가폭을 보여주고 있다. 이에 따라 아모레퍼시픽의 시가총액은 2014년 말 기준 13조 1,648억 5,200만 원으로 증가했다. 아모레퍼시픽의 주가는 2015년 2월 기준 280만 원을 넘어서 여전히 고공행진을 펼치고 있다.

이러한 그의 성공철학은 어떻게 다져져 왔으며 그것에 대한 자연주의적 가치관은 어떻게 생성되었을까. 어떻게 그는 인생 명장의 반열에 오를 수 있었을까.

서경배 회장은 한 인터뷰에서 아모레퍼시픽의 성장 원동력은 '자연과 인간에 대한 깊은 이해로 빚어낸 아름다움의 창조'라는 멋진 말을

아모레퍼시픽 **서경배** 회장

한 바 있다. 그것은 곧 사랑하지 않을 수 없는 화장품을 고객들 앞에 당당히 내놓겠다는 각오에 다름 아니다. 그리고 그러한 노력은 '아시안 뷰티'라는 타이틀을 창조해낼 정도로 고객들로부터 인정을 받고 있다.

"아모레퍼시픽은 할머니의 부엌에서 문을 열었습니다. 변변한 기구 하나 갖춰져 있지 않았음에도 불구하고 할머니는 정성과 정직으로 동백기름을 만드셨죠. 저 역시 그분들의 뜻을 이어가는 게 도리라 생각합니다."

내가 가장 감명받은 부분은 이러한 선대로부터의 자산을 자신이 이어나가 실천하는 자세, 그리고 그가 선대 때부터 실천해 온 사회공헌 활동을 규모와 종류를 넓혀 꾸준히 전개하고 있다는 점이었다. 과연 선대의 뜻을 본받은 진정한 인생의 명장이다.

대표적으로 그가 성사시킨 캠페인 중 많이 알려진 것으론 '아모레퍼시픽 메이크업 유어 라이프'를 들 수 있다. 그것은 암 치료 과정에서 피부 변화와 탈모 등 급작스런 외모 변화로 고통받는 여성 암 환우들에게 메이크업 및 피부 관리 노하우, 헤어 연출법 등을 알려주어 외면과 내면의 아름다움을 동시에 되찾을 수 있게끔 돕는 캠페인이다.

이만큼 자신이 가진 능력을 한껏 발휘하여 이로운 사회를 위해 헌신하는 비법이 또 어디 있단 말인가? 나는 그의 행보 앞에서 겸손해지는 자신을 느끼고 존경의 감탄을 연발할 수밖에 없었다.

이뿐만이 아니다. 2001년부터 시행해 온 '핑크리본' 캠페인도 빠트릴 수 없다. 그는 이와 관련 국내 최초 유방 건강 비영리 공익재단인 한국유방건강재단을 설립, 해마다 핑크리본 캠페인을 통해 여성들에게 유방 건강 상식을 알리고 있다.

더불어 아모레퍼시픽이 후원하고 아름다운 재단이 운영하는 '희망가게'는 저소득 한 부모 여성가장의 창업을 지원, 그들이 자립할 수 있도록 돕는 기구로 그의 '인간애'를 축약하여 보여준다.

그는 사업 앞에 자연이, 인간 앞에 자연이 있다는 신념 하나로 화장품을 대해 온 장본인이다. 우리들이 살아가면서 절대 빼놓지 말아야 할 만물의 이치를 굳게 믿고 실천한다는 점에서 혼탁한 시대에 한 줄기 빛이라 할 수 있다.

이처럼 그의 발자취를 볼 때 그는 화장품 연구뿐만 아니라 '소명'과 '감동'과 '신뢰'에 대해 꾸준히 연구한 인생의 명장이다. 그렇지 않고서야 고객 감동과 사회의 아픔을 동시에 고루 아우를 수는 없으므로.

앞으로도 자연의 이치 아래서 인간의 아름다움을 추구하는 아모레퍼시픽의 힘찬 날갯짓이 아름다운 사회, 가치 있는 사회를 선도해줄 것이라 믿으며 그 명장의 역할에 박수를 보낸다.

그리고 또 하나의 인생 명장의 자리에 나는 이 사람을 꼽고 싶다. 그는 어떠한 절망적인 상황에서도 굴하지 않고 자신의 길을 개척해 나간 인생 명장 중의 명장이라 할 수 있다. 그 주인공은 바로 여든이 넘은 나이에도 건설업계에서 영원한 현역을 외치고 있는 요진건설산업의 최준명 회장이다.

그는 단돈 육백만 원으로 건설사업을 시작한 저력을 보유하고 있는 인물이기도 하다. 남들이 그 돈으로 어떻게 사업을 하냐, 투정을 늘어놓을 때 그는 열정과 긍정으로 무장한 마음가짐으로 한번 해보자, 언제는 돈 있어 가지고 사업하냐, 없어서 사업하지, 하는 용기로 거침없이 건설사업에 뛰어들었다.

그의 사업에서의 저력을 확인할 수 있는 바가 바로 '일산요진와이시티'에서 여실히 드러난다. 일산에 처음 요진건설산업이 발을 들여놓았을 때 우려의 목소리가 적지 않았다고 한다. 너무 무모하게 일을 크게 벌이는 것은 아니냐, 만약 계획이 실패로 돌아갔을 때 그 뒷감당은 어떻게 할 거냐는 등 남들은 두려워하고 주저하는 상황에서 최준명 회장은 특유의 과감함으로 자신의 신념을 확고히 밀어붙였다고 한다. 그 결과 처음에는 미분양이 많아 골치를 썩던 일산요진와이시티는 언제 그랬냐는듯 현재 완판되어 요진건설산업의 위상을 드높이고 있다. 역과 가까운 훌륭한 위치 선정, 복합문화공간의 편리성을 고려한 증축, 영화관과 명문학교 등 철저히 입주자들의 생활의 질을 겨냥한 요진의 계획은 그야말로 건설업계에서 '홈런'을 친 것이다.

그는 이 사업가적 기질 말고도 故정주영 회장과의 에피소드로도 유명하다. 그는 젊었을 적 당은 故정주영 회장과의 인연이 젊은 자신에게 영향을 많이 끼쳤고 그러한 거름이 미래의 든든한 버팀목이 되었다고 한다. 때는 1950년대 후반, 그가 20대 나이에 동두천 7사단에서 미군공사를 했을 때였다. 당시 미군 발주공사를 주된 사업으로 하는 동성상공에 입사를 하여 그는 처음 건설업과 인연을 맺었다. 당시의 상황은 미군부대 발주 공사가 건설업의 주축이 되던 때로 '건설 맏형'이라 불리는 현대건설과 대림산업, 삼환기업 등이 미군 공사에 집중하던 시기였다.

그는 20대 초반에 동성상공 현장소장을 맡았다. 현대건설의 故정주영 회장과의 인연이었다. 당시 동성상공은 동두천 보병7사단 막사를 짓는 공사를 현대건설과 함께 했는데 미군 공사감독이 故정주영 회장 앞에서 그가 현장소장을 맡고 있는 현장과 비교하며 공사가 늦은 현대건설을 질책한 적이 있었다.

요진건설산업 **최준명** 회장

YOJIN

그 일 뒤로 故정주영 회장은 그가 눈에 들었던지 얼마 후 그를 개인적으로 부르더니 같이 일하자는 제의를 해왔다. 동성상공과 현대건설이 맞붙어서 졌는데도 오히려 그한테 같이 일하자 제안을 했던 거였다. 그러나 그는 당시 현장소장 직에서 물러서지 않고 자리를 지켜야 한다는 신념을 따랐다고 한다.

故정주영 회장의 스카우트를 거절함으로써 더 이상 인연의 진전은 없었지만, 당시 그가 낮은 자리, 즉 배우려는 자세로 故정주영 회장에게 한 가지 느낀 것이 있었다고 한다. 그것은 바로 정 회장만의 카리스마였다. 그는 늘 현장에 나타날 때면 지프차에다 작업모자를 쓰고 현장을 아우르는 기운을 뿜었다. 그때 최준명 회장은 생각했다고 한다. '나도 현장에서 저런 아우라를 가져야겠다. 나도 현장에서 커나가면서 저런 기질을 길러야겠다' 하고. 정 회장의 제안이 성사되진 않았더라도 이런 계기로 그는 역사의 큰 인물의 단면을 맛보았고 그 느낀 바를 자신의 것으로 체득하기에 이르렀다.

그는 6·25를 아이 때 겪었다. 당시 고아원에서 살았다고 한다. 6·25가 났을 때 시골로 내려가서 고학을 하고, 굶는 것을 밥 먹듯이 하는 생활로 중학교 고등학교를 거친 시간이 아직도 잊히지 않는다고 한다. 그 비극은 전 국민 온 나라의 아픔이었지만 개인의 역사 또한 지울 수 없는 아픔으로 얼룩진 시간이었던 것이다. 그는 그 아픔을 몸으로 기억했고 그것을 잊지 않는 의미로 사회활동을 시작하기에 이르렀다.

한국보육원장 이사장 최준명. 어려운 시간을 통과한 참된 사람은 그 어려움을 잊지 않고 다시는 그런 어려움을 다른 이가 겪는 일이 없기를, 조금만이라도 그 어려움이 회복되기를 바라는 마음으로 가득 차기 마련이다. 그는 그런 마음으로 자신의 보탬을 사회에 헌신하였다.

그는 현재 서울 동대문구 휘경동에 위치한 설립 48년 된 휘경여자 중고등학교를 운영하며 교육을 통한 나눔을 실천하고 있다. 사람을 키우는 일이 가장 보람 있다고 생각하는 그다. 남에게 보이기 위한 것이 아니라, 자신이 가진 것을 조금이나마 나누려고 하는 것은 사람 냄새 나는 사람을 기르기 위해서 그가 할 수 있는 자신의 몫이라고 그는 말한다. 나눔이나 보살핌은 말이나 글로 되는 것이 아니고, 이처럼 행동으로 실천해야 하는 것이라고.

마지막으로 소개하고 싶은 인생의 명장은 바로 자신의 삶을 가치 있는 건축물로 만들어낸 대한민국 부동산개발업계 1위에 빛나는 MDM의 문주현 회장이다.

그는 전남 장흥에서 태어났다. 집은 시골벽지였고 그는 9남매 중 다섯째였다. 어려운 집안 형편상 고등학교에 갈 생각은 처음부터 포기할 수밖에 없었다고 한다. 어린 그는 별다른 희망 없이 영농후계자를 꿈꾸며 하루하루 유년기를 보냈다. 그러던 그는 군대를 다녀온 후 뒤늦게 학업에 뜻을 두게 되었다고 한다. 어렵게 검정고시를 패스해 27살 늦깎이로 대학에 입학했지만 학비가 문제였다. 가난했던 그는 거기서 좌절할 뻔했지만 어느 독지가의 한 줄기 빛 같은 장학금 덕택에 어찌어찌 대학을 마칠 수 있었다고 한다. 지금도 생각하면 눈물 나게 고마운 분이라고 그는 회고한다.

경제적인 어려움으로 그는 서른 살이 넘어서야 사회에 진출할 수 있었다. 그가 처음으로 몸 담은 기업은 바로 나산실업. 그는 나산실업에 입사해 안병균 전 회장과 연을 맺고 훗날 자신의 이름을 세상

㈜MDM · 한국자산신탁 **문주현** 회장

에 각인시킬 부동산개발사업에 발을 들이게 되었던 것이다. 그는 물고기가 물을 만난 듯 나산실업에서 탄탄대로를 걸었다. 차례로 히트작을 탄생시키며 승진에 승진을 거듭하여 불과 7년 만에 최연소 임원이 되어 자신의 재능을 발산하는 동시에 언론의 주목을 받기도 했다.

그러나 모두의 인생길이 그렇듯이 그에게도 행복한 나날만 있었던 것은 아니었다. 최연소 임원으로 승승장구하던 시절도 얼마 되지 않아, IMF 외환위기라는 암초를 만난 회사는 부도가 나고 말았다. 그는 졸지에 처음부터 다시 시작해야 하는 실업자 신세가 됐다. 여러 대기업의 러브콜을 받았지만 그는 자신의 확신에 대한 어떤 알 수 없는 예감이 들었다고 한다. 그것은 바로 실직이 창업을 하라는 하늘의 뜻으로 여겨졌다는 것. 그는 서초동의 작은 오피스텔 방 한 칸에서 자본금 5,000만 원으로 분양대행업체를 세우기에 이른다. 그것이 바로 지금의 MDM 전신이었다.

그의 성공비결은 어쩌면 단순했다. 바로, 역지사지의 마음자세. 그리고 고인 물은 썩고 만다는 진리의 힘으로 일구는 새로운 아이디어의 힘.

누구나 다 아는 삶의 지혜이지만 그는 그것을 실천했고 자신만의 새로운 사업에의 전략으로 그 진리들을 발돋움시키기에 이른다.

그는 기민한 판단력으로 아파트, 오피스텔 등 부동산 상품을 만들면 바로 팔리던 시대는 오래전 지나갔음을 일찌감치 인식하였다. 그리고 앞으로는 참신한 아이디어와 기획력이 없으면 부동산개발에서 절대 성공하지 못하는 시대가 오게 될 것이고 이미 와 있다는 생각으로 사업을 구상하기에 이르렀다. 그러한 생각은, 부동산시장에서 아이디어의 축을 담당하는 디벨로퍼의 역할이 진짜 중요한 때가 바로 현시점이라는 자각을 발동시켜 자신의 입지를 해당 분야에 굳히는 것에 일조하였다.

이러한 사업적 통찰력은 15년 만에 MDM을 부동산개발업계 1위로 올리는 기쁨을 그에게 가져다주었다. 더불어 그는 제3대 한국부동산개발협회장에 추대되기도 하였다. 하지만 그는 이러한 영광에도 불구하고 그 자리에 안주하고 싶은 마음은 추호도 없다고 말한다. 그는 MDM이 대한민국 디벨로퍼 1위에 오른 데 만족하지 않고 공기업이던 한국자산신탁을 인수하고 캐피탈회사와 장학재단까지 설립해 MDM이 종합부동산금융그룹으로의 변신을 꾀할 것이라 한다.

고인 물은 썩기 마련이라는 그의 신념이 잘 나타나는 대목이 아닐 수 없다.

그는 사업에의 성공가도에서 또 하나의 지혜로 역지사지의 자세도 간과하지 않는다. 그는 MDM이 매번 분양에 성공하는 배경에는 차별화한 마케팅 전략도 한몫한다고 말한 바 있다. 따라서 아파트 분양 광고를 내보낼 때 사람들이 아파트에서 원하는 것을 문구로 만들려고 노력한다. 그것이 바로 땅의 가치를 사람들에게 알리는 길이며, 더 나아가 고객들의 니즈와 '나라면 어떨까' 하는 바뀐 입장에서의 니즈를 접목시킨 보편화된 니즈를 만드는 일이라면서.

그의 이러한 역지사지의 자세는 그의 말에도 잘 드러나 있다.
"내가 살 집 만들겠다고 생각하면 고객과 통한다."

더 놀라운 것은 그의 이러한 본받을 만한 마인드뿐 아니라 그가 기업인이 아닌 사회의 한 구성원으로서 보여주는 모습이다. 그는 이러한 성공의 길 한 켠, 2년 정도 고생해서 번 10억 원에서 5억 원을 떼어냈다. 그리고 장학재단을 만들었다. 5억이 장학재단의 최소단위였다고 한다.

그는 멈추지 않는다. 자신의 목표인 장학재단적립금 100억 원을 이미 달성하였고 죽기 전까지 장학재단을 늘려가고 싶다고 한 인터뷰에서 밝힌 바 있다. 자신의 인생길을 힘차게 걸어가는 그가 앞으로도 더 건강하고 영특하게 튼튼히 회사를 운영하여 더 살기 좋은 대한민국에 힘이 되어주기를 진심으로 기원한다.

이처럼 내가 존경하는 한 줄기 빛과 같은 사람들은 하나같이 행복에의 가치를 지니고 있다. 그 가치는 가장 기본적인 '사람을 향한 정성'이라고 할 수 있다. 그 목표를 향해 끈기와 열정을 가지고 다가가려는 그들의 헌신의 자세가 나를 하루하루 새로이 하게 함은 물론이다.

인생의 명장明匠은 특정한 사람들만의 타이틀이 아니다. 운명은 만들어지는 것이기 때문이다.

오늘 이 순간부터 자신의 인생을 개척해 보라. 지금은 잘 보이지 않아도, 꿈을 향해 멈추지 않고 달려간다면 언젠가는 운명을 개척하여 꿈을 이룬 자신의 모습과 만나게 될 것이다.

02

긍정의 요소

한국 사람들은 삼세번을 참 좋아한다. 가위바위보를 해도 삼세번으로 승부를 가리고 뭘 먹어도 삼세번을 강조한다. 3이란 숫자가 완벽성이란 의미를 품고 있어서이기도 하지만, 한국인들이 세 번을 중시하는 것은 단 한 번으로 결정을 내리기보다 기회를 좀 더 줌으로써 만회할 여유를 주는 긍정적 이유도 있을 것이다.

그런 의미에서 인생에 있어 중요한 세 가지에 대한 이야기를 해보고자 한다. 인생을 살면서 다스려야 할 3가지가 있다. 성질, 말, 행동이 그것이다. 부연 설명하는 것이 무색할 정도로 성질, 말, 행동을 조심해야 하는 것은 매우 당연하고 중요한 일이다. 또한 이 3가지는 서로 관련되어 있어 함께 주의해야 한다.

논리학자였던 피에르 아벨라르는 논쟁에서 누구에게 진 적이 없을 정도로 뛰어난 논쟁가였다. 그의 혀는 논쟁과 토론을 벌여 스승과 석학들을 무참히 굴복시키곤 했다. 어딜 가나 주위 사람들의 위선을 폭로하는 데 열심이었던 그였기에, 사람들은 그를 경외하는 한편 돌아서면 그의 불운을 기원할 정도로 미워하기도 했다.

피에르는 말년에 고향의 수도원 원장으로 부임하게 되었다. 하지만 그곳에서도 피에르의 세 치 혀는 끊임없이 비판을 쏟아내었고, 결국 그 때문에 독살당할 위기에까지 처했다. 훗날 사람들은 그를 천재는 천재이되 남에게 깊은 아픔과 상처를 주는 천재로 회고했다.

뛰어난 논리학자인 동시에 논쟁가였던 그가 왜 이런 평가를 받게 되었을까? 자신의 말과 행동은 물론, 성질을 다스리지 못했기 때문이다.

인생에서 다스려야 할 3가지인 말, 행동, 성질을 반드시 기억해두자. 이 3가지는 늘 조심해야 하지만 여기에 긍정의 요소를 불어넣으면 의외의 결과가 나타난다. 세 치 혀의 부정적인 이미지에 긍정을 불어넣는 것이다. 피에르가 입을 열 때마다 부정적인 말을 쏟아냈던 것과는 반대로 우리는 긍정의 말을 쏟아내 보자. 가령 긍정 말하기는 아래와 같이 바꿔 말하는 것이다.

"나는 안 돼." → "나는 돼."
"나는 할 수 없어." → "나는 할 수 있어."
"저 사람 맘에 안 들어." → "저 사람 맘에 들어."
"나 같은 게…." → "나나 되니까."

절대 어려운 일이 아니다. 말이 씨가 된다는 옛말처럼, 긍정의 말이 씨가 되어 행동을 변화시키고 결국 성질에도 영향을 주고, 나아가서는 인생까지 변화시킬 수 있는 것이다.

한 가지 이야기를 더 소개하고자 한다. 긍정의 힘을 일깨워주는 좋은 사례다.

못생긴 얼굴이 늘 콤플렉스인 사람이 있었다. 그는 남들처럼 호감이 가는 외모는커녕 주먹코에 종종 빨갛게 달아오르는 얼굴빛 때문에 대인 관계에 있어 무척 소극적이었다. 그로 인해 언제나 열등감으로 똘똘 뭉쳐 있었다.

어느 날 거울을 보던 그가 고개를 갸우뚱거렸다. 철이 들고 나서 처음으로 찬찬히 거울을 들여다보았더니, 그곳에서 나름 괜찮은 자신의 모습을 발견한 것이다. 주먹코지만 그리 크지 않아 복스러워 보였고, 얼굴빛은 발그레한 게 생기 있어 보였다. 그 순간 마음에 변화가 일어났다. 그날부터 그는 거울을 볼 때마다 외치곤 했다.

"나는 자알~ 생겼다!"

처음엔 부끄럽고 창피했지만 입 밖으로 내뱉고 나니, 시간이 갈수록 외모에 자신감이 붙었다. 이제 그는 학생들 앞에서 강의를 하면서도 자신의 훈남 외모를 자랑하기까지 한다.

긍정의 말이 긍정의 씨앗이 된 것이다. 말이 변하자 행동도 자신있고 당당하게 바뀌었고, 성질 역시 넉넉하게 변화되었다.

우리는 각자 자신의 인생을 디자인해 나가는 디자이너다.

디자이너로서 다스려야 할 이 3가지 즉, 성질·말·행동을 늘 염두에 두고, 거기에 꼭 긍정의 요소를 더해보자. '말, 행동, 성질 + 긍정'이 된다면 인생을 다스리는 일이 조심스러운 것이 아닌 아주 신나는 일이 될 것이다.

하루 5분 긍정훈련

·100년 기업을 위한 성장과 도약의 선한 영향력 기업.
·진솔한 교육으로 직원과 고객의 가능성을 서로 높인다.
·'인재 양성'이라는 핵심가치는 변하지 않되 그 강도는 강해질 것이다.
·무궁무진한 아이디어를 창조한다면 더 큰 도약의 기회를 찾을 수 있을 것이다.
·한 사람 한 사람 모두 행복과 성공을 이루고, 선한 삶을 살아야 하며, 올바른 교육과 학습을 받아야 한다.

– **김영철** 동화세상 에듀코 대표의 어록

긍정이 우리를 살맛 나게 한다!

03

털어서 칭찬 안 나오는 사람 없다

초등학교 시절이었다. 3학년 새 학기가 되어 새로운 담임선생님을 만났다. 이번에 새로 오신 담임선생님은 조금 특별하게 느껴졌다. 반 아이들 한 명 한 명에게 관심을 쏟고 사랑으로 대하는 분이었다. 가장 기억에 남는 건 국어시간이었다. 선생님은 항상 아이들에게 돌아가면서 책을 읽게 하셨다.

"자, 1문단은 누가 읽어볼까? 선복이 한번 읽어볼래?"

갑작스런 지목에 깜작 놀라 고개를 들었다. 선생님과 친구들의 시선은 이미 나를 향해 있었고, 무언의 재촉을 하고 있는 것 같았다. 나는 무겁게 엉덩이를 들고 의자에서 일어났다. 모두들 나에게 이목을 집중한 채, 내 목소리를 따라 책을 읽어 내려갔다. 엄청나게 긴장했지만 실수하지 않으려고 무진 애를 쓰면서 열심히 읽었다. 다 읽고 자리에 앉았을 때, 선생님께서 말씀하셨다.

"권선복, 너 정말 책을 잘 읽는구나!"

"네에?"

"내가 본 학생 중 가장 잘 읽는 것 같아. 너, 나중에 아나운서 해도 잘하겠다. 얘들아, 우리 선복이한테 박수 한번 쳐줄까?"

선생님 말씀이 끝나기도 전에 친구들이 손바닥에 불이 날 정도로 박수를 쳐주었다. 나는 얼굴이 빨갛게 달아올랐지만 기분만큼은 하늘을 날아갈 듯 가볍고 행복했다. 곰곰 생각해보니 그동안 친구들에게 조리 있게 말하거나 발표를 잘한 것도, 선생님께서 칭찬해주신 나의 말솜씨 덕분이었다는 사실에 괜히 뿌듯해졌다.

나는 열 살 이후 처음으로 맛본 선생님의 폭풍 칭찬에 자신감 넘치는 학생으로 변해갔다. 나도 모르는 사이 긍정적인 어린이에서 청소년, 청년으로 차츰차츰 성장해 간 것이다. 시험을 조금 못 봐도 선생님이 인정한 미래의 아나운서감이었으니 그것으로 위로를 삼았고, 뭔가에 실패해도 다음엔 잘할 수 있을 것이라고 나 자신을 믿어주었다. 이것은 다 김영배 선생님의 가르침 덕분이라고 생각한다. 김영배 선생님, 감사합니다.

시간이 한참 흘러 내가 교육사업을 하고 의정활동을 할 때에도 그 시절 선생님께서 해주셨던 칭찬과 격려가 계속 나를 따라다녔다. 그분이 그랬던 것처럼 나 역시 누군가에게 힘이 돼 주기 위해 칭찬과 격려를 아끼지 않았다. 그 결과 학원에서 가르쳤던 제자들은 사회에서 당당하게 빛과 소금의 역할을 해주었고, 오랜 시간이 지나도 나를 잊지 않고 찾았다. 그들 또한 아무것도 아니었던 자신에게 관심을 갖고 격려해 준 선생님을 잊지 못했던 것이다.

칭찬은 늘 플러스가 된다. 스스로 미처 발견하지 못한 것을 발견하게 해주는 칭찬은, 가능성을 폭발시킨다.

혹시 지금 당신은 주변에 나의 은사님처럼 칭찬해줄 사람이 없다고 불평하고 있는가?

긍정이란 주변을 두리번거리며 찾는 것이 아니라 자기 자신에게서 해답을 찾는 것이다. 칭찬도 마찬가지다. 자신이 먼저 시골 선생님이 되어 타인을 칭찬해 주면 된다. 그러면 칭찬이 결국 부메랑이 되어 나에게 돌아오게 돼 있다. 이것은 칭찬을 해본 사람들만이 아는 세상의 진리다. 아무것도 바라지 않고 준 것이 되돌아오는 것, 그것이 칭찬이다. 그러니 가능한 한 주위의 많은 사람들에게 아낌없는 칭찬을 해보길 바란다.

남을 칭찬하는 일이 아직 서먹하게 느껴진다면 좋은 방법이 있다.

자기 스스로 칭찬하는 사람, 칭찬받는 사람이 되는 것이다. 우리나라 사람들은 칭찬에 인색하기로 유명하다. 워낙 빠른 시간 내에 경제성장을 이룬 전적이 있는 터라 '빨리빨리' '조금만 더' 인식이 강한 탓이다.

당근보다 채찍에 더 친근한 정서 때문인지, 영어에서는 그 흔한 thank you도 우리에게는 어쩌다 듣는 말이 되었다. 그러나 이제부터라도 칭찬에 너그러워져야 한다. 나에게 주는 최고의 선물이 바로 칭찬이 아니던가! 나에게 보내는 칭찬은 곧 나를 바꾸는 긍정 바이러스가 된다.

지금 당장 거울을 보면서 자신의 칭찬거리를 찾아내보자. 털어서 먼지 안 나오는 사람 없다지만, 털어서 칭찬 안 나오는 사람도 없다.

하루 5분 긍정훈련

정직하고 성실해야 한다. 그리고 행운이 필요하다.
아무리 정직하고 성실해도 누구도 당신이 성공하리라 보장 못 한다.
그러나 행운은 정직하지 않고 성실하지 않은 사람에게는 절대 오지 않는다.

– **윤윤수** 휠라 회장

미국에서 20대 흑인 청년이 다가와 옷깃을 잡으면서
"당신은 매직 퍼슨(magic person)이다.
어떻게 하면 당신과 같은 사업가가 될 수 있나?"
라고 묻자 윤 회장이 답해준 자신의 좌우명입니다.
정직하고 성실한, 그리고 꾸준히 덕을 베푸는 사람들에게 행운이 돌아갑니다.

– **조영탁**의 행복한 경영이야기 中에서

04

미소로 치유하는 치과의 마에스트로,

전승준 분당예치과 원장

내가 본 전승준 원장(분당예치과)은 언제나 웃는 얼굴이다. "웃음은 어떤 핵무기보다 강하다"라는 말처럼 짜증이 날 법한 상황에서도 늘 미소를 잃지 않았다. 그의 미소는 마치 마법과도 같아서, 환자들의 긴장을 풀어주고 마음을 따뜻하게 감싸준다.

전승준 원장은 청소년까지 특화된 소아치과 전문의로 29년째 분당예치과를 운영하고 있다. 아이들이 치과를 두려워하지 않는, 웃음이 끊이지 않는 치과를 만드는 게 그의 목표다.

그는 단순히 치과 치료를 제공하는 것에 그치지 않는다. 유독 치과를 무서워하는 아이들과의 소통을 중요시한다. 아이들을 치료할 때 기구와 소리에 익숙해지도록 충분히 기다리고 세세히 설명한 뒤 아이들 스스로 치료를 결정하게 한다. 또 보호자와 함께해 아이가

전승준 원장은 소아·청소년과 원장으로 20년 넘게 크리스마스 이브에는 산타 복장으로 진료한다.

무서워하지 않고 즐겁게 치료를 받을 수 있도록 한다.

어느 날이다. 치료를 받으러 온 아이가 두려웠는지 울음을 터뜨렸다. 그러자 그가 부드럽게 말을 걸었다.

"우리 같이 용감해질 수 있을까?"

그의 따뜻한 미소와 다정한 목소리에 아이는 금세 울음을 그쳤고, 용기를 내어 치료를 받았다.

이 얘기를 들으며 나는 그의 미소가 단순한 표정이 아니라, 사람들의 마음을 움직이는 힘이라고 생각했다. 이러한 노력 덕분에 아이들이 그를 전폭적으로 신뢰하고, 두렵지만 즐거운 마음으로 꾸준히 방문한다고 본다.

환자를 대하는 그의 태도는 단순한 친절을 넘어선다. 무엇보다 그는 환자들의 이야기를 경청하며 그들의 불안과 두려움을 먼저 이해하려고 한다. 또 진료실은 환자들이 편안하게 느끼도록 따뜻한 분위기를 만들어 놓았다. 그의 진료실에 들어설 때마다 느껴지는 따뜻한 분위기, 나는 참 좋다. 어느 분야든 마찬가지겠지만 의료에서도 소통, 즉 인간적인 이해와 공감의 중요성을 그를 보며 새삼 느낀다.

전승준 원장은 최신 치과 치료 기술과 장비를 도입하는 데도 앞장서 왔다. 그는 정기적으로 국내외 학회에 참석해 최신 정보를 습득하고, 이를 바탕으로 분당예치과의 진료 수준을 높이고 있다. 최신 기술 도입은 치료의 효과를 높일 뿐만 아니라, 환자들에게는 보다 편안한 치료 경험을 제공한다. 그는 늘 '환자가 안심하고 믿을 수 있는 치과'를 목표로 한다.

이러한 신념은 분당예치과가 지역사회에서 신뢰받는 치과로 자리 잡는 데 큰 기여를 했다. 그의 성실한 진료와 환자 중심의 접근 방식은 많은 사람들에게 감동을 주었고, 이는 곧 환자들의 입소문으로 이어졌다. 전승준 원장의 철학과 가치관이 고스란히 녹아 있는 치과, 치료 이상의 가치를 느낄 수 치과, 이렇게 말이다.

전승준 원장은 후학 양성에도 많은 관심을 가지고 있다. 그는 치과의사로서 쌓은 지식과 경험을 나누기 위해 다양한 강의와 세미나를 개최했다. 이를 통해 후배 치과의사들이 성장할 수 있도록 도우며 치과계 전체의 발전에도 큰 몫을 했다. "좋은 치과의사가 많아야 환자들이 행복해질 수 있다"는 그의 신념이 잘 나타나는 대목이다.

그는 또 주위에 선한 영향력을 미치고자 열과 성을 다한다. 받은 것 이상으로 돌려주고, 상대방이 예상하지 못한 친절을 베푸는 게 그의 주특기다. 꼭 자신의 병원이 아니어도 환자들에게 맞춤 치과를 소개해주는 것으로도 유명하다.

그의 선한 영향력은 지역사회 봉사로 이어진다. 그는 정기적으로 무료 치과 진료 봉사를 하며 경제적으로 어려운 이웃들에게 도움의 손길을 내민다. 이러한 노력은 많은 사람들에게 큰 감동을 주었고, 지역사회에서도 존경을 받고 있다.

전승준 원장은 계백 장군과 안중근 의사 같은 분들처럼 사회를 위해 나를 희생할지라도 사회정의를 바로잡는 삶을 살고 싶어 한다.

그는 취미 생활에서도 삶을 풍부하게 즐긴다. 글쓰기와 책 읽기를 좋아하며, 삶에 대해 시간 가는 줄 모르고 대화 나누는 것을 좋아한다. 그는 또 능력 많은 지인들 덕분에 요트나 바닷가 별장 등 다양한 체험을 하며 삶을 즐기고 있다. 이러한 삶은 단순한 여가를 넘어, 인

GIA 영어유치원 구강검진 및 구강관리 교육

생을 풍요롭게 만들면서 주변 사람들과의 유대감을 더욱 깊게 한다.

이처럼 멋진 인생을 만들고 있는 그에게 가족은 든든한 지원군이다. 아내와 두 자녀는 항상 그의 곁에서 힘이 되어주며, 그가 힘들 때마다 격려와 응원을 아끼지 않는다.

전승준 원장은 가족과 함께하는 시간을 소중히 여긴다. 가족과의 시간을 통해 재충전의 기회를 얻는다. 가족과 함께하는 그의 모습은 참 훈훈하고 보기 좋다.

환자들에게 건강한 미소를 찾아주는 것이 곧 그들 삶의 질을 높이는 일이라고 믿는 전승준 원장.

그는 자신의 전문성을 바탕으로 환자들에게 도움을 주는, 따뜻한 마음과 멋진 미소를 가진 이 시대의 진정한 의료인이다. 그의 미소와 선한 영향력은 많은 사람들에게 희망과 용기를 준다. 그는 앞으로도 환자들의 건강과 행복을 위해 최선을 다할 것이다.

희망의 장학금

– 한용교장학재단이사장

한용교

메마른 땅 구석구석 일궈
희망 씨앗 한 움큼 뿌려놓고
때맞춰 물주고 거름 주고 햇빛 쐬어주는
농부의 마음으로
후학들에게 장학금을 주기 시작했더니
삐죽삐죽 척박한 땅속을 비집고
꿈의 새싹이 돋아났네.

마음 담아 건넨 그 작은 희망이
어느새 씨앗이 되어 움이 트고
열정의 잎과 노력의 가지를 펼쳐
주렁주렁 행복의 열매를 맺었네.

나의 응원으로 잘 익은
행복 열매들이 땅으로 떨어지면
기다렸다는 듯
스스로 희망의 씨앗 되어
또 다른 누군가의 든든한 나무가 돼주고
자신이 받은 만큼 그들의 꿈을 응원해주는
이 아름다운 봉사의 선순환이여.

– 헌시 –

미래를 향한 길, 사람을 향한 집

박승훈
(주)캐디안 대표이사

나는 미래를 향한 길을 걷는다.
그 길은 때로 험난하고 외롭지만,
내 마음의 지침은 언제나 사람을 향해 있다.
캐디안이 만드는 공간 속에서도,
나는 사람을 잊지 않는다.

AI는 도구일 뿐, 그 도구를 통해
우리는 사람들이 원하는 집을 꿈꾼다.
기술의 진보는 중요하지만 그 기술이 사람들에게
어떤 집을 제공하는지 묻는 것이 더욱 소중하다.

무한한 가능성을 향해 한 걸음씩 나아가며
내 안에는 사람들의 꿈을 이루려는 열정이 있다.
캐디안의 혁신 속에서 새로운 도전이 다가오고,
AI의 힘을 빌려 미래의 주거를 개척한다.

단순한 성공이 목표가 아니다.
더 많은 이들에게 더 나은 내일을 선사하는 것,
그것이 내가 미래를 향하고 사람을 향한 길을 걷는 이유다.
그 길 위에서 우리는 함께 더 나은 세상을 꿈꾼다.

05

나의 위대한 씨앗

1987년 컴퓨터 전산학원을 시작할 때의 일이다. 당시는 컴퓨터가 막 보급되는 시기였다. 컴퓨터학원이란 것 자체가 생소했지만 사람들은 전망 좋은 교육으로 인식하고 있었고, 나 또한 비전을 보고 시작한 일이었다.

하나둘씩 학생들이 찾아오기 시작하면서, 우리 학원에도 컴퓨터를 배우고자 하는 학생들이 늘어갔다. 원내에는 개구쟁이들도 많았고 장난꾸러기, 말썽꾸러기 천지였다.

아무것도 모르는 아이들을 붙잡고 컴퓨터 프로그램에 대해 가르치다 보니 속이 터지는 일도 많았다. 하지만 나는 이미 초등학교 시절 담임선생님으로부터 긍정의 힘과 격려의 위력을 맛보지 않았던가? 그때의 경험 때문에 나 역시 제자들에게 힘이 되는 선생님이 되고 싶었다.

일단 아이들 한 사람 한 사람에게 다가가 일대일의 관계를 돈

독히 하려고 애썼다. 내가 만난 사내아이들은 조곤조곤 이야기하는 스타일이 아니었다. 때문에 선생인 내가 먼저 다가가 아이들에게 이야기를 건네고 속 얘기를 꺼냈다. 내가 얼마나 부담스럽게 느껴질지 모르는 바 아니었으나, 차츰 아이들도 마음을 열고 나를 대하는 것이 느껴졌다. 그때부터 나는 그동안 보아왔던 아이들의 면면에 대해 말해주기 시작했다.

"선생님이 볼 때 너는 수학적 두뇌가 뛰어난 것 같아. 지난번에 애들 중에서 네가 가장 빨리 계산을 끝냈잖니? 게다가 정확하고."

"너는 마음이 참 따뜻한 것 같아. 너는 조금 손해 봐도 친구들한테 잘 맞춰주잖아? 그건 정말 좋은 마음씨야. 천금을 주고도 못 사는 좋은 마음이지."

이런 식으로 격려와 칭찬을 해주자 아이들도 조금씩 변해갔고, 학원보다 오락실에 자주 가던 아이들이 일단 출석하기 시작했다. 놀더라도 학원에 와서 논 것인데, 나에게 관심을 갖고 개인적인 질문을 해올 때도 많았다. 나와 대화하기 위해서인지 정말 궁금한 것이 있어서인지는 확실하지 않지만, 전보다 나를 찾아오는 횟수가 확실히 많아진 것이다.

가장 놀라웠던 것은 아이들 스스로 자신의 위대함을 찾기 위해 행동하고 있다는 사실이었다. 나는 곁에서 지켜보고 있다가 조금 더 좋은 방향으로 칭찬해주거나 격려해주면 되었다. 그러면 아이들은 눈빛부터 달라졌다. 자신에게 어떤 좋은 점이 있는지 확인하기 위해 열성적인 태도로 변해가는 아이들을 보면서, 나까지 더 열성적으로 바뀌었다.

괴테의 "현재의 모습처럼 대하면 그 사람은 그대로 남아 있을 것이고, 잠재능력대로 대해주면 그 사람은 결국 그렇게 될 것이다."라는 말처럼, 나 역시 그 아이들이 가지고 있는 위대함에 걸맞은 대우를 해주고 싶었다.

지금도 잊지 않고 30여 년 전 학원 제자들이 나를 찾아온다. 쉽지 않은 인연이라는 것을 잘 알기에, 제자들은 언제나 나의 자랑거리다. 개구쟁이 아이들이 사회 곳곳에서 맡은 바 임무를 다하고 있다는 사실이 그저 놀랍고 고마울 뿐이다. 제자들이 그때 내가 준 칭찬과 격려의 씨앗을 잘 틔워서 멋지게 키워낸 것만으로도 나는 기쁘다.

세기의 위대한 작품을 만들어낸 미켈란젤로에게 어떤 사람이 물었다.

"당신은 어떻게 피에타상과 다비드상과 같은 훌륭한 조각상을 만들 수 있었습니까?"

미켈란젤로의 대답은 의외로 간단했다.

"조각상이 이미 대리석 안에 있다고 상상하는 겁니다. 그런 뒤 필요 없는 부분을 깎아 원래 존재하는 것을 꺼내줄 뿐입니다."

그의 말을 통해 누구에게나 위대함이라는 씨앗이 존재하며, 그것을 밖으로 꺼내놓는 일이 관건임을 알 수 있다. 긍정은 자신의 위대함을 믿고 그 위대함을 밖으로 표출하는 데 필요한 힘이다.

즉 위대함을 표출하기 위해 긍정의 힘이 필요한 것이다.

06

반드시 때가 온다

옛 선인들은 사람의 3가지 불행을 이렇게 꼽았다.

첫째가 소년등과少年登科다. 너무 일찍 최고의 자리에 오르는 것이다. 내려올 일만 남았으니 남은 날이 너무 길다. 소년등과가 나쁘다기보다 너무 이른 성취로 학업을 폐하여 더 이상 진취하지 않게 됨을 경계했다.

둘째는 부형父兄의 덕으로 좋은 벼슬에 이르는 것이다. 애쓰지 않고 남이 못 가진 것을 누리다 보니, 그 위치가 얼마나 귀하고 어려운 자리인지 몰라 제풀에 무너진다.

셋째는 재주가 높고 문장마저 능한 것이다. 거칠 것이 없고 꿀릴 데가 없다. 실패를 모르고 득의양양하다가 한순간에 나락으로 굴러 떨어지고 만다.

너무 일찍 출세하면 나태해지고 오만해지기 쉽다. 더 이상 성공하기도 어렵고, 결국에는 이른 출세가 불행의 근원이 된다. 그런데도 우리는 소년등과를 부러워하고, 주변과 비교하여 뒤처진다는 것에 좌절하면서 힘들어한다. 누구보다 빨리 출세하고 싶어 조급해한다.

조급증은 질병의 꽃이라는 말이 있을 정도다. 특히나 자기 자신을 들볶는 사람들은 어딘지 모르게 병든 사람처럼 느껴지지 않는가? 그런 사람들 곁에만 가면 나까지 정신이 없고 조급해지는 듯하다. 우리에겐 아직 시간이 많다. 그러므로 때를 기다릴 줄 알아야 한다.

강철왕 카네기의 사무실 한 벽면에 낡은 그림이 걸려 있었다. 세계적 부호의 사무실에 걸린 그림치고는 초라해 보이는 그림이었다. 커다란 나룻배와 배를 젓는 노가 그려져 있었다. 아마도 썰물 때 밀려와 모래사장에 아무렇게나 던져진 듯 보였다. 한눈에 봐도 무척 절망스럽고 처절한 느낌이었다. 그런데 그림 밑에 이런 글귀가 적혀 있었다.

강철왕 카네기

<반드시 밀물 때가 온다>

누군가 무엇 때문에 이 그림을 평생 걸어놓고 좋아하느냐고 카네기에게 물었다.

“청년 시절 내가 물건을 팔 때 어느 노인 댁에서 이 그림을 보고는 인생의 좌우명이 바뀌었네. 그 당시 너무 힘들어서 인생을 포기하고 싶었는데, 이 그림 덕택에 반드시 때가 온다는 믿음을 갖게 되었지. 나는 28세가 되던 해에 다시 노인 댁을 찾아가 그림을 내게 달라고 부탁드렸네. 노인이 돌아가신 후 그림이 내게로 왔는데, 이후 평생을 소중히 보관하면서 반드시 밀물 때가 온다는 말을 생활신조로 삼았지.”

세일즈맨이던 카네기를 세계적인 강철왕으로 성공시킨 데에는 반드시 때가 온다는 긍정의 철학이 작용했을 것이다.

그러나 그때라는 것이 아주 늦게 올 수도 있다. 엄마와 아내로 평범한 일생을 살다가 70세가 넘어서야 화가의 삶을 살게 된, 미국의 여류화가 모제스(1860~1961)의 이야기다. 그녀는 열두 살에 남의 집 고용살이를 시작했고, 스물일곱 살에 농부와 결혼하여 10남매를 길러낸 평범한 가정주부였다. 남편이 세상을 떠난 후에야 비로소 자신의 꿈을 이루기 위해 그림을 시작했다. 그때 그녀의 나이 일흔다섯이었다.

그녀는 젊은이 못지않은 치열한 열정으로 그림을 그려 5년 후인 여든 살에 뉴욕에서 첫 개인전을 열었다. 참으로 감격스러운 날이었다. 화랑의 주인이 모제스 할머니의 그림을 몽땅 구입할 정도로 이미 유명 화가가 되어 있었다. 자신의 그림이 돈이 되리라고는 꿈에도 생각지 못한 그녀였다. 그녀는 명예욕과 물욕에 빠지지 않기 위해 더욱 열심히 그림만 그렸고, 백한 살에 타계할 때까지 무려 1,600여 점의 작품을 남겼다고 한다.

기회가 너무 늦게 온다고 걱정할 필요도, 밀물 때가 과연 올 것인지 걱정할 필요도 없다. 걱정하기보다는 반드시 당신의 때가 올 것이라 믿으면서 준비하고 있기 바란다.

될까 말까 걱정하며 우물쭈물하는 자보다 될 것이라고 믿고 노력하는 자에게 더 많은 기회가 오지 않겠는가?

소년등과小年登科, 너무 이른 시기에 기회를 얻는 것은 오히려 독이 될 수 있다. 아직 꽃을 피우지 못한 당신이여, 반드시 밀물 때가 온다는 것을 잊지 말라.

하루 5분 긍정훈련

"와인에 들어있는 폴리페놀이란 성분은 심장질환의 발병률을 낮추고 발암물질의 활성화를 억제하는 효과가 있습니다. 알코올 섭취량과 암 발병률이 높은 우리나라의 현재 상황에 건전한 대안이 될 것입니다."

"성공은 교육에서 비롯된다는 것을 알게 된 이후 많은 이들에게 교육의 중요성을 강조하고 있습니다."

– **이동현** 대표

이동현 대표 프로필

–씨에스에프(주) 대표이사
–BWS강남와인스쿨 대표이사
–2010년 제15회 신지식인대상

07

아직 남아 있는 것

앨런 에드먼즈사의 구두는 미국 대통령이 신는 구두로 유명하다. 하지만 처음부터 잘나갔던 것은 아니다. 1970년대 후반, 유명 운동화 제품이 세계시장을 휩쓸면서 전통적인 구두 업체들이 모두 위기를 겪었다. 앨런 가족이 운영하던 앨런 에드먼즈사 역시 운동화의 인기에 밀려 문을 닫을 수밖에 없는 위기에 처했고, 존 스톨렌워크가 앨런 가족으로부터 앨런 에드먼즈사를 인수했다. 1978년 회사를 인수한 존은 3가지 회사 경영방침을 세웠다.

첫째, 고객이 원하는 것을 파악한다.
둘째, 그냥 고급 구두가 아니라 세계에서 최고의 구두를 만든다.
셋째, 정직을 생명으로 한다.

정직을 우선으로 세계 최고의 신발을 만들고자 한 존 스톨렌워크는 경영이념을 철저하게 지켜나갔다. 그러한 노력 덕분인지 매년 이윤이 늘어났고 인기가 높아졌다. 그러나 1984년 회사에 큰 어려움이 닥쳤다. 화재로 공장이 몽땅 불타버린 것이다. 존은 전 직원을 소집했다. 분위기는 침울했고, 직원들조차 이제 모두 끝났다고 생각하고 있었다. 실의에 빠진 직원들에게 존이 말했다.

"모두 손을 들어보십시오!"

직원들 중 몇 사람이 마지못해 손을 들었다.

"자, 모두 손을 들어보세요. 어서!"

모든 직원이 손을 들 때까지 기다렸다가 존이 힘주어 말했다.

"우리는 쌓아두었던 가죽도, 이미 만들어놓은 구두도, 심지어는 공장 건물까지 잃었습니다. 하지만 앨런 에드먼즈사의 구두를 만드는 손만은 잃지 않았습니다. 무엇이 문제인가요? 아직도 남아 있는 게 있는데!"

존은 탁월한 리더십으로 기반이 무너진 회사를 다시 일으켰고, 앨런 에드먼즈사의 구두는 빌 클린턴과 조지 부시 대통령과 수상들이 즐겨 신는 세계 최고의 구두가 되었다.

공장에 불이 났을 때 모든 걸 잃었다고 생각하고 그 자리에 주저앉았다면, 지금의 앨런 에드먼즈사는 존재하지 않았을 것이다. 언뜻 보기에는 없는 것 같아도 가만히 살펴보면 모든 것이 나에게 있는 것이다. 성공도 행복도 마찬가지로 모두 내가 가지고 있는 것이다. 다만 그것을 깨닫지 못하는 사람만이 절망에 좌절하고, 다 잃었다 생각하고 포기해버릴 뿐이다. 이와 관련된 재밌는 우화가 하나 있다.

레오 버스카글리아의 책 『살며 사랑하며 배우며』 중 뮬라라는 정신 나간 남자가 겪은 모험이야기다. 하루는 뮬라가 길거리에 엎드려 뭔가를 열심히 찾고 있었다. 친구가 다가와 물었다.

“뭘 찾고 있는 거야?”

“열쇠를 잃어버렸어.”

“저런, 나도 함께 찾아볼까? 그런데 어디쯤에서 잃어버렸지?”

“우리 집에서.”

“뭐라고? 그런데 왜 여기서 찾고 있는 거야?”

“여기가 더 환하거든.”

뮬라가 다소 정신 나가 보이지만 어쩌면 이것이 바로 우리가 사는 모습일지도 모른다. 해답은 자기 자신 안에 있는데도 깨닫지 못하고 밝은 곳으로 나가야만 찾을 수 있다고 생각하는 것이다. 오직 나만이 해답의 열쇠를 쥐고 있다. 이 세상에 내 문제의 해답을 알고 있는 사람은 자신 외에는 아무도 없기 때문이다. 존 스톨렌워크가 타버린 구두가 아닌 구두를 만드는 손을 보고 해답의 열쇠를 손에 쥐었듯이.

08

고난은 성장의 기회

광야로 보낸 자식 콩나무가 되었고

온실로 보낸 자식 콩나물이 되었네

정채봉 시인의 「콩씨네 자녀교육」이란 아주 짧은 시다. 비록 몇 줄에 불과하지만 강렬한 메시지가 전해진다. 똑같은 콩이건만 어디에서 자라느냐에 따라 전혀 다른 모습으로 성장한다는 의미가 담겨 있다. 이 짧은 시는 환경을 돌아보게 만든다.

흔히 온실 속에서 자란 화초 같다는 표현을 쓴다. 온실이 어떤 곳인가? 적정온도와 수분 등으로 식물이 잘 자랄 수 있는 환경을 인위적으로 조성해놓은 곳이며, 언제나 평온함이 감도는 곳이다. 온실은 강하게 내리쬐는 햇빛도 차단시키고, 돌풍같이 불어닥치는 바람도 막아준다. 식물의 입장에서는 더할 수 없이 편하고 안전하게 자랄 수 있는 환경이 조성된 곳이다.

반면, 들에 핀 야생화는 어떠한가? 그들의 삶은 곤고하다. 뜨거운 햇빛도 온몸으로 감당해내야 하고, 온갖 비바람도 홀로 감내해내야 한다. 게다가 누구 하나 귀하게 여겨주지도 않는다. 스스로 알아서 자라야 하므로 식물의 입장에서는 아주 피곤한 인생이다.

하지만 이들이 서로 다른 조건에 놓이게 되면 운명이 달라진다. 좋은 환경에서 보호받고 자란 온실 속 화초를 야전으로 옮기면 하루도 지나지 않아 죽어버린다. 반대로 야전에서 자란 야생화는 온실 속으로 옮겨져도 적응을 잘하며 버텨낸다.

결국 광야로 보내진 콩의 자식은 콩나무가 되어 하늘 높이 훨훨 오를 수 있지만, 온실로 보내진 콩의 자식은 고작 콩나물밖에 되지 못하는 것이다.

어린 시절의 나는 한여름 내내 벌레에 꽂혀 산으로 들로 돌아다니며 벌레를 잡곤 했다. 그때만 해도 참 나비가 많았었는데 어린 나이에도 애벌레에서 번데기로, 번데기에서 다시 나비로 변해가는 자연의 이치가 무척 신기하게 느껴졌다. 그 무렵 내 눈에 들어온 것이 있었다.

오랜 인고의 시간을 버텨낸 번데기였다. 가만 보니 배추나비의 번데기 같았다. 가뜩이나 호기심이 충만했던 때라 매일같이 산으로 올라가서 번데기의 변화를 살펴보았다.

그러던 어느 날 번데기가 허물을 벗고 마침내 나비로 태어나려는 순간을 포착하게 되었다. 그 광경을 지켜보노라니 숨이 막힐 듯했다. 나는 "그래, 조금만 더! 조금만 더!"를 외쳤다. 허물을 벗고 나온 나비는 속살이 눈부시게 희었다. 번데기가 허물을 벗으면 나비가 되어 곧바로 날아갈 줄 알았다. 그런데 그렇지가 않았다. 날개가 접혀 나온 나비가 끊임없이 움직이며 날개를 조금씩 폈다. 그 시간이 어찌나 길고 답답하던지 숨이 넘어갈 것 같았다.

"에잇, 성질 급한 사람은 숨넘어가겠다. 야, 내가 도와줄게."

나는 나비를 손바닥에 얹은 다음 친절하게 차곡차곡 날개를 펴주었다. 혹시라도 아플까봐 호호 불어주기까지 하면서.

그 후 나비는 날개를 펴고 창공을 훨훨 날아갔을까? 아니었다. 나의 정성에도 아랑곳하지 않고, 제대로 한번 날아보지도 못한 채 죽어버렸다. 충격이었다. 살아 있는 생명에게 도움을 주려 했던 것인데 그 결과가 죽음으로 돌아왔으니 상처를 받을 수밖에.

선생님께 내 속상한 마음을 털어놓고 나서야 내가 얼마나 큰 잘못을 했는지 깨달았다.

"선복아, 나비가 날기까지 얼마나 많은 노력을 하는지 몰라. 허물을 벗고 나비가 될 때는 끊임없이 움직이며 스스로 날개를 펴야 하는데, 그 고난의 과정을 거쳐 몸에서 기름이 나오면서 날개를 펴게 되고 비로소 날게 되는 거야. 그런데 넌 나비에게 스스로 어려움을 극복할 수 있는 기회를 주지 않은 거야."

선생님의 말씀을 듣고 나는 어려움을 극복하는 시간도 생명에게 주어진 권리라는 것을 어렴풋이 알게 되었다.

언젠가부터 편한 것만을 추구하는 세상이다. 버튼 하나로 원하는 것이 집까지 배달되고, 전화 한 통으로 서울에서 아프리카까지 큰돈이 송금된다. 그러나 이런 때일수록 어려운 환경에서 도전할 수 있는 시간을 경험해 보는 것이 좋다. 어려움을 알아야 편한 것의 소중함을 알 수 있고, 고난의 시간을 통해 습득한 야전 경험으로 더 단단한 사람이 될 수 있기 때문이다.

그러므로 현재 자신이 광야에 버려져 있다고 생각한다면 오히려 기뻐할 줄 알아야 한다. 광야에서 치열하게 생존법칙을 터득하고 더 큰 콩나무로 성장해야 한다. 광야에는 온실과는 달리 바람막이도 없고 차단막도 없지만, 그 대신 온실 속의 작은 땅덩어리에 비해 활동 반경은 무한하며 훨씬 자유로울 수 있다. 우리가 피하지 않고 기꺼이 광야를 선택할 때, 무한한 가능성과 자유가 덤으로 따라올 것이다.

"나비가 날기까지
얼마나 많은 노력을 하는지 몰라.
허물을 벗고 나비가 될 때는 끊임없이
움직이며 스스로 날개를 펴야 하는데,
그 고난의 과정을 거쳐 몸에서
기름이 나오면서 날개를 펴게 되고

비로소 날게 되는 거야."

09

회복 탄력성

역경에 감사할 때가 분명히 온다.
지난 역경이든 지금의 역경이든 그것이 삶의 탄력이 될 터이니.

회복탄력성이란 시련을 딛고 다시 튀어 오르는 힘을 말한다.

이 지수가 높은 사람은 쉽게 원래 자신의 자리로 돌아올 뿐 아니라 예전보다 더 발전한다. 반면 이 지수가 낮은 사람은 시련이 다가왔을 때 그냥 주저앉아 버린다. 학자들에 따르면 선천적으로 회복탄력성을 지닌 사람은 인구의 3분의 1 정도라고 한다. 그러나 회복탄력성이 낮은 사람도 훈련을 통해 지수를 높일 수 있다고 한다.

역사를 화려하게 장식한 위인들의 삶을 살펴보면, 대부분이 위기와 시련으로 위태로운 순간을 맞이한 경험이 있다. 그들 중 누구 한 사람도 평탄한 길을 걸어 정상에 오르지 않았다. 주변 사람들의 모함을 받기도 하고, 신변의 위협으로 죽을 고비를 넘기기도 하고, 병에 걸려 생과 사를 넘나들기도 했다. 그렇게 온갖 고난을 겪으면서도 끝까지 포기하지 않고 돌파구를 찾아내어 예전보다 더 좋은 결과를 이끌어낸 것이다.

한마디로 그들의 회복탄력성은 꽤 높은 편이다. 그들은 좌절의 순간에도 주저앉지 않고 끊임없이 자신의 생각을 훈련시켰다. 잘될 것이다! 우리는 승리할 수 있다! 이러한 긍정적인 마인드로 뇌를 습관화시킨 결과, 절망을 이겨내고 위대한 영웅이 된 것이다.

어느 연구에 따르면 사람을 행복하게 하는 일보다 불행하게 하는 일이 횟수도 많고 강도도 센 것처럼 느껴지기 때문에 쉽게 좌절하는 것이라고 한다. 하나님께서 이를 공평하게 이겨낼 잠재적 능력을 우리에게 주셨으니, 그것이 바로 회복탄력성이다. 사람에 따라 강도의 차이는 있을 수 있겠지만, 긍정의 힘이 있다면 얼마든지 그 지수를 높일 수 있다.

『회복탄력성』의 저자 김주환 교수는 회복탄력성을 높이려면 뇌의 긍정성을 높이는 훈련이 필요하다고 말한다. 그것을 달리 말하면 긍정성의 습관화 작업이라 할 수 있다. 입으로 긍정을 말하면서 뇌에 습관적으로 긍정을 심어주는 것이다.

외부적으로 오는 행복이나 불행은 일시적인 것에 불과하다. 갑자기 복권에 당첨되어 행복감을 느끼거나 반대로 입시에서 떨어져 불행감을 느끼거나 그 당시 행복지수에는 차이가 나지만 어느 정도 시간이 지나면 원래대로 돌아온다. 여러 연구를 통해 증명된 것처럼 외부적인 사건에서 오는 행복과 불행은 일시적이다.

하지만 진정한 행복을 얻으려면 기본적 수준 자체를 끌어올려야 한다. 긍정적인 정서훈련을 통해 뇌를 긍정적으로 변화시키면 행복의 기본 수준도 같이 올라가고 회복탄력성도 높아진다.

지금 당신이 절망에 빠져 있다면 뇌의 긍정성을 향상시키는 훈련을 해보자.

'난 잘할 수 있다.' '나는 반드시 더 나아질 수 있다.' 이렇게 긍정적 정서를 심어줌으로써 절망을 뛰어넘게 해주는 것이다. 긍정학의 대가 마틴 샐리그먼 박사가 제시한 '자신의 고유한 강점 실천하기'도 긍정훈련 중 하나다.

절망적인 순간에는 모든 것에 무기력해지고 생각도 무뎌진다. 그런 때일수록 우리의 뇌는 습관화된 생각에 의해 움직인다. 이때를 대비해 미리미리 긍정훈련을 습관화해두면 적절한 효과를 볼 수 있다. 누구에게나 절망을 긍정으로 돌이키는 회복탄력성이 내재돼 있기 때문이다.

세계 챔피언 무하마드 알리가 인종차별 발언으로 벨트를 빼앗긴 지 3년 만에 링 위에 오르게 되었다. 힘겹게 오른 링 위에서 그는 7회까지 프레이저에게 밀리고 있었다. 그러나 마지막 8회에서 프레이저를 KO시켜 다시 세계 챔피언이 되었다.

알리가 절망 속에서도 나비처럼 날아 벌처럼 쏘겠다는 긍정적인 생각을 습관화시켜 회복된 것처럼, 우리에게도 절망을 누르고 더 높이 솟아오를 수 있는 회복탄력성이 있음을 잊지 말자. 한 번 더 긍정적으로 소리쳐보자. 나는 잘할 수 있다! 나는 이겨낼 수 있다! 나는 더 높이 날아오를 수 있다!

역경은 또 다른 의미의 삶의 탄력이 될 수 있다. 역경을 통해 당신의 뇌는 긍정적 생각을 습관화할 것이고, 그로 인해 회복탄력성 지수는 무한히 높아질 것이다.

다음은 7가지 회복탄력성의 요인을 밝혀낸 미국 펜실베니아 대학의 카렌 레이비치와 앤드류 샤테 등이 개발한 회복탄력성 지수 테스트RQ, Resilience Quotient다. 함께 풀어보자.

다음은 당신의 회복탄력지수를 가늠하는 질문이다. 다음 질문에 대답하시오.

전혀 아니다 1점/ 대체로 아니다 2점/ 보통이다 3점/ 대체로 그렇다 4점/ 매우 그렇다 5점

01 어려운 일이 생겼을 때 나는 내 감정을 통제할 수 있다.

02 당장 해야 할 일을 방해하는 일이 생겨도 무시하고 일을 잘해낼 수 있다.

03 비록 그렇지 않다 하더라도, 일단 내가 문제를 해결할 수 있다고 믿는 편이 더 낫다.

04 문제가 생기면 여러 가지 해결 방안들에 대해 생각한 뒤 해결하려고 노력한다.

05 사람들의 얼굴 표정을 보면 어떤 감정인지 알 수 있다.

06 첫 번째 해결책이 효과가 없으면 효과가 있는 것을 찾아낼 때까지 계속 여러 해결책을 생각해본다.

07 나는 호기심이 많다.

08 내가 무슨 생각을 하는지, 또 내 생각이 내 기분에 어떤 영향을 미치는지 잘 알아챈다.

09 문제가 생길 때 처음 떠오르는 생각들이 무엇인지 나는 안다.

10 누군가 어떤 문제에 대해 과잉반응을 보이면 나는 그 사람이 그날 우연히 기분이 나빠서 그런 것이라고 생각하는 편이다.

11 문제가 생기면 그 이유가 무엇인지 신중하게 생각한 뒤 문제를 해결하려고 노력한다.

12 슬퍼하거나 화를 내거나 당황하는 사람을 보면 그들이 어떤 생각을 하는지 알 수 있다.

13 나는 내가 대부분의 일을 잘 해낼 것이라고 생각한다.

14 나는 새로운 것들을 좋아하는 편이다.

※ 채점방법

답변의 수치를 합한 것이 자신의 회복탄력성 지수다.
회복탄력성 지수 만점은 70점이며, 회복탄력성 지수의 평균수준은 46점.
52점 이상이면 상위 20%, 55점 이상이면 상위 10%로 대단히 높은 회복탄력성을 지닌 것.
41점 이하는 하위 30% 수준으로 회복탄력성을 높이기 위해 꾸준히 노력할 필요가 있다.

나의 회복탄력성 지수는 얼마인가요?

번호	01	02	03	04	05	06	07	08
점수								
번호	09	10	11	12	13	14	합계	
점수								

10

나에게 주는 하프타임, 결실을 맺는 해거리

옛말에 "넘어진 김에 쉬어가라."는 말이 있다. 나는 이 말이 무척 정겹고 여유롭게 느껴진다. 그런데 실제로 우리가 넘어지면 어떻게 하면 빨리 일어설 수 있을지, 그것에만 집중하는 경향이 있다. 아이를 키우는 엄마는 아장아장 걷는 아이를 보면서 흐뭇해하지만, 아이가 뒤뚱거리다 넘어지기라도 하면 "자, 어서 일어나. 씩씩하게 다시 걸어봐."라고 독려한다. 시험을 망치거나 대학입시에 낙방했을 때도 "그래, 넘어졌으니 괴롭지? 어서 일어나. 다시 시작해."라며 재촉한다.

왜 우리는 넘어진 김에 쉬어가지 못하는 것일까? 인생이 끊임없는 도전의 연속이라 그럴까? 아니면 경쟁사회의 폐단일까? 왠지 뒤처질 것 같은 생각 때문에 넘어짐과 동시에 일어섬을 배우는 건지도 모르겠다.

과일나무들은 해거리라는 것을 한다. 해거리란 1년 동안 아무것도 하지 않고 나무가 열매 맺는 활동을 쉬는 것을 말한다. 병충해를 입은 것도 아니고 토양이 나빠진 것도 아닌데 열매 맺는 일을 쉬다니, 왜일까? 오직 살아남기 위해서라고 한다. 해거리 기간 동안 나무는 모든 신진대사 활동 속도를 늦추면서 재충전하는 데에만 신경을 쓴다. 자기 스스로에게 쉼을 주는 것이다.

덕분에 해거리 이후의 나무는 전보다 더 풍요로운 열매를 맺고 윤택한 성장을 한다.

어디 나무뿐이겠는가. 7년마다 토지를 쉬게 하는 안식년 제도에 따라 성직자들도 자기 스스로에게 재충전할 수 있는 기회인 안식년을 갖는다.

그런데 손을 놓고 쉬는 일이 절대 쉬운 일만은 아니다. 특히 절망적인 상황, 즉 넘어진 상태에서 손을 놓는다는 것은 더더욱 어렵다. 그러나 그런 때일수록 오히려 휴식이 필요하다. 다른 모든 것을 포기하고서라도 얻어야 할 삶의 자양분이 바로 휴식이기 때문이다.

2002년 한일 월드컵의 뜨거운 열기를 기억할 것이다. 아직도 "대~한민국!"이란 말만 나오면 다섯 번의 박수를 치며 호응을 하게 만드는 힘, 2002년 월드컵이 미친 영향이다. 당시 월드컵 4강이라는 역대 최고성적만 갖고 열광했던 것은 아니다. 국민들의 열화와 같은 응원을 등에 업고 열심히 뛰어준 우리 선수들의 땀과 열정 때문에 축구 사랑이 더욱 깊어진 것이다.

2002년 월드컵의 영웅으로 히딩크 감독을 꼽을 수 있다. 그의 뛰어난 용병술과 리더십은 과연 최고라는 평가를 이끌어내기에 부족함이 없었다. 사실 그전까지는 외국인 감독들이 대표 팀을 이끌었어도 이렇다 할 성적을 내지 못했다. 그런데 히딩크가 부임하고 난 후 선수들의 분위기가 달라졌다. 경기를 치를 때마다 선수들이 그동안 숨겨왔던 기량을 발휘하기 시작했다. 도대체 무슨 이유에서였을까?

히딩크 감독의 리더십은 라커룸에서부터 발휘되었다. 축구에는 전반전과 후반전 사이에 하프타임이 존재한다. 45분간 쉼 없이 뛴 선수들에게 휴식시간을 주는 것이다. 히딩크 감독은 하프타임이 되면 선수들이 있는 라커룸으로 들어와 "잘하고 있어. 지금처럼만 하면 돼." 하면서 칭찬과 격려를 아끼지 않았다고 한다.

전반전에 죽을 쑨 선수들이 축 처진 어깨로 라커룸에 들어오면, 이전의 감독들은 부족한 부분을 지적하며 전략 전하기에 급급했다. 그러나 히딩크는 달랐다. 충분히 휴식을 취하게 하는 동시에 칭찬과 격려를 이어갔다. 팀을 이끄는 히딩크 수장의 전략은 휴식과 격려였다.

2002년 월드컵 때는 유난히 우리 선수들이 후반전에 실력을 발휘해 역전의 영광을 누리곤 했는데, 이 역시 하프타임을 잘 보낸 선수들이 파이팅을 했기 때문이라고 한다.

하프타임이 스포츠에만 필요한 것은 아니다. 인생 굽이굽이에서 어려운 상황이 다가올 때에도 잠깐의 휴식인 하프타임이 꼭 필요하다. 인생을 마라톤이라고 하는 것처럼 우리네 인생은 짧지 않다. 하루 종일 움직이는 시계 초침도 아니고, 엄연히 사람에겐 감정과 감성이 존재한다. 나무에게도 해거리가 있는 것처럼 우리에게도 쉬어가는 여유가 있어야 한다. 넘어진 김에 쉬면서 꽃도 보고 나무도 보고 콧노래도 흥얼거리는 여유를 스스로에게 만들어주면 좋겠다.

해거리를 잘 보낸 나무가 더 풍요로운 열매를 맺는 것처럼, 하프타임을 잘 보낸 선수들이 더욱 파이팅하여 국민에게 감동을 선물하는 것처럼, 절망의 순간에 자신에게 주는 휴식은 생각지도 못한 놀라운 결과를 가져올 수 있다.

넘어졌을 때 자신을 쉬게 하자. 조금 늦어도 괜찮다. 넘어진 김에 자신을 추스르고 다시 일어나 더 멀리 뛰면 된다.

꿈꾸는 학교, 안전한 미래

정훈

학교안전공제중앙회
이사장

학교의 아침, 햇살이 비추고
학생들의 웃음소리 가득한 교실
나는 꿈꾼다, 안전한 학교를
모든 아이들이 마음껏 꿈꾸는 곳을

작은 손길, 큰 마음
학생들의 눈빛 속에 담긴 희망
나는 그 희망을 지키는 사람
안전의 씨앗을 심는 사람

학교의 구석구석, 안전을 심고
아이들의 미래를 지키는 일
그것이 나의 사명, 나의 꿈
희망의 씨앗이 자라나길 바라며

넘어짐도, 다침도 없는 세상
안전이란 이름 아래
모두가 행복한 그날을 위해
오늘도 나는 학교안전공제중앙회 임직원들과 함께 노력한다

••••••• PART 6

마무리
– 흔들리지 마라

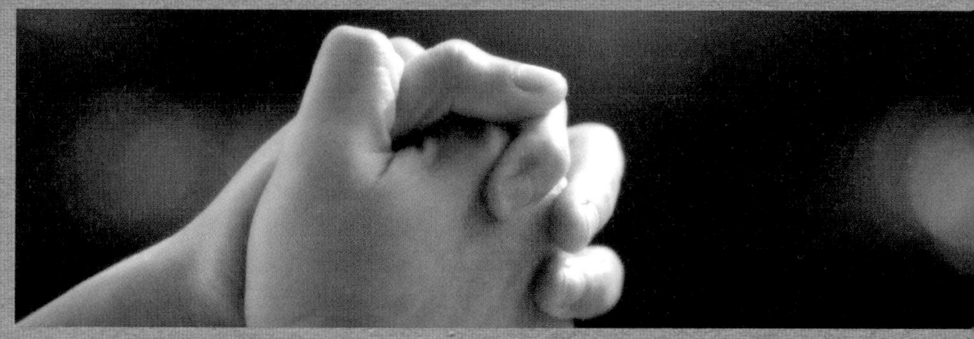

01

금융계의 관우,

유상호 한국투자증권 수석 부회장

true friend
한국투자증권

한국의 금융 산업에서 유상호 한국투자증권 수석 부회장은 그 이름만으로도 깊은 인상을 남긴 인물이다. 그는 단일 증권사 최연소/최장수 CEO로서 한국투자증권의 성장과 발전에 일익을 담당하며, 우리나라 금융업계의 변혁을 주도해 왔다. 현재는 수석 부회장으로서 영업과 해외사업 등 한국투자증권 내 업무 전반을 지원하는 역할을 훌륭히 수행하고 있다.

경북 안동 출신인 유상호 부회장은 연세대학교 경영학과를 졸업하고, 미국 오하이오 주립대학교 대학원에서 경영학 석사학위를 취득하였다. 그는 서애 유성룡 선생의 15대손이기도 하다. 이러한 탄탄한 학문적 배경은 그가 금융업계에서 성공할 수 있는 기틀을 마련해 주었다.

한일은행에서 첫 직장 생활을 시작한 그는 대우증권, 메리츠증권,

동원증권을 거쳐 동원증권과 한국투자증권이 합병한 뒤, 2007년 47세의 나이로 최연소 한국투자증권의 CEO로 임명되었다.

유상호 부회장이 CEO로 재임하는 12년 동안, 한국투자증권은 괄목할 만한 성장을 이루었다. 순이익에서 회사를 증권업계 선두권으로 이끌었으며, 그는 회사를 단순한 증권사에서 종합 금융 투자회사로 탈바꿈시키는 데 큰 역할을 했다.

특히 취임 1년 만인 2008년 글로벌 금융위기를 맞았지만, 그는 오히려 공격적인 경영에 나섰다. 다양한 인재를 영입하고 차세대 IT시스템에 대규모 자금을 투자하는 등 차별화된 전략으로 이목을 끌었다.

금융의 도약기에 적은 비용으로 큰 효과를 낼 수 있는 절호의 기회라던 그의 판단대로 한국투자증권은 2011년 이후 3년 연속 업계 1위 실적을 달성했다. IPO 시장에서는 물론 자산관리 부문도 자회사인 한국투자밸류자산운용과 한국투자신탁운용을 통한 시너지를 통해 수익성을 확대하는 데 기여했다. 그 결과 한국투자증권을 자기자본 4조 원 이상의 초대형 투자금융회사로 자리매김할 수 있게 만든 주역이 바로 유상호 부회장이다.

유 부회장은 고객 중심의 서비스를 강화하고, 혁신적인 금융 상품을 개발하는 데 주력하였다. 또한, 국내외 시장에서의 경쟁력을 높이기 위해 지속적인 글로벌 확장을 추진하였다.

유상호 한국투자증권 부회장(오른쪽에서 두 번째)이 2019년 7월9일 인도네시아 자카르타에서 열린 KIS인도네시아 공식 법인 출범식에서 관계자들과 함께 기념사진을 찍고 있다. (출처 – 한국투자증권)

유 부회장은 디지털 혁신에도 많은 투자를 하였다. 그는 금융 기술의 중요성을 일찍이 깨닫고, 디지털 플랫폼과 온라인 서비스를 강화함으로써 고객 편의를 높이고 업무 효율성을 극대화하였다. 이러한 노력은 회사의 수익성 향상과 더불어 고객 만족도 제고로 이어졌다. 그의 혁신적인 접근은 “변화 없이는 성장도 없다”라는 그의 철학을 잘 보여준다.

디지털 혁신을 통해 고객의 편의를 극대화하려는 그의 노력은 실제로 한국투자증권의 서비스를 이용하며 체감했던 부분이다. 간편한 온라인 거래와 빠른 고객 지원은 유 부회장의 비전이 현실화된 결과물이었다. 그가 추진한 변화들이 실제 고객의 삶에 긍정적인 영향을 미치고 있음을 직접 경험할 수 있었다.

유상호 부회장의 리더십은 사람 중심의 경영 철학에 뿌리를 두고 있다. 그는 직원들의 역량 개발과 복지를 중시하며, 이를 통해 조직의 전체적인 성과를 극대화하고자 하였다.

유 부회장은 직원들이 자신의 잠재력을 최대한 발휘할 수 있도록 지속적인 교육과 훈련 기회를 제공하고, 자유롭고 창의적인 업무 환경을 조성하였다. 이러한 리더십 스타일은 직원들의 높은 충성도와 업무 만족도로 이어졌고, 결과적으로 회사의 성과로 이어졌다.

그의 리더십은 '以人爲本(이인위본)', 즉 사람을 근본으로 여긴다는 사자성어와도 잘 맞아떨어진다. 그는 직원들을 단순한 노동력이 아닌 회사의 소중한 자산으로 여기며, 그들이 성장할 수 있는 환경을 조성하였다.

유상호 부회장은 또한 윤리 경영과 사회적 책임을 강조하였다. 유상호 부회장은 기업이 사회에 기여해야 한다는 신념을 가지고, 다양한 사회 공헌 활동을 적극적으로 추진하였다.

특히 자신의 모교인 연세대학교에 2023년 '유상호 인재 장학금'이라는 이름으로 장학금 1억 원을 기부하여 인공지능경영융합전공 학생들이 2-3차 학기에 장학금을 받을 수 있도록 했다.

국제금융업무 전문성을 갖춘 인사로 평가되는 유상호 부회장은 덕망과 지략을 갖추고 있다고 하여 '금융계의 관우'라고도 불린다.

유상호 부회장(왼쪽)이 자신의 모교 연세대학교에 '유상호 인재 장학금' 1억 원을 전달했다.

실제로 그는 삼국지를 인생의 책으로 꼽으며 관우를 매우 좋아하는 것으로 알려져 있다. 다른 CEO들과 달리 명함에 휴대전화 번호를 적어 놓는 등 소통에 적극적이다. 직원들로부터 받은 카톡이나 이메일에 일일이 답변하며 메일 답변은 24시간을 넘기지 않는다는 원칙도 세워놓고 있다.

유상호 부회장은 성공 투자로 가는 지름길은 대박이 나는 걸 추구하기보단 잃지 않는 투자, 과욕을 부리지 않고 자신의 욕망을 컨트롤할 수 있는 것이라고 믿는다. 그의 이러한 신념은 많은 금융인들에게 귀감이 되고 있다.

이렇듯 유상호 부회장은 단순히 뛰어난 금융인일 뿐만 아니라, 진정한 리더로서의 면모를 갖추고 있다. 관우를 닮고자 하는 그의 철학과 소통을 중시하는 자세는 현대의 경영자들에게 시사하는 바가 크다.

그의 행보를 지켜보며, 금융인으로서 가져야 할 덕목과 태도를 다시 한번 생각해 보게 된다. 자신의 분야에서 전문성을 갖추고, 소통과 신뢰를 바탕으로 조직을 이끌어 나가는 모습은 많은 이들에게 영감을 준다.

"기업은 이윤을 지속해서 창출하며
사회적 책임도 다해야 한다는 것이
말처럼 쉬운 일은 아니다.
그러나 그것이 세계적 추세이고
시대적 요구이며 국민의 바람이다.
공존과 상생이라는 가치 앞에
기업이 더욱 분발할 수밖에 없는 까닭이다."

- 유상호 -

행복을 이끄는 법칙

㈜진인프라 대표이사
김성용

하루5분 긍정훈련 행복에너지 책
6개 파트의 각기 다른 10편의 주옥같은 글
하루 한 편 5분씩 두 달간 읽어보자.

개정증보판에 새로 게재된 긍정의 힘 부록 좋은글
행복에너지 책을,
쉴 틈도 없이 단숨에 만나는 열정을.

가장 눈에 띄는 핵심어는 '긍정'
긍정의 힘은 우리 모두에게
기운찬 행복에너지 선한영향력과 함께 '행복에너지'를 충전해보자

동전의 행복한 면을 생각해 보자.
거창한 노력 없이도, 간단한 자성예언만으로도,
이끌림의 법칙처럼, 내가 간절히 바라는 것은 진실이 된다.
내가 내 마음의 주인이 되어 긍정의 주문을 걸어보자.
우리는 그저 내 삶이 무엇으로 채워지길 바라는지 결정하기만 하면 된다.

우리는 새삼 일상 속 행복이 얼마나 소중한지를 깨닫게 된다.
행복은 가까운 곳에 있다는 교훈처럼,
'하루 5분, 나를 바꾸는 긍정훈련'을 통하여
소중한 행복을,긍정의 힘으로 흐르는 감동을 이끌어내어
긍정의 힘을 행복에너지와 함께 충전하는 기쁨을 만끽하자

02 될 때까지 하라

세계에서 가장 평판 좋은 나라 1위에 선정된 캐나다의 유명 유전개발업자 존 마스터스. 그는 44년간 유전개발에 몸을 담그며 검은 식량을 세상에 제공하게 된 비결에 대해 이렇게 말했다.

"나는 끊임없이 우물을 파는 사람이 성공하고 승리한다는 확실한 교훈을 얻었다. 어리석은 말처럼 들릴지도 모른다. 그러나 사실이다. 석유나 가스를 찾으려면 유전을 파야 한다. 다 아는 이 사실을 정확하게 이해하는 사람은 드물다. 아무리 훌륭한 유전지도가 있다고 해도, 아무리 유전지역을 연구한다 해도, 석유를 얻으려면 일단 시추를 해야 한다. 맨 바닥을 끊임없이 파헤쳐야 하는 것이다, 석유가 나올 때까지."

일이 잘 안 된다는 이유로 긍정과 담을 쌓고 지내는 경우를 종종 본다. 물론 일이 잘 안 되면 중도에 포기하거나 다른 일로 바꾸는 것이 나름대로 신속한 대처가 될 수도 있다. 확실하게 불가능한 일이라는 판단이 내려지면 다른 길을 찾는 것도 그리 나쁜 선택은 아니다. 그러나 중도 포기하는 것을 여러 번 반복하는 것만은 경계해야 한다.

당신이 긍정적인 삶을 추구한다면 성과가 미흡하고 과정이 다소 힘들더라도, 좋은 영향력을 발휘할 수 있도록 인내하는 것이 더 좋다. 무조건적인 인내가 아니라 선 조치로써 인내를 앞세우라는 것이다. 중도 포기나 다른 일로의 전향은 성공의 경험이 없는 탓에, 긍정적인 쪽으로 변화하는 데 더 많은 시간이 든다. 그래서 긍정적 에너지가 필요한 것이다. 도전하고 노력하는 과정에서 스스로 발현하는 긍정 에너지가 가치 있는 성과를 만들어내기 때문이다.

이때 꼭 필요한 긍정의 법칙이 있다. 일이 안 되면 잘될 때까지 하면 되고, 성공의 경험을 맛보고 싶다면 성공할 때까지 도전하면 되는 것이다.

국민 MC로 추앙받는 유재석 씨 역시 될 때까지 하는 긍정 철학이 있었기에 성공궤도에 오를 수 있었던 것이 아닌가 싶다. 그가 고백하기를 자기 스스로 웃기는 재주가 출중하다고 생각하여 교만했었다고 한다. 개그콘테스트에서 장려상을 받았을 때도 기뻐하기보다 작은 상에 마음이 상했다는 것이다. 데뷔 후 자신의 미래가 탄탄대로일 것이란 그의 예상은 완전히 빗나갔다. 무대 위에 서면 울렁증 때문에 제 기량을 발휘하지 못했고, 버벅거리다가 내려오기 일쑤였다. 그러다 보니 자신을 불러주는 무대가 점점 사라졌고 그는 지독한 슬럼프에 빠지기 시작했다. 그러나 그는 일이 될 때까지 도전하기로 마음먹었다. 제대로 못하더라도 끊임없이 무대에 서려고 노력했고, 자신만의 개그 색깔을 만들어나가는 데 집중했다. 그러한 노력 덕분에 무명에 가까웠던 개그맨 생활을 청산할 수 있었고, 이제는 이름 석 자만 대도 누구나 아는 유명 MC로 우뚝 서게 되었다. 지금의 유재석은 인성적인 면은 물론 남을 배려하는 태도, 웃음을 읽는 능력이 출중하다는 평가를 받고 있다. 하지만 그가 자연스럽고 친근한 이미지를 굳히기까지에는 수없이 많은 상처가 있었을 것이다. 그런데도 그가 끊임없이 도전할 수 있었던 것은 다름 아닌 '하면 된다'는 믿음과 긍정의 철학 덕분이었다.

2009년에 발간된 『일본 전산 이야기』는 40여 년 동안 '하면 된다'는 긍정의 에너지로 도전하여 성공을 만들어낸 일본의 한 기업 이야기다. 1973년 허름한 창고에서 인부 네 명이 시작한 전산 산업이 오늘날의 전산 산업이 되기까지의 과정과 노력을 엿볼 수 있는데, 실로 감동적이다. 현재 일본 전산의 종사자는 13만 명이고 연간 매출은 약 8조 원으로, 초정밀 모터 등 손대는 것마다 세계 1위를 기록하고 있다.

『일본 전산 이야기』가 내 눈길을 끌었던 이유는 기업을 움직이는 사람들이 일류 명문대 출신의 엘리트가 아니라 단순히 밥 잘 먹고, 화장실 청소 잘하고, 목소리만 큰 소위 삼류로 분류되는 사람들이라는 점이었다. 일본 전산은 삼류 인재를 선발하면서도, 신속 · 정확하고 매사에 노력하도록 기업의 문화를 형성했다.

그들의 기업정신은 "즉시 하라! 반드시 하라! 될 때까지 하라!"였다고 한다. 그들은 힘들 때 바로 도망가는 사람, 자주 몸이 아파 쉬는 사람, 습관적으로 지각하는 사람, 남의 일처럼 논평하는 사람, 끝맺음이 어설픈 사람, 약속 못 지키는 사람 등은 단호히 해고했다고 한다.

일이 생각만큼 안 풀릴 때 낙심하거나 포기하는 것은 긍정의 세계와 다른 세상의 이야기다. 긍정적인 삶을 위해서는 일이 안 될 때 '왜 안 되지?'라고 고민하는 것이 아니라 '될 때까지 하면 된다.'고 생각해야 한다.

될 때까지 하겠다는 마음을 갖고 있는 사람에게는 조급함이 보이지 않는다. 조급함이 사라지면 좀 더 객관적으로 바라볼 수 있는 시선이 생기고, 목표를 향해 전략적으로 접근하는 방법을 찾게 된다. 그러므로 일이 안 될 때는 될 때까지 하면 되는 것이다.

기억하라! 베토벤도 될 때까지 한 곡을 최소한 12번 이상 고쳐 썼고, 미켈란젤로도 <최후의 만찬>이 완성될 때까지 10년 동안 그리고 또 그렸으며, 사마천 역시 총 130편 자료를 수집한 후 18년간 『사기』를 썼다는 사실을.

03

꿈을 그리는 사람 - 서울대 합격자 생활수기 당선작

열악한 환경 속에서도 꿈을 향해 열심히 달려가는 사람만큼 아름다운 사람이 또 있을까?

몇 년 전 우연히 한 서울대학교 학생의 '서울대 합격자 생활수기 당선작'을 읽은 적이 있다. 갈수록 삭막해지는 세상이지만 어려운 환경 속에서도 부모를 공경하고 형제를 사랑하는 학생의 글이 뜨거운 감동을 불러일으켰다. 지금도 힐링이 필요할 때면 몇 번씩 다시 읽을 정도다. 내가 느낀 감동을 더 많은 이들과 공유하기 위해 학생의 글을 소개한다.

실밥이 뜯어진 운동화, 지퍼가 고장 난 검은 가방 그리고 색 바랜 옷~ 내가 가진 것 중 헤지고 낡아도 창피하지 않은 것은 오직 책과 영어 사전뿐이다. 집안 형편이 너무 어려워 학원 수강료를 내지 못했던 나는 칠판을 지우고 물걸레질을 하는 등의 허드렛일을 하며 강의를 들었다. 수업이 끝나면 지우개를 들고 이 교실 저 교실 바쁘게 옮겨 다녀야 했고, 수업이 시작되면 머리에 하얗게 분필 가루를 뒤집어쓴 채 맨 앞자리에 앉아 열심히 공부했다.

엄마를 닮아 숫기가 없는 나는 오른쪽 다리를 심하게 절고 있는 소아마비이다. 하지만 난 결코 움츠리지 않았다. 오히려 내 가슴속에선 앞날에 대한 희망이 고등어 등짝처럼 싱싱하게 살아 움직였다. 짧은 오른쪽 다리 때문에 뒤뚱뒤뚱 걸어 다니며 가을에 입던 홑 잠바를 한겨울에까지 입어야 하는 가난 속에서도 나는 이를 악물고 손에서 책을 놓지 않았다.

그러던 추운 어느 겨울날, 책 살 돈이 필요했던 나는 엄마가 생선을 팔고 있는 시장에 찾아갔다. 그런데 몇 걸음 뒤에서 엄마의 모습을 바라보다가 차마 더 이상 엄마에게 다가가지 못하고 눈물을 참으며 그냥 돌아서야 했었다. 엄마는 낡은 목도리를 머리까지 칭칭 감고 질척이는 시장 바닥의 좌판에 돌아앉아 김치 하나로 차가운 도시락을 먹고 계셨던 것이다.

그날 밤 나는 졸음을 깨려고 몇 번이고 머리를 책상에 부딪혀 가며 밤새워 공부했다. 가엾은 나의 엄마를 위해서. 내가 어릴 적에 아버지가 돌아가신 뒤, 엄마는 형과 나, 두 아들을 힘겹게 키우셨다.

형은 불행히도 나와 같은 장애인이다. 중증 뇌성마비인 형은 심한 언어장애 때문에 말 한마디를 하려면 얼굴 전체가 뒤틀려 무서운 느낌마저 들 정도이다. 그러나 형은 엄마가 잘 아는 과일 도매상에서 리어커로 과일 상자를 나르며 어려운 집안 살림을 도왔다. 그런 형을 생각하며 나는 더욱 이를 악물고 공부했다.

그 뒤 시간이 흘러 그토록 바라던 서울대에 합격하던 날, 합격 통지서를 들고 제일 먼저 엄마가 계신 시장으로 달려갔다. 그날도 엄마는 좌판을 등지고 앉아 꾸역꾸역 찬밥을 드시고 있었다. 그때 나는 엄마에게 다가가 등 뒤에서 엄마의 지친 어깨를 힘껏 안아 드리며 엄마~~ 엄마~~ 나 합격했어~~ 나는 눈물 때문에 더 이상 엄마 얼굴을 바라볼 수가 없었다. 엄마도 드시던 밥을 채 삼키지 못하고 하염없이 눈물을 흘리며 사람들이 지나다니는 시장 골목에서 한참 동안 나를 꼭 안아 주셨다.

그날 엄마는 찾아오는 단골손님들에게 함지박 가득 담겨있는 생선들을 돈도 받지 않고 모두 내주셨다. 그리고 형은 자신이 끌고 다니는 리어커에 나를 태운 뒤 입고 있던 잠바를 벗어 내게 입혀 주고는 알아들을 수 없는 말로 동생인 나를 자랑하며 시장을 몇 바퀴나 돌고 돌았다. 그때 나는 시퍼렇게 얼어 있던 형의 뺨에서 기쁨의 눈물이 흘러내리는 것을 보았다.

그날 저녁, 시장 한 구석에 있는 순대국밥 집에서 우리 가족 셋은 오랜만에 밥을 먹었다. 엄마는 지나간 모진 세월의 슬픔이 북받치셨는지 국밥 한 그릇을 다 드시지 못하고 그저 색 바랜 국방색 전대로 눈물만 찍으며 돌아가신 아버지 얘기를 꺼냈다.

"너희 아버지가 살아 있다면 기뻐했을 텐데… 너희들은 아버지를 이해해야 한다. 원래 심성은 고운 분이다. 그토록 모질게 엄마를 때릴 만큼 독한 사람은 아닌데 계속되는 사업 실패와 지겨운 가난 때문에 매일 술로 사셨던 거야. 그리고 할 말은 아니지만 하나도 아닌 둘씩이나 몸이 성치 않은 자식을 둔 아비 심정이 오죽했겠냐?"

내일은 아침 일찍 아버지께 가 봐야겠다. 가서 이 기쁜 소식을 얼른 알려야지~

내가 어릴 때 부모님은 자주 다투셨는데 늘 술에 취해 있던 아버지는 하루가 멀다 하고 우리들 앞에서 엄마를 때렸다. 그러다가 종일 겨울비가 내리던 어느 날 아버지는 아내와 자식들에 대한 죄책감으로 유서 한 장만 달랑 남긴 채 끝내 세상을 버리고 말았다.

(중략)

새벽부터 늦은 밤까지 도서관에서 공부하다가 컵라면으로 배를 채우기 위해 매점에 들렀는데 여학생들이 여럿 앉아 있었다. 그날따라 절룩거리며 그들 앞을 걸어갈 자신이 없었다. 구석에 앉아 컵라면을 먹고 있는 내 모습이 측은해 보일까 봐, 그래서 혹시 나도 모르게 눈물이 나올까 봐 주머니 속의 동전만 만지작거리다 그냥 열람실로 돌아왔다. 그리곤 흰 연습장 위에 이렇게 적었다.

"어둠은 내릴 것이다. 그러나 나는 그 어둠에서 다시 밝아질 것이다."

이제 내게 남은 건 굽이굽이 고개 넘어 풀꽃과 함께 누워계신 내 아버지를 용서하고, 지루한 어둠 속에서도 꽃등처럼 환히 나를 깨어준 엄마와 형에게 사랑을 되갚는 일이다.

지금 형은 집안 일을 도우면서 대학 진학을 목표로 열심히 공부하고 있다. 아무리 피곤해도 하루 한 시간씩 큰소리로 더듬더듬 책을 읽어 가며 좀처럼 나아지지 않는 발음에 대한 희망을 버리지 않은 채 오늘도 나는 온종일 형을 도와 과일상자를 나르고 밤이 돼서야 일을 마쳤다. 그리고 늦은 밤 집으로 돌아오는 버스 안에서 어두운 창밖을 바라보며 문득 앙드레 말로의 말을 떠올렸다.

"오랫동안 꿈을 그리는 사람은 마침내 그 꿈을 닮아간다."

너무도 아름다운 말이다. 나도 꿈을 그리는 사람이 될 것이다.

다시 읽고 또 읽어도 눈물이 나올 만큼 감동적이다. 지금 이 학생은 미국에서 우주항공을 전공하여 박사과정에 있으며 국내 모 기업의 후원을 받고 있다. 어머니와 형도 미국에 모시고 가서 공부하면서 가족들을 보살핀다고 한다. 젊은 친구지만 그 마음 씀씀이가 정말이지 존경할 만하다.

내가 좋아하는 말 중 “인내할 수 있는 사람은 그가 바라는 것은 무엇이든지 손에 넣을 수 있다”라는 말이 있다. 미국 건국의 아버지 벤자민 프랭클린의 말이다. 그렇다. 고난은 인내를 낳고, 인내는 끈기를 낳고, 끈기는 사람을 만들고, 사람은 희망을 갖게 되며, 희망은 꿈을 그리게 한다. 이 학생처럼 말이다.

포기하고 싶을 때마다 이 글을 읽어보자. 내가 지금 가지고 있는 것에 감사하게 될 것이고, 자신의 의지와 노력만으로도 아름다운 삶을 살아갈 수 있음을 한 번 더 깨닫게 될 것이다. 우리 사회에 이 학생처럼 보석 같은 이들이 더 더 더 많아지기를 소망한다.

벤자민 프랭클린

04

위기,
긍정으로 가는
징검다리

1998년은 나에게 있어 위기의 해였다. 그 당시 운영하던 학원사업과 함께 조금 더 사업의 지평을 넓혀보고자, 1990년부터 국내 굴지의 삼보 컴퓨터 회사의 제품 대리점을 시작했었다. 컴퓨터가 막 가정마다 보급되던 시기였기 때문에 컴퓨터 대리점이 꽤 인기가 있었다. 게다가 컴퓨터학원으로 기반을 탄탄하게 잡아서인지, 우리 대리점을 통해 컴퓨터를 구입하는 이들이 점점 늘었다. 그 결과 전국 대리점 매출 1위를 기록할 정도로 사업이 번창해나갔다.

하지만 1997년이 저물어가던 겨울, 한국에 IMF 한파라는 매서운 경제폭풍이 들이닥치면서 상황이 돌변했다. 외환위기는 나라 경제 전체를 싸늘하게 식혀버렸다. 자금줄이 하루아침에 막혀버리자 내로라하던 대기업도 무너져 내렸다. 작은 기업을 운영하고 있던 나 역시 그 안타까운 상황에서 비껴갈 수 없었다. 대리점을 운영한다는 것은 대신 물건을 팔되 그 이익금은 남기고, 원제품값은 모기업으로 되돌려주어야 하는 것이다. 판매는 그럭저럭 유지되었으나 문제는 자금회전이었다.

거래처에서는 하루가 멀다 하고 내게 "사장님, 죄송하지만 결제를 좀 미뤄주세요. 저희가 사정이 좋지 않아서요."라고 부탁해왔다.

받아야 할 결제대금은 차일피일 미뤄졌으나 컴퓨터 회사 측에 납부할 시일은 미룰 수 없었다. 처음에야 어떻게든 회전을 시켰지만 날이 갈수록 나빠졌다. 받아야 할 돈은 들어오지 않고 나가야 할 돈만 날짜에 맞춰 나가는 일이 반복되었다.

우리와 거래하던 업체들은 하루아침에 도미노처럼 쓰러졌다. 그들의 안타까운 말로를 슬퍼할 겨를도 없이 무척 혼란스러웠다. 그들의 부도와 함께 우리가 받아야 할 대금도 날아갔기 때문이다. 몇몇 업체들은 어음을 감당할 수 없어 일부러 부도처리를 하기도 했다. 그러나 나는 양심상 그럴 수가 없었다.

기업에 갚아야 할 돈을 맞추기 위해 일단 내가 가진 재산들을 처분하기 시작했다. 어느 날은 집을 팔고 또 어느 날은 차를 팔았다. 가지고 있는 주식도 팔았다. 그리고 적금과 보험을 해약하고, 갖고 있는 금붙이며 돈이 될 수 있는 것들은 모두 처분하여 납기일을 간신히 맞출 수 있었다.

내게 남은 것이라곤 절망밖에 없었다. 동종 업체 99%가 부도가 난 상태였다. 그런데도 나는 그동안 쌓아올린 경제적 신의를 지키기 위해 끝까지 최선을 다했다. 당시 은행에서는 당좌수표를 발행해주었는데, 그때는 보관금으로 200만 원이란 돈을 내야 했다. 나중에 발행한 어음과 수표를 모두 회수하여 당좌거래를 해지하면 은행에서 보관금을 다시 반환하여 주는 제도였다. 그런데 부도처리된 기업들 대부분이 수표와 어음을 회수하지 못하는 상황이어서, 보관금도 영원히 찾아갈 수 없었다.

나는 형편이 좋지 않은 상황에서도 어떻게 해서든 내가 발행한 어음과 수표만큼은 모두 회수하여 당좌거래해지를 위해 불철주야 노력하였다. 그런 내 모습을 지켜보던 담당은행 지점장이 하루는 내 손을 꼭 붙들고 말했다.

"사장님, 지금까지 보관금을 찾아간 분이 한 분도 없었어요. 그냥 부도처리해 버리는 바람에 보관금은 고사하고 부채조차 책임지지 않았는데, 저희 은행 지점이 생긴 이래로 유일하게 이 보관금을 찾아가신 분이 사장님입니다. 끝까지 신의를 지켜주셔서 정말 감사합니다."

지점장과 악수를 나누면서 울컥 올라온 눈물을 겨우 삼켰다. 어떻게 보면 크게 밑지는 장사를 한 셈이지만 이상하리만큼 마음이 편했다.

어떻게서든 스스로 당좌거래를 해지하여 어음과 수표가 출몰하는 악몽에서 벗어날 수 있었고 스스로의 신용에 신의를 지킬 수 있어 편안한 잠자리를 맞이할 수 있었다.

위기危機, 이 말의 한자 속 의미를 보면 위험과 기회가 공존한다는 것을 알 수 있다. 영어로는 crisis, 이 말은 '상황에 대한 판단과 의사결정'이란 뜻을 갖는 Krinein에서 유래된 것이라고 한다. 위기가 꼭 최악의 상황만은 아닌 듯했다. 어떻게 대처하느냐에 따라 충분히 다른 결과를 가져올 수 있는 또 다른 기회란 생각이 들었다. 나는 다시 한번 속으로 중얼거렸다.

'그래, 위기는 위대한 기회의 또 다른 표현일 뿐이야!'

나는 위기를 발판 삼아 새로운 사업 아이템을 찾기 시작했다. 그러던 중 기업들에게 가장 필요한 결제 시스템이 원활하지 못하다는 사실을 발견했다. 나 역시 컴퓨터 대리점을 운영하면서 매번 결제할 때마다 전자식 결제가 되지 않아 불편해하던 것을 떠올렸다.

한 줄기 강한 빛이 비추는 듯했다. 시장의 원칙이 무엇인가? 수요가 있어야 공급이 필요한 것 아닌가? 필요로 하는 기업들이 많으니 만들어내면 분명 승산이 있을 거란 판단이 들었다. 게다가 모두에게 유익을 가져다주니 보람 있는 일이기도 했다.

그때부터 전자지불 솔루션 프로그램 개발에 착수했다. 정부지원은 단 한 푼도 받지 않았다. 이전에 위기의 상황에서 내가 은행이나 다른 기업들에게 보여준 신뢰 덕분에 자금문제도 수월하게 해결되었기 때문이다. 직원들과 함께 연구하여 만든 프로그램 6개가 특허출원을 받았다. 그렇게 주식회사 '엔-캐시'를 설립하고, 원천기술을 보유한 기업으로 성장시켜 나갔다.

크고 작은 기업들이 전자결제 시스템에 관심을 보였고, 순식간에 우리 회사 프로그램이 퍼져나가 시장 흐름이 원활해졌다. 이러한 중소기업의 놀라운 반란은 삼성그룹으로부터 지분참여 투자 제의를 받게 만들었고, 대기업인 삼성을 주주로 참여시키게 되었다.

당시 삼성물산 현명관 회장님을 나는 잊을 수가 없다. 내가 투자 유치팀 앞에서 회사 설명을 하였을 때 현명관 회장님은 예리한 질문과 자상한 조언을 아끼지 않으셨고 그것이 내게는 성장의 원동력이 되었다. 그 후 현명관 회장님을 통해 나는 삼성과 인연을 맺을 수 있었고 그 도약은 내게 값진 쾌거였다. 때론 전화로, 내가 이메일로 조언을 구하면 빠른 회신으로 그 당시 내게 해주셨던 현명관 회장님의 말씀들은 지금도 하나같이 바래지 않는 나의 귀한 자산이다. 현명관 회장님께선 현재 한국마사회 회장으로 있으시면서 현업의 발전에 더 나아가 대한민국의 발전을 위해 하루하루를 보람 있게 일구시는 분이다. 나의 잊을 수 없는 귀한 인연인 현명관 회장님의 앞날에 크나큰 기쁨이 깃들기를 기원한다.

내게 다가온 위기는 거칠고 무서운 것이었다. 한순간에 무너질 수 있는 위험한 시간이었지만 나는 위기를 위험으로 받아들이지 않았다. 긍정적인 마인드를 갖고 위기를 또 다른 기회로 받아들였더니 정말로 새로운 기회가 찾아왔다.

위기는 사람을 절망으로 빠뜨린다. 하지만 반대편엔 기회가 늘 손을 뻗고 있다. 절망의 눈에서 긍정의 눈으로 바라보면, 반대편의 기회를 찾아볼 수 있을 것이다. 결국 위기는 긍정으로 가는 징검다리인 셈이다.

권선복 대표 특허 출원

특허 전자금액이체를 기초한 환율자동정산 시스템 2000년

... 본 발명은 신용카드나 은행계좌를 이용하여 엔캐시 지불서버에 금액을 이체하는 국내소비자(1)와 해외소비자(2) 및 이체된 금액을 확인하고 전자금액 이체를 표시해주는 엔캐시 지불서버(3)로 구성되며, 금액을...

특허실용 | 출원인 : 권선복 | 발명자/고안자 : 권선복 | 출원번호 : 1020000010534

특허 서버 어카운트 방식을 이용한 전자금액 지불결제 시스템 2000년

Electronic settlement system utilizing sever account method 본 발명은 N-cash지불 서비스를 이용하여 기존의 카드 결제, 계좌 이체, 전자 카드 등의 불편함을 해소하고 사용자 및 상점 운영자 모두 회원 등록만으로 전자지갑에 금액을 이체하여...

특허실용 | 출원인 : 권선복 | 발명자/고안자 : 권선복 | 출원번호 : 1020000012330

특허 환율 자동정산 상거래 서비스 시스템 및 서비스 방법 2001년

N AUTOMATIC EXCHANGE CALCULATION ELECTRONIC COMMERCE SERVICE SYSTEM AND A SERVICE METHOD THEREOF 본 발명은 환율 자동정산 서비스 시스템 및 서비스 방법에 관한 것이다. 본 발명의 하나의 특징에 따른 환율 자동정산 상거래 서비스 시스템은...

특허실용 | 출원인 : 앤캐시 주식회사 | 발명자/고안자 : 권선복 | 출원번호 : 1020010010720

특허 전자지갑을 이용한 지불 결제 시스템 및 결제 방법 2001년

A SYSTEM WHICH CAN SETTLE A PAYMENT AND A PAYMENT SETTLING METHOD USING AN ELECTRONIC WALLET 본 발명은 전자지갑을 이용한 지불 결제 시스템 및 결제 방법에 관한 것이다, 본 발명의 하나의 특징에 따른 지불 결제 방법은, 다수의 제휴 시스템과...

특허실용 | 출원인 : 앤캐시 주식회사 | 발명자/고안자 : 권선복 | 출원번호 : 1020010010721

특허 네트워크를 이용한 과금/결제 시스템 2000년

Billing system using network 네트워크를 이용한 과금/결제 시스템에 관한 것으로, 첫째, 사용자가 페이지를 요청할 때마다 과금하는 페이지 뷰 과금, 둘째, 다운 로드 과금-패킷별 과금 방식, 셋째, 정액제 과금으로 (1)고정시...

특허실용 | 출원인 : 앤캐시 주식회사 | 발명자/고안자 : 권선복 | 출원번호 : 1020000038082

특허 온라인 상의 결제 방법 및 결제 시스템 2000년

rsansaction method and transaction system through network 본 발명의 온라인 상의 결제 방법은 사용자가 사용자 컴퓨터를 이용해 네트웍에 접속하여 서비스 서버가 제공하는 서비스를 이용하고, 상기 사용자가 상기 서비스 서버에...

특허실용 | 출원인 : 앤캐시 주식회사 | 발명자/고안자 : 권선복 | 출원번호 : 1020000022736

05

절망이라는 숙성시간

토마스 에디슨

에디슨이 전구를 발명하기까지 700번의 실험을 하고도 별다른 성과를 거두지 못하자, 기자가 짓궂게 질문했다.

"700번 실패하신 기분이 어떠세요?"

에디슨이 기자의 질문에 미소를 띠며 답했다.

"나는 한 번도 실패한 적이 없소. 다만 700가지 방법이 효과가 없음을 입증했을 뿐이오."

에디슨은 수천 번의 '효과 없음'을 입증한 끝에 전구를 발명할 수 있었다.

우리는 주변의 사람들과 자신을 비교함으로써 괜히 위축되거나 주눅이 들곤 한다. 현재 자신의 위치가 전부가 아님에도 불구하고, 누군가의 높은 위치를 부러워하고 자신을 부끄러워한다. 지금은 과정일 뿐이다. 에디슨의 말처럼 700번의 실패가 아니라 성공하기 위한 700번의 입증인 것이다.

도장을 만드는 데 쓰이는 회양목은 직경 한 뼘 정도 자라는 데 오백 년 이상의 시간이 걸린다고 한다. 나무박사 우종영 씨가 쓴 책 『나는 나무처럼 살고 싶다』에 이 회양목에 대한 소개가 나온다. 회양목은 짤막하고 나무 폭도 한 뼘 정도에 지나지 않아 볼품없는 나무에 속하지만, 오랜 시간 속을 다지고 다져 어떤 나무와도 비교할 수 없는 단단함을 지니고 있다. 시간이 오래 걸린 만큼 조직이 치밀하고 균일하며 어떤 충격에도 뒤틀리지 않는 견고함을 갖고 있어, 도장을 만드는 데 훌륭한 재료가 된다.

키도 작고 볼품없는 나무지만 웬만큼 모양새를 갖춘 회양목을 보았다면, 최소한 그 회양목이 내 증조부 때부터 뿌리내려 오백 년을 버텨온 인내의 역사를 지녔음을 눈치채야 할 것이다. 그 오랜 시간 회양목은 모진 비바람과 더딘 성장이라는 아픔을 남몰래 삼켜야 했을지도 모른다. 다른 나무에 비해 턱없이 작고 초라한 모습에 스스로 그만두고 싶었을지도 모른다. 하지만 묵묵히 견뎌냈기에 찬란한 영광에 참여할 수 있었던 것이다.

'인생은 보는 자에게는 희극, 느끼는 자에게는 비극'이라는 말이 있다. 유명 작가들의 삶을 들여다보면 이 말의 의미를 실감할 수 있을 것이다.

『슬픔이여 안녕』의 저자 사강은 대학 입학시험에 떨어진 것을 계기로 소설을 써서 유명인이 되었고, 중세 최고의 시인으로 추앙받는 『신곡』의 저자 단테는 한때 길거리 가수들을 위한 작곡가이기도 했다. 『죄와 벌』의 도스토예프스키는 빚을 갚기 위해 소설을 쓰다가 빚 때문에 스위스로 도망치는 신세가 되었고, 『갈매기의 꿈』을 쓴 리처드 바크는 무려 12번이나 출판 거절을 당하는 수모를 겪기도 했다. 또 543권이라는 방대한 양의 탐정소설을 썼던 존 그레시도 수백 명의 편집장으로부터 거절을 당했다고 한다.

그들이 자신의 작품을 통해 세계인의 사랑을 받는 면만 본다면, 그들의 삶은 희극이다. 그러나 시련을 겪는 시기를 본다면 실로 참기 어려운 비극이 아닐 수 없다. 여기서 중요한 것은 그러한 시련들이 있었기에 그들이 오늘의 그들로 남을 수 있었다는 점이다.

닥친 시련을 피하지 않고 당당히 맞설 수 있는 사람만이 전진할 수 있고, 진실로 자기가 바라는 바를 성취할 수 있다.

시련은 어쩌면 시간과의 싸움인지도 모른다. 시련이 다가왔을 때 그것을 견뎌낼 생각은 하지 않고 성급하게 스스로를 패배한 인생이라 단정 짓는 경우가 많다. 미식축구계의 전설적인 감독 빈스 롬바르디도 "중요한 것은 쓰러지느냐 마느냐가 아니라, 다시 일어서느냐 아니냐이다."라는 말을 남겼다. 다시 일어서서 힘든 시간을 견디다 보면 언젠가는 시련과 절망 또한 지나간다. '모든 것은 지나간다'는 말이 명언인 이유가 다 있는 것이다.

06

마음을 열고, 상상하고, 즐겁게 일하라

화담 **구본무** 회장

부를 축적하고 권력이 막강해지고 명예까지 높아진 사람에게는 '쉽지 않은' 3가지가 있다고 한다.

첫째, 겸손해지기가 쉽지 않다.

둘째, 이웃을 배려하고 남에게 베풀며 살기가 쉽지 않다.

셋째, 절제하며 검소하게 생활하기가 쉽지 않다.

그래서 우리 사회에 진정한 부자가 많지 않은 듯하다. 그러나 어디에도 예외가 있다. 2018년에 작고한 LG그룹의 구본무 회장이다.

구본무 회장은 우리나라가 해방되던 해인 1945년 경상남도 진양군 지수면에서 구인회 창업회장의 장손이자 구자경 회장과 하정임 여사 사이에서 4남 2녀 중 장남으로 태어났다.

1975년 럭키(현 LG화학) 심사과에 과장으로 입사하여 첫 근무를 시작한 이후 영업, 심사, 수출, 기획 등의 업무를 거치며 20여 년간 차곡차곡 실무경험을 쌓았다.

소탈한 성격을 지닌 구본무 회장은 사업에서만큼은 '집념의 승부사' 기질을 보여주었다. 뚝심과 끈기는 90년대 초반 국내에서 불모지나 다름없던 이차전지 사업에 과감히 뛰어들어 20년 넘게 끈기있게 연구개발 투자를 지속한 데서 잘 드러난다. 오래도록 성과가 나지 않았고, 2005년에도 2천억 원에 이르는 손실이 발생한 이차전지에 대해 주위에서는 사업을 접자는 얘기까지 나왔다. 구본무 회장은 어려움을 극복해야 미래가 있다며 끈질기게 주변을 설득했다. 포기하지 말자며 직원들을 격려하였고 투자를 이어간 구본무 회장의 뚝심은 결국 LG화학을 전기차배터리 사업에서 글로벌 1위의 선도기업으로 이끌어 내었다. LG는 구본무 회장 재임 기간 20여 년 만에 5배의 외형적 성장을 기록했다.

사업에 임할 때와는 달리 사람을 만날 때는 항상 진솔하게 열린 소통을 추구했다. 누구를 만나든 먼저 악수를 청하였고 분위기를 부드럽게 만들기 위한 가벼운 얘기를 먼저 꺼내곤 했다. 언제나 '나는'이라 하지 않고 '저는'이라며 자신을 낮췄으며 사석이라도 아랫사람을 하대하는 일이 결코 없었다. 상대방의 지위 고하를 막론하고 약속시간보다 항상 20분 먼저 가서 기다리는 것이 원칙이었고 이를 어기는 법이 없었다.

구본무 회장은 우리 사회에 큰 울림을 남기고 떠난 진정한 어른이었다. 연명치료를 하지 않겠다는 뜻을 수차례 밝히고, 눈을 감기 전에는 장례를 조용하고 간소하게 치를 것을 부탁하는 등 평소 남에게 폐를 끼치는 것과 허례허식을 꺼려 하던 배려심과 검소함은 마지막 가는 길에도 한결같았다.

구본무 회장은 20년이 넘는 연구개발 끝에 이차전지를 현재의 주력사업으로 성장시켰다.

구 회장은 또 사람이 어떤 마음으로 살아가야 하는지, 그것에 대해서도 큰 울림을 주었다.

사람은 태어날 때의 마음 바탕이 네모(□) 모양이라고 한다. 그 네모나고 뾰족한 모서리 때문에 때로는 이웃이나 가족에게 상처를 주고 아프게 한다는 것이다. 그러나 마음이 자라고 커 감과 동시에 네모난 모서리가 이곳저곳에 부딪혀 깎이면서 조금씩 다듬어진다고 한다.

시간이 더 흐르고 나이가 들어 모서리가 있던 네모(□)가 원(○) 모양이 되면, 그때야 비로소 지각과 사리를 분별할 줄 아는 힘이 생긴다. 철이 든 것이다. 누구에게도 마음에 상처를 주지 않는 둥근(○) 마음이다.

그런데 누군가를 사랑하게 되면 이 둥근 마음이 또 변한다. 어떤 때는 부풀기도 하고 또 어떤 때는 토라지고 삐치기도 한다. 그래서 사랑을 하다 보면 둥글던 마음이 하트(♡) 모양으로 바뀐다는 것이다. 하지만 하트(♡)도 아래쪽에 모서리가 하나 있다. 그 모서리로 사랑하는 사람을 아프게 하기도 한다. 반면 위쪽은 움푹 들어가 있다. 바로 이 부분이 뾰족한 부분을 넉넉하게 보듬고 감싸줄 수 있다는 것이다.

지구가 둥글고 태양도 달도 둥근 것처럼, 우리네 삶도 모난 데 없이 둥글어지면 더 행복한 삶을 살 수 있을 것이다.

일을 할 때도 마찬가지다. 매사에 둥글게 일하면 더 즐거워질 것이다.

"마음을 열고, 상상하고, 즐겁게 일하라."

구본무 회장이 평소 임직원들에게 강조한 '일 잘하는 3가지 조언'이다. 그는 똑똑한 사람은 노력하는 사람에게 못 당하고 노력하는 사람은 즐겁게 일하는 사람 못 당한다. 그래서 즐겁게 일할 수 있는 분위기 조성이 가장 중요하다고도 했다.

일뿐만 아니라, 말도 둥글게 해보자. 모난 말은 다른 사람에게 상처를 주고 후유증을 남기게 마련이다.

둥근 사람에게는 멀리서도 친구가 찾아오고 여러 번 만날수록 마음이 넉넉해진다. 아무리 모가 난 이웃이라도 둥글고 따뜻한 마음씨, 둥근 말 한마디에 그 뾰족한 모서리가 녹아 없어질 수 있다.

항상 환하게 웃는 미소로 사람을 맞이하고 국가와 사회를 위해 열심히 뛰었던 구본무 회장. 옳은 일을 하는 데는 망설임이 없었고, 좋은 일을 하고서도 어려움을 겪는 이들을 그냥 보고 넘기는 법이 없었으며 모든 사람을 진심을 갖고 대하되 형식에 얽매이지 않았다. 탁월한 경영자이자 사업리더였고 진정한 노블레스 오블리주를 실천한 구본무 회장은 우리 사회의 어른으로 영원히 기억될 것이다.

07

영화 <벤허>에서 배우는 이건희 회장 리더십

리더십(Leadership)이란 비전과 목표를 제시하고 구성원들을 이끌어 가는 힘이다. 유능한 리더는 자신의 영향력을 활용해 구성원들에게 비전을 제시하고 좋은 성과를 만들어낸다.

고 이건희 회장 생전에 한 언론사 기자가 삼성의 성공비결에 관해 물었다. 이 회장은 뜻밖에도 영화 이야기를 꺼냈다.

"영화 <벤허>를 보면 아주 인상적인 전차경주 장면이 나옵니다. 메살라는 말들을 채찍으로 강하게 후려치는 데 반해 주인공 벤허는 채찍 없이 경주에서 승리합니다. 게다가 벤허는 경기 전날 밤 네 마리의 말을 어루만지면서 용기를 북돋아 주지 않습니까? 채찍 없이 동물의 마음을 움직이는 벤허와 같은 인재들 덕분에 성공할 수 있었습니다."

이 회장은 유명한 영화광이었다. 그중에서 가장 많이 보고 가장 좋아했던 영화는 <벤허>라고 한다. 이 영화의 하이라이트는 전차경주이다.

벤허의 4마리 말은 모두 하얀색의 멋진 말들이었고 각자 이름을 가지고 있었다. 벤허는 말들의 이름을 하나하나 부르면서 쓰다듬어 주며, 결전을 앞둔 말들에게 전차경주의 전반적인 전략을 알려주면서 자신감을 불어넣어 주었고 격려를 아끼지 않았다

"경주는 경기장 아홉 바퀴를 도는 게임이란다. 우리는 여덟 바퀴까지는 2등으로 가는 거야. 그러다가 마지막 아홉 바퀴째에는 전력질주해서 1등을 확 따라잡는 거야. 자신 있지? 그래, 우린 이길 수 있어!"

여기서 눈여겨보아야 할 것은 벤허가 말들의 특성을 일일이 살펴서 적재적소에 배치한 점이다. 빠른 말은 외곽으로, 빠르지 않아도 조화를 이룰 수 있는 말은 제일 안쪽으로, 보통이지만 끈기 있는 말은 중간에 배치했다.

드디어 결전의 날, 전차경주에는 총 8개 팀이 출전하였다. 모든 선수가 초반부터 사정없이 채찍질하면서 말들을 몰아세웠으나, 벤허는 채찍 대신 말고삐로 말들과 교감을 하며 승부를 걸었다. 말고삐의 강약과 힘찬 함성에 담긴 메시지를 통해 말들에게 동기를 부여하고, 계속해서 격려하는 벤허의 모습이 인상적이었다.

결국 최후의 승자는 벤허였다. 이 회장은 "메살라가 1급 조련사였다면 벤허는 차원이 다른 특급 조련사"라는 말을 자주 했다. 이른바 '벤허 리더십'이다. 벤허의 전술적 배치가 4마리 말들로 하여금 막강한 팀 파워를 일으키게 했고, 최후의 승자가 되게 만들었다.

삼성은 이건희 회장이 취임했을 때만 해도 미국 뉴욕타임스로부터 '싸구려 TV와 전자레인지를 팔던 회사'라고 평가절하됐었다. 그랬던 삼성이 이제는 모든 해외언론으로부터 '스마트폰, TV, 컴퓨터 칩의 세계적 거인'이라는 찬사를 받고 있다.

삼성이 이처럼 전 세계 초일류 기업으로 성장하게 된 것은, 특급 조련사 이건희 회장이 있었기 때문이다. "삼성을 월급쟁이의 천국으로 만들겠다"라는 이 회장의 약속은 빈말이 아니었다.

윤종용·진대제·황창규·이기태·최지성·권오현 등 삼성에는 5~10년씩 장수하는 CEO들이 즐비했다. 이 회장이 인재를 까다롭게 발탁하되 한번 앉히면 믿고 맡겼다는 뜻이다. 이건희 회장의 '벤허 리더십'이 그 진가를 발휘한 것이다.

GE 전 회장 잭 웰치는 "리더의 성공은 그 사람이 뭘 하느냐가 아니라 그가 이끄는 팀이 어떤 성과를 내느냐에 달려 있다"라고 했다. 이건희 회장과 같이 팀을 승리로 이끄는 진정한 리더들이 더 많아지기를 기원한다.

하루 5분 긍정훈련

골든브릿지 정의동 회장 - 아는 것도 어렵고 행하는 것도 쉽지 않다.
광동제약 최수부 회장 - 하고자 하는 일은 끝까지 완수하자.
금호아시아나그룹 박인천 창업주 - 신의, 성실, 근면.
대상그룹 임대홍 창업주 - 나의 도는 하나로 꿰뚫고 있다.
동원그룹 김재철 회장 - 모든 일에 정성을 다하자.
두산그룹 박용곤 명예회장 - 분수를 지킨다.
두산그룹 박용오 회장 - 부지런한 사람이 성공한다.
롯데그룹 신격호 창업주 - 겉치레를 삼가고 실질을 추구한다.
미래산업 정문술 창업주 - 미래를 지향한다.
삼성물산 배종렬 대표 - 깊은 강은 소리를 내지 않는다.
연합캐피탈 이상영 대표 - 물은 모두를 이롭게 하지만 다투지 않는다.
웅진그룹 윤석금 회장 - 나를 아는 모든 사람들을 사랑한다.
유한양행 유일한 창업주 - 기업은 사회를 위해 존재한다.
재능교육 박성훈 회장 - 교육을 통해 보다 나은 삶을 살자.
한국타이어 조충환 대표 - 밝고 적극적인 삶의 태도를 지니자.
한세실업 김동녕 대표 - 한 걸음 늦게 가자.
한진그룹 조양호 회장 - 지고 이겨라.
한진그룹 조중훈 창업주 - 모르는 사업에는 손대지 말라.
한화그룹 김종희 창업주 - 스스로 쉬지 않고 노력한다.
휠라코리아 윤윤수 대표 - 정직.
LG그룹 구본무 회장 - 약속은 꼭 지킨다.
LG칼텍스정유 허동수 회장 - 처지를 바꾸어 생각한다.

– 대한민국 대표 CEO들의 경영어록

08

우리 모두는 축복받은 사람들이다

심리학자이자 경영학 박사이며 세계적인 명강사 헤럴드 셔먼은 유명해지기 전엔 일개 프리랜서였다. 수입이 보잘것없었기 때문에 그는 정기수입이 있는 편집 관계 일을 필사적으로 찾아다녔다. 그러던 어느 날 <프라이스 카피 앤드 러그 뉴스>라는 회사의 구인광고가 눈에 들어왔다. 셔먼은 즉시 응모했고, 면접을 보기 위해 회사를 찾았다. 대기실은 이미 70여 명의 응모자들로 만원을 이루고 있었다.

셔먼은 자신의 이력으로는 상대도 안 될 만큼 화려한 스펙의 경쟁자들 앞에서 주눅이 들었고 위축되기 시작했다. 왠지 자신의 차례가 오기도 전에 채용자가 결정될 것 같았다. 마음을 가라앉히기 위해 혼잡한 대기실에서 빠져나왔다.

복도 한쪽에 서서 셔먼은 자신이 왜 이토록 치열한 경쟁에 휩싸이게 되었는가를 생각했다.

지난날 그는 신문과 관계된 일을 익힌 후 작은 광고 대리점에서 카피라이터를 한 적이 있었다. 그 경험 때문에 이 출판업계에서도 찬스만 잡으면 편집자로서 능히 살아갈 자신이 있었다. 하지만 대체 무슨 방법으로 찬스를 잡는단 말인가?

셔먼이 막막한 심정으로 고개를 젓고 있을 때, 열려 있는 문틈으로 전화통화 소리가 새어나왔다. 유심히 들어보니 잠시 뒤 그를 면접하게 될 프라이스의 목소리였다.

"무슨 소리야? 이건 좋은 광고문이야. 그리고 이건 내가 쓴 것이니 자네 생각이 어떻든 자네가 관여할 일이 아니지. 안 돼, 벌써 신문에 실을 준비까지 해놨어. 이제 다시 쓸 시간이 없다고. 편집 담당자도 외출 중인 데다 신입사원 응시자들이 방을 가득 메우고 있어. 손이 모자란단 말일세. 뭐? 지금 문구를 바꾸지 않으면 대금을 주지 않겠다니, 그게 무슨 말도 안…."

프라이스는 말을 하다 말고 수화기를 집어던졌다. 아무래도 상대방이 일방적으로 끊은 것 같았다. 그 광경을 지켜보던 셔먼이 회심의 미소를 지었다.

'드디어 찬스가 왔다. 프라이스가 다시 쓸 문구를 내가 꼭 써서 그의 고민을 해결해줘야 해.'

셔먼이 열려 있던 프라이스의 방으로 들어가 간곡히 말했다.

"통화내용을 복도에서 우연히 들었습니다. 저는 광고문을 써본 적이 있습니다. 혹시 저에게 기회를 주실 수 없겠습니까?"

"그래? 만약 내 마음에 들어 신문광고 문구로 채택된다면 내가 자네에게 100달러를 주겠네."

"100달러는 사양하겠습니다. 대신 제가 작성한 광고 문안이 좋은 결과를 가져온다면 저를 편집자로 채용해 주십시오."

면접장에서 셔먼은 10분 만에 광고 카피를 써서 냈다. 그렇게 완성된 광고 카피는 그의 인생뿐 아니라 위기에 처해 있던 회사도 구했다고 한다.

셔먼이 재능이 뛰어나 처음부터 광고 카피를 작성할 수 있었던 것은 아니다. 고향에 있을 때부터 신문제작에 관한 교육을 받아왔고, 카피라이터로 일한 경험도 있었기에 가능한 일이었다. 면접장에서는 다른 이들에 비해 자신이 부족하고 모자라 보여 위축되었지만, 찬스가 오기 전까지 실력을 갖추고 있었기에 그 찬스를 잡을 수 있었던 것이다.

셔먼은 어려움을 이겨내고 성공하게 된 축복받은 사람이다. 더 정확히 말하면, 실력을 쌓을 수 있었던 그 시간들이 축복이었던 셈이다.

그런 점에서 우리 모두는 축복받은 사람들이다. 우리가 겪고 있는 고난과 시련이 그 증거다. 현재의 부족함과 나약함을 탓하기만 해서는 안 된다. 지금의 고난과 시련이 밑거름이 되어 언젠가는 반드시 자신에게 돌아온다는 사실을 깨달아야 한다.

그러므로 당장은 힘들어도 나에게 좋은 일이 된다는 긍정적인 생각을 갖고 최선을 다하다 보면 분명 더 좋은 결과로 돌아올 것이다.

하루 5분 긍정훈련

행복이란?

지금 이대로 만족해야 하나. 그리고 나는 누구인가. 죽을 때까지 고민해야 할 문제일 듯싶다. 자기 삶에 100% 만족하는 사람은 없을 터. 행복은 추상적인 개념이다. 행복해 보일 법한데 그렇지 않은 사람들이 많다. 불행해 보일 것 같아도 행복해하는 사람들도 적지 않다. (…) 무엇보다 마음이 평온해야 한다. 그래야 행복을 느낄 수 있다. 마음이 불안하면 조급해진다. 그러려면 마음을 비워야 한다. 여백의 미랄까? 나름대로 행복을 정의해 보았다.

– **오풍연** 〈새벽을 여는 남자〉 中에서

09

이 나무를 살려주세요!

이 책, 하루 5분 나를 바꾸는 긍정훈련『행복에너지』의 개정판 출간을 눈앞에 두고 있을 때였다. 우연히 조연환 전 산림청장의 글을 보게 되었다.

오랜만에 서실에 나가 글씨를 쓰고 회원들과 함께 점심을 먹으러 갔다.

식사 후 차를 마시러 가자며 앞장섰는데 길을 잘못 들어 다른 곳으로 가게 되었다.

대청댐 상류지역에 자리한 카페 <뿌리 깊은 나무>였다.

커피를 마시고 정원을 둘러보았다. 커다란 상수리나무가 우람차게 서 있다.

400년 되었다는데도 자람세가 왕성하다. 아름답기도 하지만 예사롭지가 않다.

그런데 다가가 보니 줄기가 썩었다. 속이 비어 태풍이 불면 쓰러질 것 같다.

옥천군청 산림과에 전화를 걸었다. 산림과장을 바꿔 달라 했다.

옥천군 산림과장이 전화를 받았다. 상수리나무를 치료해 달라 부탁했다.

담당자한테 보고는 들었는데 예산이 없어 치료를 못 하고 있다 한다. 과장님이 와 보시고 가능한 방법을 찾아봐 달라니 그리하겠다고 한다.

대청댐 수몰위기에서도 살아남은 나무.

앞으로 400년은 더 살아갈 상수리나무.

충북 옥천군 대청댐 상류 <뿌리 깊은 나무> 카페에 있는,

400년 된 상수리나무를 살려주세요.

함께 간 일행들이 말한다. 우리가 길을 잘 못 든 것이 아니라고. 상수리나무가 청장님을 부른 것이라고. 정말 그런 것일까?!

상수리나무가 외과수술을 받고 오래도록 우리 곁을 지켜주기를 바란다.

출간 준비로 한창 바쁠 때였지만 그냥 넘어갈 수가 없었다. 조연환 청장의 글을 본 순간 나 또한 꼭 이 나무를 살려야겠다는 사명감이 들었고, 때마침 옥천 교동식품 김병국 대표이사가 떠올랐다. 곧바로 전화를 걸어 상황을 설명하니 바로 즉답이 나왔다. 이런 뜻깊은 일에는 사비를 털어서라도 참여하겠다는 얘기였다.

교동식품은 1992년 순수 국내 자본과 기술로 창업한 이래 한국의 전통과 세계인의 입맛에 꼭 맞는 식품 개발을 위해 끊임없이 연구 노력하는 회사다. 누가 가공식품을 먹겠느냐고 의심할 때에도 식품 안정성을 위해 계속 설비투자를 하며 한길을 걸어왔고, 지역민 우선 채용에도 앞장서고 있다.

이 회사의 수장 김병국 사장은 얼마 전 모교인 목원대학교에 장학금 2,000만 원의 통 큰 기부를 할 만큼 후학 양성뿐 아니라 지역사회 발전을 위해서도 솔선수범하고 있다. 지역사회 발전이 곧 회사의 발전이라는 경영철학이 있었기에 이번 상수리나무 되살리기 운동에 적극 참여하게 된 것이다.

교동식품뿐 아니라 이번 프로젝트에는 지역신문인 옥천신문에서도 적극 홍보하여 우리의 상수리나무를 지역의 명물로 만들겠다고 약속하였다.

대청호의 아름다운 풍광을 내려다보며 우뚝 서 있는 이 상수리나무의 수령은 약 400년쯤 되는 것으로 구전되어 오고 있다.

이 부근은 대청호가 담수되기 전 촌락이 형성되어 있었는데 주민 한 사람이 나무를 베려고 나무에 오르다 변을 당한 후 모든 주민들로부터 각별한 보호를 받았다고 한다. 특히 상수리나무로서는 보기 드물게 아름답고 위엄 있는 자태를 갖추고 있어 보는 이의 탄성을 자아내고 있다.

이러한 지역의 특징을 고스란히 담아낸 채 400년 이상 그 자태를 뽐내고 있던 상수리나무가 속이 비어 썩어가고 있다니 말이 되는가. 어떻게든, 누구든 나서서 이 상수리나무를 살려야 하지 않겠는가.

조연환 청장의 우연한 발견이 내게로 전달되어 커다란 울림이 왔고, 내가 다시 그 울림을 교동식품 김병국 사장과 옥천신문 오한흥 사장에게 전하였더니, 썩어가던 상수리나무에 새 생명을 불어넣을 수 있게 되었다.

참 사소한 정보 하나로 서로 네트워크가 연결되어 상수리나무도 살리고 지역사랑의 본보기가 될 수 있어 무척 기쁘다.

또한 『행복에너지』 개정판 출간에 앞서 이런 상서로운 일이 생겨, 이 내용 또한 책에 싣게 되니 더욱 보람 있고 뜻깊게 생각한다. 이 자리를 빌려 조연환 전 산림청장, 김병국 교동식품 대표이사, 옥천신문 오한흥 대표님께도 감사드린다.

10

때로는 흔들릴 때가 있다

떨리는 나침반

북극을 가리키는 나침반은 무엇이 두려운지
항상 바늘 끝을 떨고 있습니다.
여윈 바늘 끝이 떨고 있는 한
바늘이 가리키는 방향을 믿어도 좋습니다.
만일 바늘 끝이 전율을 멈추고 어느 한쪽에 고정될 때
우리는 그것을 버려야 합니다.
이미 나침반이 아니기 때문입니다.

– 신영복 『감옥으로부터의 사색』 중에서

인생의 여정에서 삶의 방향이 정확하지 않아 갈팡질팡 오가지 못할 때가 있다.

자신에게 있어 무엇이 문제인지 알지도 못한 채 제자리에서 빙빙 돌고 있다는 생각이 들면 누구나 불안해지기 마련이다.

살다 보니 우리의 삶이 나침반의 바늘과 많이 닮아 있다는 생각이 든다. 나침반은 깊은 산속이나 인적이 끊긴 곳에서 우리의 생명을 살릴 수 있는 도구인 동시에 힘이기도 하다. 길을 잃은 우리에게 가야 할 방향을 가리키는 나침반의 바늘은 쉼 없이 흔들리고 있다. 우리의 삶도 흔들림의 연속이다.

사는 동안 뜻하지 않은 일들과 만나게 되면 수도 없이 마음이 흔들린다. 오늘을 살아가면서도 늘 내일이 불안하고, 삶의 방향과 목적지는 정해진 것 같은데도 마음이 편치만은 않다. 사람이라면 이러한 흔들림은 지극히 당연한 것이다.

흔들리지 않고 피는 꽃이 어디 있으랴.
이 세상 그 어떤 아름다운 꽃들도 다 흔들리면서 피었나니….

도종환의 시 「흔들리며 피는 꽃」의 일부다. 시인의 말처럼 이 세상 그 어떤 아름다운 꽃들도 다 흔들리면서 핀다. 우리의 청춘들도 모두 흔들리고 있지만 그들이 어떤 꽃으로 피어날지는 아무도 모른다.

사람들은 흔히 흔들린다는 표현을 긍정적인 표현보다 부정적인 표현으로 많이 사용한다.

가만히 생각해 보자. 나뭇가지의 잎들이 흔들리지 않는다면, 뿌리로부터 끌어올려진 수분들이 잎사귀 끝까지 가기 힘들 것이다. 바람에 흔들리는 나무는 이러한 흔들림 속에서 대사작용을 한다. 사람도 마찬가지다. 공부하던 학생이 머리가 복잡해지면 머리를 흔들어서 기분을 전환시킨다. 기분이 좋아지면 팔을 흔들고 허리를 흔들면서 즐거운 기분을 표현한다.

때로는 흔들림이 꼭 필요할 때도 있다. 기업은 고객의 마음을 흔들어야 제품 판매가 잘되고, 정치인은 유권자의 마음을 흔들어야 표가 많이 나온다. 이뿐인가, 여성의 마음을 흔들기 위해 남성들은 또 얼마나 많은 투자를 하는가? 여성 또한 그러한 남성의 노력에 흔들리고 만다.

우리는 흔들릴 때 비로소 자신의 삶을 다시 한 번 돌아보게 되고, 자신의 삶의 방향이나 관계들을 올바로 정립해 나간다. 만약 흔들리지 않는다면 우리의 마음을 이완시키면서 사랑을 만들고. 건강을 만들고, 행복을 만드는 원천이 생겨나지 않을 것이다,

삶에 대한 가치관이 우뚝 서 있어도
때로는 흔들릴 때가 있습니다.

가슴에 품어온 이루고 싶은 소망들을
때로는 포기하고 싶을 때가 있습니다.

긍정적이고 밝은 생각으로 하루를 살다가도
때로는 모든 것들이 부정적으로 보일 때가 있습니다.

(중략)

가끔은 흔들려 보며 때로는 모든 것들을 놓아봅니다.
그러한 과정 뒤에 오는 소중한 깨달음이 있습니다.

그것은 다시 희망을 품은 시간들입니다.
다시 시작하는 시간들 안에는 새로운 비상이 있습니다.

흔들림 또한 사람이 살아가는 한 모습입니다.
적당한 소리를 내며 살아야 사람다운 사람이 아닐까요.

– 롱펠로우의 「인생예찬」 중에서

지금까지 살아오면서 우리는 수없이 흔들렸다. 인간 내면의 중심에는 소망을 이룰 수 있는 강력한 힘이 있기에 흔들리는 것이다. 50대를 살아가고 있는 나 역시 끊임없이 흔들린다. 흔들림이 있다는 것은 아직 가능성이 남아 있는 좋은 때라는 것을 증명하는 것이다. 때라는 것은 지나 봐야 알게 되므로 가치관이 흔들리는 것은 당연하다.

가치관이 흔들릴수록 차분하게 삶을 돌아보는 시간을 가져야 한다. 수없이 흔들리며 방향을 찾는 나침반처럼, 우리의 삶도 흔들림 속에서 방향을 잃지 않고 끝까지 나아갈 수 있는 힘을 얻게 되는 것이다.

긍정의 힘

"開卷有得(개권유득)" 이라는 고사성어가 있습니다. 책을 열면 소득이 있다는 뜻으로, 책을 읽게 되면 항상 유익함을 얻게 된다는 의미입니다.

저는 난관에 봉착할 때마다 좋은 책과 가슴에 와닿는 글을 읽습니다. 그러면 어느새 마음이 평온해지고, 저도 모르게 '이까짓 시련쯤이야!' 하는 희망의 씨앗이 싹터 옵니다.

출판사의 수장으로서 "한 권의 책이 한 사람의 운명을 바꾼다" 라는 저의 신념이 또 한 번 빛을 발하는 순간입니다.

우리는 태어날 때부터 혼자가 아닙니다. 모두 서로 연결되어 있습니다. 이 넓은 우주에 오직 나 하나뿐인 것처럼 느껴지는 순간에도, 하늘은 별로 가득 채워져 있고 땅에는 다른 사람의 발자국이 수없이 찍혀 있는 길들이 있습니다.

세상은 나 혼자 살 수 없기에 길을 먼저 가본 사람들의 글을 통해, 하늘의 별처럼 반짝이는 생각을 나누고 인생의 지혜를 배웁니다.

자, 그럼 책장을 한번 넘겨볼까요? 팡팡팡! 행복과 긍정에너지가 샘솟는 글의 숲속으로 들어가 희망의 씨앗을 뿌려 보시길 바랍니다.

차례

01

기적은 항상 실패 속에서 싹튼다 - <해리포터> 이야기

어려서부터 글쓰기를 좋아했던 그녀는 불문학을 전공한 뒤 어느 기업의 비서로 취직하였다. 하지만 항상 뭔가를 끄적이며 공상하는 습관 때문에 해고를 당하고 말았다.

하는 수 없이 그녀는 포르투갈로 건너가 영어 교사가 되고 한 남자를 만나 결혼했으나 책임감 없고 폭력만 일삼는 남편과 결혼 13개월 만에 이혼했다. 결국 딸아이와 고국인 영국으로 돌아와 정부 보조금으로 겨우 연명해 갔다.

아무리 시간이 흘러도 그녀의 생활은 나아지지 않았고 그녀는 실패의 반복에 좌절하고 말았다. 점점 벼랑 끝으로 몰리자 그녀는 매일 매일 '내 인생 추락의 끝은 어디일까?'라는 고민에 빠져 있었다. '죽으면 이 고통으로부터 자유로울 수 있을까?'라는 생각에서 자살할 생각도 수없이 했다. 그러나 배고파 우는 어린 딸을 볼 때마다 마음을 고쳐먹을 수밖에 없었다.

그녀는 정신과병원에서 심각한 우울증이라는 진단을 받았다. 정신과 의사는 그녀에게 한마디 조언을 던졌다.

"하고 싶은 일을 하세요."

그 조언을 들은 그녀는 용기를 내어 험한 세상에 부딪혀 보기로 마음먹고 어려서부터 가장 하고 싶었던 글쓰기에 도전했다. 그녀는 방 한구석에 처박아 놓았던 구식 타자기의 먼지를 털어내고 글쓰기를 시작했다. 글이 잘 써지지 않을 때는 공동묘지에 가서 영감을 얻기도 하였다. 구식 타자기로 그렇게 시작했던 그녀의 글쓰기는 어느 날 마법 같은 기적을 몰고 왔다.

그녀의 작품이 3억 3,950만 권이나 팔리면서 세계 최고의 베스트셀러가 되었던 것이다. 그 판매실적은 지금까지 누구도 깨지 못한 기록이었다.

영국의 더 선The Sun지는 6조5천억 원의 순익을 낸 판타지의 주인공이 된 그녀를 극찬하고 나섰고, 그녀가 계속해서 써낸 작품들은 모두 세계 판매 부수 1위를 휩쓸었으며, 그에 따라 그녀의 작품은 영화로 만들어져 세계 최고의 흥행을 기록하였다.

이 인생 역전 스토리의 주인공이 바로 <해리포터Harry Potter> 시리즈의 작가 조앤 K 롤링Joan K. Rowling이다. 조앤은 위에서 보듯 실직, 이혼, 실패, 우울증 등을 딛고 일어선 여성이었다.

조앤의 이런 실패와 성공 스토리는 우리에게 한 가지 깨우침을 준다. 실패도 성공을 위한 훌륭한 밑거름이 된다는 것이다. 실패한 삶이 있는 것이 아니라 삶 속에 실패가 있을 뿐이다.

우리나라 속담에도 "죽을 모퉁이가 살 모퉁이"라는 말이 있다. 조앤의 경우처럼 계속되는 실패의 밑바닥은 두려움을 벗어 던지게 하고 불굴의 용기를 싹 틔워주는 밑바닥이다.

용기를 잃지 않은 자의 고통은 곧 그치게 될 소낙비와 같다. 끝없는 좌절을 지겨운 장맛비로 생각하고 용기를 내어 도전했던 조앤의 삶이 우리에게 그렇게 말하고 있다.

조앤처럼 내가 가장 잘할 수 있는 일을 찾아 다시 한번 도전해 보자. 기적은 용기 있는 자에게 돌아오는 부메랑과도 같다. 놀라운 기적은 항상 실패 속에서 싹튼다는 사실을 잊지 말자.

02

신(神)의 물방울

옥스퍼드 대학

19세기 옥스퍼드 대학에서 종교학 시험시간에 출제된 주관식 문제다.

"물을 포도주로 바꾼 예수님의 기적에 대해 논하라."

시험 시작종이 울리자 일제히 답안지에 펜촉 닿는 소리가 요란스럽게 들렸다. 그런데 유독 한 학생만 멍하니 창밖을 응시하고 있었다. 감독관이 다가가 주의를 주었으나 학생은 시험에 전혀 관심이 없어 보였다. 종료 시간이 얼마 남지 않았음에도 학생의 멍 때리기는 계속됐다.

그러자 화가 난 감독 교수가 다가가 "백지 제출은 당연히 영점 처리할 것이고 학사경고 대상이니 뭐든 써넣어야 한다"라고 최후통첩을 했다.

이 말에 딴청을 피우던 학생의 시선이 돌연 시험지를 뚫어지게 바라보더니, 정말 단 한 줄만 써놓고 고사장을 유유히 빠져나갔다.

하지만 달랑 한 줄 답안지는 이 대학 신학과 창립 이후 전설이 된 만점 답안지!

그 학생의 이름은 영국의 3대 낭만파 시인 중 한 사람인 조지 고든 바이런이다.

대학의 모든 신학 교수들을 감동시켜 올 하트 받은 바이런의 촌철살인 답안은 이랬다.

“물이 그 주인을 만나니 얼굴을 붉히더라.”

물을 포도주로 바꾼 예수님의 기적을 이토록 창의적으로 표현할 수 있다니. 역시 영국의 대표적인 낭만파 시인답다. 창의적인 사고는 사람들에게 큰 울림과 감동을 준다.

그래서인지 우리 사회에서도 점점 창의성의 중요성에 대해 강조하고 있다. 학교에서도 급훈으로 근면, 성실, 협동 대신 혁신, 창조, 창의성 등이 들어가게 되었고, 기업에서도 직원을 채용할 때 가장 먼저 창의성을 본다고 한다.

창의성은 말 그대로 새로운 것을 창조하는 능력이다. 굳이 창조가 아니더라도 일상적인 것들 속에서 새로운 걸 찾아내는 능력이기도 하다. 아브라함은 모래밖에 없는 광야에서 별과 같은 후손을 봤다. 미켈란젤로는 대리석 덩어리에서 다비드를 캐냈다.

창의성은 또한 반복되는 일상 속에 지치고 무기력한 삶에서 무한한 잠재력을 발굴해 내는 능력이기도 하다. 창의성은 현실에만 안주하지 않고 미래를 꿈꾸며 비전을 바라본다. 불가능한 상황에서 가능성을 찾아내는 용기이기도 하다.

누구에게나 창의성이 있다. 지금 지치고 좌절했다면 이미 주어진 창의력을 통해 새로운 비전을 꿈꾸어 보자.

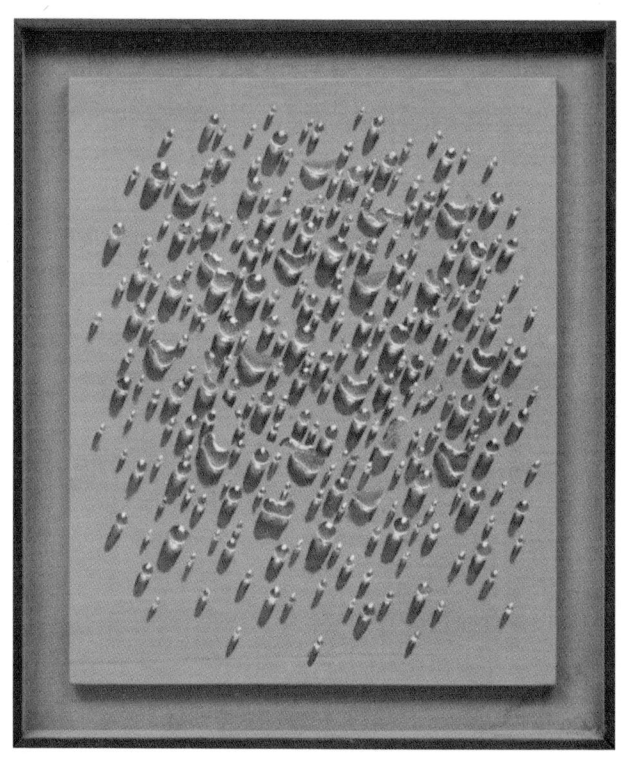

03

세계 일주 그 뒤 50년…
나는 이렇게 부자가 되었다

[김형석의 100년 산책]

가난은 팔자였던 것 같다. 30대 중반에 연세대학으로 직장을 옮길 때도 그랬다. 27세에 탈북하면서 무일푼의 신세가 되었다. 중앙학교에서 6~7년 있는 동안에 겨우 경제적 안정을 찾았다. 전셋집도 장만했고 하고 싶었던 일의 계획도 세우고 싶었는데 6·25전쟁이 터졌다. 전쟁 중에 북한에 3년 동안 남겨두고 왔던 큰 딸애와 모친, 고등학교와 대학에 갈 나이의 동생들이 합류했다. 대학으로 직장을 옮기면서는 중·고등학교 교감 때 모여 살던 사택도 떠나야 했다. 나 한 사람의 수입으로 10명이나 되는 가족을 부양하는 경제적 빚쟁이가 되었다.

대학에 가면서부터 3~4년 동안은 수입을 위해 무슨 일이든 삼가지 않았다. 교수의 부수입은 다른 대학에 시간강사로 가는 일이다. 여러 대학에 나갔다. 야간대학까지 갔으니까. 그렇다고 새내기 교수에게 주어진 강의를 소홀히 할 수가 없었다. 건강을 해칠 정도로 힘들었다. 3년쯤 후에 한 대학에서 전임대우를 해주겠다는 요청을 받았다. 겨우 재정적 안정도 뒤따르게 되었다. 두 동생은 대학과 고등학교로 보내고 여섯이나 되는 어린 것들도 제자리를 찾게 되었다.

그렇게 3~4년이 지난 뒤였다. 어떤 주초에 대구에서 제자가 찾아왔다. 대구의 중·고등학교 교사들의 수련회가 있는데 토요일 오후에 강연을 맡아달라는 요청이었다. 나는 같은 시간에 삼성그룹에 강연 약속이 있어 갈 수가 없고 좋은 강사를 소개해 주면 어떻겠는가 하고 제안했다. 제자는, 교장회의 결정이기 때문에 자기는 빈손으로 돌아가야 한다는 실망감을 감추지 못했다. 나는 고민에 빠졌다. 대구에 가면 하루 동안 고생하고 강사료는 서울의 절반도 못 된다. 그러나 500~600명이 되는 선생님들에게 강연하는 일은 너무 소중하다. 그래서 삼성의 양해를 겨우 얻어 대구를 다녀왔다.

그 일이 계기가 되어 앞으로는 수입보다는 일의 가치를 찾아 살아가자는 뜻을 다짐했다. 더 열심히 많은 일을 했다. 일을 사랑한다는 뜻이 무엇인지 깨닫게 되었다. 그런데 예상 못 했던 결과를 발견했다.

수입을 위해 일할 때는 피로하고 어떤 때는 일을 멀리하고 싶기도 했다. 그런데 일의 보람을 찾아 할 때는 피곤이나 일에 대한 혐오감 같은 것이 없어졌다. 또 다른 변화도 뒤따랐다. 수입을 위해 하는 일은 수입과 더불어 끝나곤 했다. 그런데 일을 찾아 일을 선택했을 때는 일이 또 다른 일을 만들기 때문에 더 많은 일을 하고 수입도 자연히 늘어나기 시작했다. 일의 성취감에서 오는 행복이 무엇인지 터득

할 수 있었다. 일에 대한 사랑이 행복과 성공의 열매를 남겨준 것이다.

그렇게 사는 동안에 70 중반을 넘기게 되었다. 우연한 기회에 일의 새로운 가치관에 도달하게 되었다. 그때까지는 100사람이 100의 일을 하면 일의 목적이 100인 줄 알았다. 그 생각이 잘못이었던 것이다. 100사람이 100의 일을 해도 일의 목적은 다 같은 하나인 것임을 깨달았다.

우리가 하는 모든 일은 그 일을 통해 좀 더 많은 사람이 인간다운 삶과 행복을 찾아 누리는 데 있다는 사실을 체험한 것이다.

실업가는 기업을 통해 더 많은 사람이 인간다운 삶과 행복을 찾아 누리는 데 있다는 사실을 깨닫게 된 것이다. 정치인은 선한 정치를 통해 국민들의 행복과 자유로운 삶을 베푸는 책임을 갖는다. 교육자는 제자들과 더불어 학원과 사회에 이바지함으로써 정신적 가치와 문화의 수준을 높여주기 위해 일한다.

그런 일의 공동체와 사회적 가치에서 목적을 찾게 되니까 또 다른 경제관에 변화가 찾아왔다. 나를 위한 수입이 일의 가치와 목적이 아니라 내가 경제적 가치를 베풀 수 있어 더 많은 이웃과 사회에 도움이 된다면 베푸는 것이 경제의 바른 길임을 알게 되었다. 내가 돈과 비용을 쓰더라도 그들을 도와야 한다는 의무감도 갖게 되었다. 경제 가치는 소유보다 건전한 베풂 없이는 모두가 행복해질 수 없다는 사실을 발견했다. 어떤 때는 재정이 부족하더라도 뜻을 같이하는 친구의 도움을 합쳐서 문화적 봉사를 하는 경우도 생겼다. 그래야 그 사람들이 행복해지며 사회가 성장할 수 있기 때문이다.

그 대가가 있다면 경제적 가치에서 오는 보람이며 고맙고 감사한 삶의 체험이다. 존경스러움이 무엇인지 깨닫게 되고 많이 베푸는 사람이 경제 가치의 창조자임을 자인하게 된다. 그리고 무슨 일이 더 가치 있는 일이며 어떤 일이 반사회적이며 배척받아야 할 경제관인지 깨닫게 된다. 교통부 장관이 되어 국민 교통의 혜택을 주지 못하는 사람보다는 버스 운전기사가 되어 수많은 손님에게 따뜻한 봉사를 하는 일이 소중함을 발견하게 된다. 국회의원에 당선되었다고 스스로를 높이는 사람보다는 농업기술을 개발해 농가수입을 올려주는 전문가에게 감사해야 한다.

이런 상식적이면서도 당연한 경제관을 갖게 되면 우리는 모두가 지금 하고 있는 일의 사회적 가치를 재발견하게 된다. 나에게 주어진 일을 어떻게 대하는가, 열심히 일해야 나도 즐겁고 상대방 사람들이 행복해지기 때문이다. 그리고 이런 마음과 노력을 함께하는 사람이 많아지면 대한민국 전체가 삶의 가치와 행복을 누릴 수 있다. 내가 부해지기보다는 모든 국민이 행복해져야 나도 자연히 부하고 행복해질 수 있기 때문이다.

내가 1962년에 세계일주 여행을 끝내고 귀국해서 쓴 여행기가 있다. 잘사는 선진 국가를 다녀보니까 우리 국민의 가난함이 눈물겹게 한스러웠다. 그래서 내가 우리나라에서 제일 가난하고 모두가 나보다 부하게 잘 사는 나라가 되었으면 좋겠다는 글을 남긴 적이 있다. 지금은 베푸는 사람이 부해진다는 사실을 깨닫게 된 셈이다.

- 김형석 연세대 명예교수

1920년생인 김형석 연세대 철학과 명예교수는 윤동주 시인과 중학교를 같이 다녔고, 도산 안창호 선생의 마지막 설교를 직접 들었다. '살아있는 역사책'이자 103세 철학자이다. 여전히 책을 쓰고, 강연하며 건강을 유지하고 있다.

100세 시대, 김 교수님의 더욱 활발한 활동을 응원한다.

04

부자들의 몸에 밴 10가지 습관

스티브잡스

1) 무엇이든 메모한다.

스티브 잡스Steve Jobs는 매일 아이디어를 메모했고, 그것은 종종 애플의 혁신적인 제품의 플랫폼으로 탄생했다.

2) 일의 경중을 따진다.

겉으로 중요해 보이는 업무가 사실은 가볍게 넘겨도 되는 일일 수도 있고, 손실 업무에 소요되는 시간을 최소화할 수 있기 때문이다.

3) 매일 운동한다.

운동을 하지 않는 일반적인 이유 중 하나로 시간이 없다는 핑계를 대지만, 부유한 사람들은 없는 시간을 쪼개서라도 운동한다.

4) 작은 지출을 우습게 여기지 않는다.

티끌 모아 태산이라는 말이 있듯, 작은 지출이 모여 큰 손실이 될 수 있다. 부유한 사람들은 재산을 구축하는 동안 사치와 필수적 지출을 식별하는 능력을 키워 검소함이 몸에 배어 있다.

5) 하루를 빨리 시작한다.

부유한 사람 중 대부분은 아침형 인간이다. 하루 중 아침을 생산성이 가장 높은 때라고 생각하기 때문이다. 충분한 숙면을 취하되 일찍 일어나 경기 전 워밍업처럼 본격적인 업무를 시작하기 전 명상을 하거나 독서를 하며 마음을 다스리는 것이다.

6) 책을 항상 곁에 둔다.

부유한 사람들 사이에는 실제로 독서광이 많다. 그들이 독서 습관을 중요시하는 이유는 폭넓은 간접 경험과 정보를 축적할 수 있기 때문이다. 늘 손이 닿는 곳에 책을 두거나 자녀들 교육법으로 책 읽는 모습을 많이 보여주는 것도 독서의 중요성을 알고 있기 때문이다.

7) 주변인에게 소홀히 하지 않는다.

부유한 사람들은 진심을 담아 주변인에게 감사함을 표현할 줄 안다. 이들은 사람들과의 유대를 중요시하고 다른 사람과 오래 지속되는 관계를 형성하기 위해 노력한다.

8) 매일 새로운 것을 배우려고 노력한다.

부유한 사람들은 매일 새로운 것을 배우거나 이해하려는 태도를 가진다. 뿐만 아니라 이들은 새로운 사람과의 만남을 즐길 줄 안다. 다른 사람들에게서 배울 점을 취하면 더 나은 사람으로 발전할 수 있기 때문이다.

9) 긍정적 사고력을 유지하려 애쓴다.

부유한 사람들은 마인드 컨트롤mind control에 뛰어난 모습을 보인다. 그들은 비판적이지 않으며, 긍정적인 측면을 찾으려고 노력한다.

10) 플러그를 뽑는다.

부유한 사람들은 하루 TV 시청 시간이 한 시간 미만이라고 한다. 시간을 더 효율적으로 사용하기 위해 단순한 재미를 포기할 줄 아는 의지를 갖고 있는 것이다.

니체는 "언젠가 날기를 배우려는 사람은 우선 서고, 걷고, 달리고, 오르고 춤추는 것을 배워야 한다"라고 했다.

부자가 되고 싶은가? 그러면 먼저 부자의 좋은 점을 공부하고, 배우고, 실천해 보자.

05

신념의 힘!

2차대전 참전 해군 전투기 조종사로 활약했던 해군 장교가 암에 걸려 군대를 의가사 제대하게 되었다. 그는 네 번이나 암 수술을 받았으나 결국 담당 의사에게 시한부 선고를 받았다.

"당신은 앞으로 3개월밖에 살 수 없습니다."

그는 마지막 남은 90일이라는 값진 시간을 헛되이 보내고 싶지 않았다. 지난날을 되돌아보니 미 해군사관학교를 졸업하고 군인으로서 최선을 다했던 때만큼 열정적으로 산 적이 없다는 것을 깨달았다.

그는 다시 현역 군인으로 복무하게 해 달라고 청원했다. 군에서는 받아주지 않았다. 포기하지 않고 국회의원들을 찾아 특별법을 만들어 달라고 요청했으나 부결되었고, 결국 청원서류가 대통령에게까지 가게 되었다. 미국의 33대 대통령 트루먼은 그가 다시 해군 장교로 복무하는 데 동의했다.

그는 군대에 복귀하자 예전보다 더 의욕적으로 일에 몰두했고, 몸을 아껴도 얼마 못 살 것이라고 생각해 사병의 일까지 자진해서 맡아 해냈다.

그렇게 90일이 지났다. 하지만 그는 죽지 않았다. 6개월이 지나도 그는 죽지 않았다.

그는 늘 '숨이 붙어 있는 한 내가 맡은 일을 완수한다'라고 다짐하며 동료나 부하의 만류를 뿌리치고 임무에만 매진했다.

3년이 지나도 그는 무사했다. 오히려 암의 증세가 점점 사라지고 있었다. 의사와 주변 사람들은 모두 놀라움을 금치 못하며 기적이라고 입을 모았다.

이 장교는 1968년 월남전에서 상륙전단을 지휘하고 무적함대로 세계에 용맹을 떨친 미 해군 제7함대 사령관 로젠버그이다.

만일 로젠버그가 3개월밖에 살 수 없다는 선고를 받았을 때 좌절했더라면, 이런 결과를 낳을 수 있었을까?

죽음마저도 물리친 로젠버그의 비결은 특효약이나 기적이 아니었다. 다름 아닌 '신념의 힘'이었다. 신념의 힘은 '자기 암시의 기적'이라고도 말할 수 있다. 자신의 능력에 대한 신념이 어떤 일을 달성하고 흔들림 없게 하는 토대가 되기도 한다.

이처럼 한 인간의 신념은 죽음보다도 강하며, 자신의 운명을 바꿔놓기도 한다. 신념은 죽음도 연장시키는 기적을 낳는다. 난관에 부딪히면 운명을 탓하기 쉬운데 사실은 신념이 모자란 것인지도 모른다.

남의 힘을 바라지 말고 당신의 신념을 믿어라! 굳은 신념이 당신의 새로운 성공을 보장해 줄 것이다.

06

줄탁동기 (啐啄同機)

고사성어에 '줄탁동기啐啄同機'란 말이 있다.

알 속의 병아리가 성숙하여 바야흐로 바깥세상으로 나오기 위해 부리로 알 벽을 쪼는 것을 '줄口+卒'이라고 한다.

알을 내내 품던 어미 닭이 새끼가 부화할 것을 짐작하고 바깥 알 벽을 쪼는 것을 '탁啄'이라고 한다.

줄탁의 동기同機란 바로 알 안의 병아리 부리와 알 밖의 어미 닭 부리가 쪼는 것이 일치하는 순간, 그 알이 깨지는 찰나를 이르는 말이다. 다시 말해 병아리가 알에서 나오기 위해서는 새끼와 어미 닭이 안팎에서 서로 쪼아야 한다는 의미다.

참 아름다운 장면 아닌가?

살면서 많은 사람을 만나기도 하고 또 헤어지기도 한다. 미운 정도 들고, 고운 정도 들고, 사랑으로 남기도 하고, 아픔으로 남기도 한다.

인연을 만난다는 의미 역시 줄탁의 동기와 같다는 생각을 해본다. 내가 누군가에게 어미 닭이 되고, 마찬가지로 병아리가 되는 것처럼 말이다.

막연한 두려움으로 찾아 헤매는 병아리의 마음을 갖기도 하고, 초조한 마음으로 기다리는 어미 닭의 마음을 갖기도 한다.

사랑도 이같이 생각하면 좋겠다. 안팎의 두 부리를 맞대는 것처럼 그런 마음 씀씀이로 헤아려주고, 도와주며, 손을 잡고 살았으면 좋겠다.

모든 사람과의 만남이나 혹은 헤어짐일지라도 줄탁의 의미를 새기며 산다면 이 또한 아름답지 않겠는가!

07
좋은 사람에게는 8가지 마음이 있습니다

1) 향기로운 마음

향기로운 마음은 남을 위해 기도하는 마음입니다. 나비에게, 벌에게, 바람에게 자기의 달콤함을 내주는 꽃처럼 소중함과 아름다움을 베풀어 주는 마음입니다.

2) 여유로운 마음

여유로운 마음은 풍요로움이 선사하는 평화입니다. 바람과 구름이 평화롭게 머물도록 끝없이 드넓어 넉넉한 하늘처럼 비어 있어 가득 채울 수 있는 자유입니다.

3) 사랑하는 마음

사랑하는 마음은 존재에 대한 나와의 약속입니다. 끊어지지 않는 믿음의 날실에 이해라는 구슬을 꿰어놓은 염주처럼 바라봐주고 마음을 쏟아야 하는 관심입니다.

4) 정성된 마음

정성된 마음은 자기를 아끼지 않는 헌신입니다. 뜨거움을 참아내며 맑은 녹빛으로 은은한 향과 맛을 건내주는 차처럼 진심으로부터 우러나오는 실천입니다.

5) 참는 마음

참는 마음은 나를 바라보는 선입니다. 절제의 바다를 그어서 오롯이 자라며 부드럽게 마음을 비우는 대나무처럼 나와 세상이치를 바로 깨닫게 하는 수행입니다.

6) 노력하는 마음

노력하는 마음은 목표를 향한 끊임없는 투지입니다. 깨우침을 위해 세상의 유혹을 떨치고 머리칼을 자르며 공부하는 스님처럼 꾸준하게 한 길을 걷는 집념입니다.

7) 강직한 마음

강직한 마음은 자기를 지키는 용기입니다. 깊게 뿌리내려 흔들림 없이 사시사철 푸르른 소나무처럼 변함없이 한결같은 믿음입니다.

8) 선정된 마음

선정된 마음은 나를 바라보게 하는 고요함입니다. 싹을 틔우게 하고 꽃을 피우게 하며 보람의 열매를 맺게 하는 햇살처럼 어둠을 물리치고 세상을 환하게 하는 지혜입니다.

08

모방은
창조의 어머니

어떤 일에서 성과를 내고 싶을 때 가장 효과적인 방법 하나는 성공한 사람을 철저하게 모방하는 것이다. 돈을 버는 원리도 비슷하다. 돈 잘 버는 사람을 철저하게 모방하면 적어도 그 근처라도 도달하기 때문이다.

어떻게 보면 당연한 이야기지만, 알고 있으면서도 막상 실천하는 사람은 드물다. 그래서 대부분의 사람들이 성공할 수 없는지도 모른다.

그런데 왜 이렇게 간단한 일을 실천하지 않는 것일까?

답은 간단하다. 정말 진심을 다해 돈을 벌겠다는 간절함이 아직 덜하기 때문이다.

내가 보아온 대부호들 중 올바른 방법으로 큰돈을 번 사람은 모두 자기 일에 목숨을 걸고 있었다. 그들과 이야기를 나눠보면 소름이 돋을 정도로 진지한 기운이 느껴진다.

그렇게 자수성가해서 대부호가 된 사람들은 약속이라도 한 듯이 성공한 사람을 철저하게 모방했다고 말한다.

- 하마구치 나오타의 <돈이 당신에게 말하는 것들> 중에서

"모방은 창조의 어머니다." 아리스토텔레스의 명언이다. 흔히 모방은 나쁜 것으로 여겨지기 쉽다. 특히 저작권이나 특허의 중요성이 부각되는 지식 기반의 사회에서 모방은 표절과 비슷하게 받아들여진다. 하지만 모방에서 창조가 시작된다.

글을 쓰거나 그림을 그릴 때, 처음부터 자신만의 것을 만들어내는 사람은 없다. 다른 누군가의 글을 읽거나 누군가의 그림을 보고 따라 그리면서 자신만의 방법을 만들게 된다. 창조를 위해서는 모방이 반드시 필요하다.

"우리는 위대한 아이디어를 훔치는 것을 부끄러워한 적이 없습니다."

세계 최고의 혁신 기업가로 꼽히는 스티브 잡스 전 애플 최고경영자CEO가 생전에 미국 PBS 방송 다큐멘터리 <괴짜들의 승리>에 출연해 했던 말이다. 아이디어를 훔쳤다는 것은 기존 아이디어를 모방했다는 것을 의미한다. 스티브 잡스는 새로운 아이디어를 만드는 가장 좋은 방법을 모방이라고 말하며 실제로 다른 회사의 좋은 것들을 적극 모방하려고 했다.

실제로 인도의 아라빈드 안과는 맥도날드의 표준화 시스템을 모방해 백내장 수술비용을 100분의 1로 절감한 바 있다.

대단하게 특별한 것을 창조하겠다는 생각보다는 남의 것을 보고 배운다는 겸손한 마음가짐으로 모방을 해보자. 남의 것을 보고 변형

해 자기 일에 적용하겠다고 생각해보자. 무에서 유를 만들어내는 창조는 어렵지만 보고 따라 하는 모방은 그보다 훨씬 쉬울 수 있다.

09

위대한 연설

1863년 11월 19일 미국 펜실베이니아주 게티즈버그에서 국립묘지 봉헌식이 열렸다. 남북전쟁 당시 가장 치열한 전투가 벌어졌던 이곳에서 전사한 남·북군 병사들을 안장하는 행사였다.

이날 봉헌식에 에이브러햄 링컨 대통령도 참석했다. 그러나 주 연사는 그가 아니었다. 하버드대학교 교수와 총장을 지내며 당대 최고의 연설가로 이름을 날렸던 에드워드 에버렛이 첫 번째 연사였다.

당시에는 최대한 말을 어렵고, 길고, 복잡하고, 화려하게 하는 게 유행이었다. 그 시절의 명연설이나 명문장은 온갖 수식어가 가득했다. 에버렛의 게티즈버그 연설도 그랬다. 1만3,607개 단어를 동원해 두 시간이 넘는 연설을 하며 청중을 압도했다.

그 뒤를 이어 등단한 두 번째 연사가 링컨이었다. 그의 연설 시간은 불과 2분 남짓이었다. 그러나 그 반향은 에버렛을 훨씬 넘어섰다.

"신의 가호 아래 이 나라에 자유가 새로이 탄생하고 국민의, 국민에 의한, 국민을 위한 정부가 이 지상에서 절대 사라지지 않게 해야 합니다."

링컨의 게티즈버그 어록은 무척 유명하나 이 연설이 단 10개 문장, 272개 단어에 불과했다는 사실을 아는 사람은 많지 않다. 링컨의 연설 사진이 한 장도 없는 데는 이유가 있다. 사진사가 촬영을 준비하는 도중 연설이 순식간에 끝났기 때문이다.

하지만 핵심을 짚어낸 간결한 연설의 힘은 엄청났다. 2분 남짓의 연설로 민주주의 원칙을 제시하고, 노예제 종식이라는 대변혁을 이끌어낸 것이다.

토니 블레어 전 영국 총리의 수석 연설문 작가를 지낸 필립 콜린스는 "자유민주주의는 훌륭한 연설을 통해 발전하고 유지될 수 있다"라고 강조한다. 민주주의가 힘이나 권위에 의한 강요가 아닌, 말을 통한 설득으로 작동하기 때문이다.

콜린스는 정치의 덕목을 5가지로 꼽는다.

1) 국민의 목소리를 듣는 것.

2) 강요가 아니라 설득.

3) 개개인이 타인으로부터 자신의 가치를 인정받는 것.

4) 자유로운 사회의 시민 모두를 평등한 존재로 여기고 국민 전체의 삶을 개선해 나가는 것.

5) 인간의 본능 중 가장 나쁜 부분을 조절해 올바르게 바로잡는 것.

위대한 연설이야말로 이 5가지 덕목을 뒷받침하는 강력한 힘이다.

2차 세계대전 때 강제수용소에서 살아남은 유대인 엘리 위젤은 미국 백악관 초청 연설에서 "희망이 없다면 희망을 만들어야 한다"

라는 프랑스 작가 알베르 카뮈의 말을 인용해 감동을 안겼다. 대중연설은 사람들의 용기를 북돋우면서 얼마든지 희망을 던져줄 수 있다.

이 밖에도 사람의 마음을 움직이는 명연설 몇 가지를 소개한다.

"이 길은 비단 우리만의 것이 아니요, 전 인류의 것입니다. 우리 시대만의 것이 아니요 다가올 시대의 것입니다." - 윈스턴 처칠

"국민 여러분, 조국이 여러분을 위해 무엇을 할 수 있을지를 묻지 마십시오. 여러분이 조국을 위해 무엇을 할 수 있을지를 물으십시오. 세계 시민 여러분, 미국이 여러분을 위해 무엇을 해줄 것인가를 묻지 마십시오. 인류의 자유를 위해 우리가 힘을 모아 무엇을 할 수 있을지를 물으십시오." - 존 F. 케네디

"절망의 구렁에 빠져 허우적대지 맙시다. 비록 우리는 지금 고난을 마주하고 있지만, 나에게는 꿈이 있습니다." - 마틴 루터 킹

"우리 여성 참정권 운동가들은 막중한 임무를 갖고 있습니다. 아마도 그것은 세상에서 가장 중대한 임무일 것입니다. 그 임무란 바로 인류의 절반을 해방하는 것입니다. 그리고 그 해방을 통해서 인류의 나머지 절반을 구하는 것입니다." - 에멀린 팽크허스트

이렇듯 역사의 순간마다 대중의 마음을 울린 위대한 연설들이 있었다.

말이라고 다 같은 말이 아니다. 새겨야 할 말이 있고, 버려야 할 말이 있다. 기억해야 할 말이 있고, 잊어야 할 말이 있다. 따라야 할 말이 있고, 싸워야 할 말이 있다.

우보만리(牛步萬里)의 정신으로

고상환
울산로지스틱(주) 대표이사
前 울산항만공사 사장

느리지만 만 리를 가는 소걸음으로
한 걸음 한 걸음 함께 나아가다 보면
어떤 어려움이든 극복하고 어떤 도전이든 마주하며
우리는 더 멀리 더 높이 나아갈 수 있습니다.

한 발 앞의 길이 험난하고 멀어 보여도
서로의 손을 잡고 서로에게 힘을 실어주면
우리의 노력과 열정은 성공의 향기로 가득한
새로운 시작을 만들어낼 것입니다.

작은 발걸음 하나가 큰 성취의 출발점이 되듯
우리의 작은 발걸음이 모여서
큰 성취로 이어질 그날을 위해
우보만리(牛步萬里)의 정신으로 힘차게 걸어갑시다.

11
거절은 또 다른 기회를 만든다

2007년 징가Zynga.com를 설립해 소셜게임 붐을 일으킨 마크 핑커스는 여러 번 창업 실패의 쓴맛을 봤다. 1990년대에 일체형 컴퓨터, 2000년대 초에는 인터넷 커뮤니티 사업에 손을 댔다가 접었다. 너무 빨랐거나 남들보다 뛰어나지 못한 탓이었다. 그런데 이때 투자자들에게 맞은 퇴짜가 그를 성장시켰다. 그는 말한다.

"수많은 거절과 실패를 통해 거절을 어떻게 받아들여야 할지, 기업 성장을 위해 어떤 판단을 내려야 할지 알게 됐다."

모 경제신문의 <"USB 귀찮아" 다들 생각했지만… 행동으로 옮긴 휴스턴만 '돈방석'> 기사에서 실리콘밸리의 대표 기업가들이 성공을 일군 과정을 소개했다. 그들은 투자자들의 "아니요"라는 말에 기죽지 않았다.

인터넷과 연결한 신개념 실내 자전거로 돌풍을 일으킨 펠로톤 창업자 존 폴리도 그랬다. 하버드대 경영대학원을 나와 유명 온라인 기업 최고경영자CEO를 지낸 그가 마흔 살에 창업을 결심하고 투자를 받으려 하자 벤처캐피털들이 모두 거부했다. "나이가 너무 많다", "하드웨어 사업은 돈이 많이 든다", "피트니스는 혁신이 없는 분야다" 등등 이유도 다양했다.

온라인 취업 플랫폼 더뮤즈 창업자도 투자 요청을 148차례나 거절당했다. 링크드인 창업자이자 실리콘밸리의 전설적 투자자인 리드 호프먼은 "새로운 도전을 하면서 받게 되는 거절이 부정적인 것만은 아니다. 오히려 간과하기 쉬운 정보를 모을 기회를 제공한다. 전략과 목표를 수정하는 데도 도움이 된다. 간단히 말해, 거절 속에 황금과 같은 수많은 정보가 담겨있다"라고 말한다.

리드 헤이스팅스가 넷플릭스로 대성공을 거둔 것도 실패의 산물이다.

그는 넷플릭스를 창업하기 전 퓨어소프트웨어라는 회사를 운영했다. 뛰어난 프로그래머였던 그는 직원들에게 일을 맡기지 않고, 혼자서 다 하려고 했다. 그러자 직원들이 점점 수동적으로 변했다. 헤이스팅스가 뒤늦게 문제를 깨닫고 기업문화를 바꿔보려 했을 땐 이미 늦었다. 기업문화는 한 번 형성되면 바꾸기 어렵기 때문이다.

헤이스팅스는 회사를 팔고 다음번 회사에선 다르게 해보겠다고 결심했다. "빈틈없는 문화를 만들면 바보들의 문화가 된다"라는 교훈을 새긴 것이다. 넷플릭스의 대표적 성공 요인으로 꼽히는 기업문화는 그렇게 탄생했다.

넷플릭스 직원들은 맹목적으로 지시를 따르거나 기존 프로세스를 고수하지 않는다. 그들은 "다른 방법으로 할 수는 없을까?"라는 질문을 던지도록 훈련받는다. 근무시간, 휴가기간, 출장비 등에 대한 세세한 규정도 없다. 무엇이 회사를 위해 최선인지 생각하고 스스로 결정하라는 것이다.

새로운 사업을 성공시키려면 기존의 성공 공식을 의심하고 기꺼이 버리는 결단도 필요하다. 똑같은 도구, 똑같은 지식, 똑같은 전술의 효과가 영원하지 않기 때문이다. 해결하고자 하는 문제가 변하거나, 시장이 변하거나, 경쟁자가 변하거나, 산업이 변하기 때문이다. 무엇보다 자기 자신이 변한다.

기업가가 '모든 것을 아는 사람'이 아니라 '모든 것을 배우는 사람'이 돼야 하는 이유다. 다양한 가능성을 모색하고 시도하라. 생각하고, 확장하며, 성장하라.

12

성공에는
지름길이 없다

저것은 벽
어쩔 수 없는 벽이라고 우리가 느낄 때
그때
담쟁이는 말없이 그 벽을 오른다
물 한방울 없고 씨앗 한톨 살아남을 수 없는
저것은 절망의 벽이라고 말할 때
담쟁이는 서두르지 않고 앞으로 나아간다
한 뼘이라도 꼭 여럿이 함께 손을 잡고 올라간다
푸르게 절망을 다 덮을 때까지
바로 그 절망을 잡고 놓지 않는다
저것은 넘을 수 없는 벽이라고 고개를 떨구고 있을 때
담쟁이잎 하나는 담쟁이잎 수천 개를 이끌고
결국 그 벽을 넘는다.

도종환 시인의 '담쟁이'라는 시의 전문이다. 곰곰 생각해보면 자신의 한계의 벽을 넘는 힘은 꼭 해내야 하는 간절한 이유와 이루어낼 때까지 반복하는 시간의 합에서 나온다.

많은 사람이 성공하는 데 특별한 비결이 있다고 생각하지만, 성공에는 지름길이 없다.

'1만 시간의 법칙The 10,000-Hours Rule이란 것이 있다. 어떤 분야에서든 최고 전문가로 인정받으려면 1만 시간은 쏟아부어야 한다는 이론이다. 성공한 이들은 모두 매일 하루도 빼놓지 않고 3시간 이상 10년을 투자하며 쉼 없는 노력을 기울였다는 것이다.

이 1만 시간의 법칙은 누구에게나 적용된다. 어떤 분야에서든 성공하기 위해서는 반복의 지루함을 즐거움으로 승화시킬 수 있어야 한다. 꾸준히 반복하고 노력하고 실천하는 삶을 살아가면 어느새 성공에 성큼 다가가 있는 자신을 발견할 수 있으리라.

13

K-뷰티의 심장,

강윤선 준오헤어 대표이사

JUNO HAIR *depuis 1982*

강윤선 준오헤어 대표는 대한민국 미용업계를 대표하는 인물 중 한 명으로, '준오헤어'를 세계적인 토털 뷰티 브랜드로 성장시킴과 동시에 K-뷰티의 열풍을 일으킨 주인공이다.

17세 약관의 나이로 미용계에 입문하여 1982년 단돈 50만 원으로 '준오헤어' 1호점을 연 이후, 수많은 도전과 변신을 거듭하여 '준오헤어'를 독보적인 토탈뷰티 전문 기업으로 성장시키고 미용업계 1위라는 성공 신화를 쓴 강윤선 대표.

그의 뛰어난 리더십과 미래를 향한 비전은 그를 단순히 미용실 대표가 아닌, 미용 산업의 혁신가이자 트렌드세터Trendsetter로 인정받게 한다.

"준오의 탄생과 브랜드 철학"

어린 시절 큰 화상을 입고 기적적으로 살아남은 강 대표는, 미용을 통해 자신의 삶을 아름답게 꾸미기로 결심하고 일찍부터 자신의 비전을 실현하기 위해 노력했다.

1982년, 돈암동에 '준오헤어' 1호점을 열었다. '준오'라는 이름은 그리스 신화 속 여신 '주노'에서 딴 것으로, 강하고 당당한 여성의 아름다움을 상징한다.

초기에는 자본도 부족하고 미용 기술도 미흡했지만, 그는 끊임없는 학습과 노력을 통해 자신의 실력을 쌓아갔다. 준오헤어는 개업 초기부터 독창적인 서비스와 고객 중심의 마인드로 빠르게 주목받았다.

"지구를 한 바퀴 돌더라도 저희가 매만진 머리가
결코 부끄럽지 않게 하겠습니다"

초창기 '준오헤어' 매장 외벽에 걸려 있던 플래카드 글귀다. 이것만 보더라도 그가 미용에 대한 자부심과 고객에 대한 약속을 얼마나 중요하게 생각하는지 알 수 있다.

"고객 중심의 경영 철학"

강 대표의 고객 중심 마인드는 한 중년 여성 고객과의 만남에서 비롯되었다. 그 고객은 자주 머리를 잘라달라고 요청했는데 항상 얼굴에는 옅은 미소를 띠고 있었다. 그러나 강 대표는 고객의 미소 뒤에 숨겨진 슬픔을 느꼈고, 자세한 이야기를 나눈 끝에 그 고객이 암 투병 중임을 알게 되었다. 이후 강 대표는 고객의 치료 과정을 지원하고, 고객이 자신감을 회복할 수 있도록 돕기 위해 무료로 정기적인 스타일링 서비스를 제공했다. 이 일화는 그의 고객 중심 철학을 잘 보여주는 사례다.

이러한 정신은 오늘날에도 준오헤어의 모든 서비스와 제품, 그리고 교육 프로그램에 스며들어 있으며, 강 대표와 준오헤어가 글로벌 뷰티 브랜드로 성장하는 데 있어 빼놓을 수 없는 요소가 되었다.

“철저한 교육 시스템, 직원들과의 소통과 존중”

그는 항상 고객의 입장에서 생각하며, 최고의 서비스를 제공하기 위해 직원들의 교육과 훈련에 많은 투자를 했다.

강 대표는 준오의 힘이 사람에 있다고 믿으며, 직원들에게 주인의식을 갖게 하고자 했다. 이를 위해 ‘준오아카데미’를 설립하여 ‘미의 전사’를 양성하고, 준오의 직원들이 자부심을 가질 수 있는 환경을 조성했다.

준오헤어의 직원들은 단순히 기술을 가르치는 것에 그치지 않고, 고객과의 소통 방법, 서비스 마인드 등을 체계적으로 배우며, 고객에게 최상의 경험을 제공할 준비를 한다.

신규 직원 교육 프로그램을 도입할 때였다. 전 직원들이 모여 직접 봉사활동을 하는 시간을 가졌다. 그 자리에서 강윤선 대표는 직원들과 함께 어르신들의 머리를 손질해 드리며, 고객과의 소통이 얼마나 중요한지, 그리고 미용이 사람들의 삶에 어떤 변화를 줄 수 있는지에 대해 직접 보여주었다.

이 경험은 직원들에게 큰 감동을 주었고, 준오헤어의 서비스 정신을 몸소 체험하게 했다.

“혁신적인 아이디어와 글로벌 뷰티 브랜드로의 도약”

강윤선 대표는 새로운 시도를 두려워하지 않으며, 이를 통해 준오헤어를 발전시켜 왔다. 예를 들어, 미용실에 독서실을 도입하거나, 해외 시장에 진출하는 등의 도전을 통해 준오헤어를 세계적인 브랜드로 성장시켰다.

더불어 강 대표는 ‘500년 기업’이라는 장대한 비전을 가지고 있으며, 이는 경영 결정을 내릴 때 장기적인 관점에서 생각하게 만드는 원동력이 되었다. 최근에는 인공지능(AI) 기술을 도입하여 고객의 얼굴형과 스타일을 분석하고, 최적의 헤어스타일을 추천하는 서비스를 개발했다. 이 서비스는 고객들이 미용실을 방문하기 전에도 자신에게 어울리는 스타일을 미리 확인할 수 있게 해주어 큰 호응을 얻고 있다.

이제 그는 준오를 헤어 카테고리를 넘어 글로벌 토탈 뷰티 브랜드로 성장시키고자 한다. 교육, 리테일 등 사업 확장을 통해 준오의 비전을 세계에 알리고 있으며, K-뷰티에 대한 세계적인 수요에 힘입어 해외 진출에 더욱 박차를 가하고 있다. 2024년 1월, 준오헤어는 필리핀 클락에 첫 해외 직영 매장을 오픈하며 글로벌 진출의 첫발을 내디뎠고, 4월 태국 매장 오픈과 함께 싱가포르, 인도네시아, 말레이시아, 두바이, 파리, 뉴욕, 일본 등 다수의 국가에 진출하여 '글로벌 K-뷰티 플랫폼'으로 도약할 계획이다.

강윤선 대표의 이야기는 단순한 성공담을 넘어, 우리나라 미용 산업의 발전과 변화를 이끌어가는 한 사람의 비전을 보여준다. 그는 앞으로도 많은 이들에게 영감을 주며, 한국 미용 산업의 발전을 이끌어 나갈 것이다.

"당신은 주위에서 당신이 하는 일에 미쳤다는 말을 몇 번 들었나? 한 번도 안 들었다고 하면 당신은 아직 멀었다."
- 강윤선 준오헤어 대표 -

14 웃음 10계명

사람이 가장 아름다워 보일 때는 웃고 있을 때라고 한다.

웃을 때 암을 이길 수 있는 인터페론Interferon이 200배나 나온다고 하고, 기쁜 노래를 할 땐 다이돌핀didorphin이라는 성분이 엔돌핀의 4,000배가 나온다고 한다.

☺ 크게 웃어라!

크게 웃는 웃음은 최고의 운동이며 매일 1분 동안 웃으면 8일을 더 오래 삽니다.

☺ 억지로라도 웃어라!

병은 무서워서 도망갑니다.

☺ 잠자리에서 일어나자마자 웃어라!

아침의 첫 번째 웃음은 보약 중 보약입니다.

☺ 시간을 정해놓고 웃어라!

약만 시간 맞춰 먹지 말고 웃으세요. 병원과 의사와는 영원히 결별입니다.

☺ 마음까지 웃어라!

얼굴 표정보다 마음 표정이 더 중요합니다.

☺ 즐거운 생각 하며 웃어라!

즐거운 웃음은 즐거운 일을 창조합니다.

☺ 함께 웃어라!

혼자 웃는 것보다 33배 효과가 있습니다.

☺ 힘들 때 더 웃어라!

진정한 웃음은 힘들 때 웃는 것입니다.

☺ 한 번 웃고 또 웃어라!

웃지 않고 하루를 보낸 사람은 그날을 낭비한 것입니다.

☺ 꿈을 이뤘을 때를 상상하며 웃어라!

꿈과 웃음은 한집에서 산답니다.

☺ **웃음의 종류**

바람둥이 남자의 웃음 : 걸걸걸 Girl Girl Girl

살인마의 웃음 : 킬킬킬 Kill Kill Kill

요리사의 웃음 : 쿡쿡쿡 Cook Cook Cook

남자가 좋아하는 웃음 : 허허허 Her Her Her

여자가 좋아하는 웃음 : 히히히 He He He

실제로 웃음은 우리 몸 곳곳에 긍정적인 기능-면역력 증진, 혈압 강하, 통증 경감, 근육 운동, 다이어트 효과, 소화 기능 향상, 폐활량 증가, 우울증 감소 등-을 하며 수명 연장에도 도움이 됩니다.

아무쪼록 이 책을 읽는 독자 여러분 모두 많이 웃으시길 바랍니다. 만약 잘 안 웃어지면 웃는 연습을 열심히 해보세요. 매일 아침 거울을 보면서 가장 행복할 때의 미소를 지어 보세요. 나를 향하여 최상의 웃음을 선물해 보십시오. 기운찬 행복 에너지, 긍정의 힘으로 마법을 걸어 보내 드리겠습니다.

15

행운을 성공으로 만드는 '세렌디피티의 법칙'

'세렌디피티의 법칙'이란 것이 있다. 세렌디피티Serendipity는 의도하지 않았는데 얻게 된 행운이나 예상치 못한 성공을 가리키는 말이다. luck이나 chance라고 써도 비슷한 뜻이 되지만, 이런 단어들은 상황에 따라 나쁜 결과를 낳을 수 있다는 점에서 세렌디피티와는 조금 다르다. 세렌디피티는 좋은 결과로 이어진 경우에만 쓴다.

18세기 영국 작가 호러스 월폴이 처음 사용한 이 말은 페르시아 동화 <세렌디프의 세 왕자>에서 유래했다. 세렌디프 왕국의 세 왕자가 왕국을 떠나 바깥세상을 여행하며 생각지 못한 행운으로 어려움을 이겨내는 이야기에서 그 의미가 생겨난 것이다.

대표적인 예로 아르키메데스가 목욕탕에서 밀도 측정법을 생각해 낸 것, 접착력 강한 풀을 만들려다 실패하고 나온 포스트잇, 배양

접시 관리 소홀 덕분에 발견한 페니실린, 사과가 떨어지는 현상으로 중력의 법칙을 발견한 것, 모래 위에 불을 피우다 유리를 개발한 것, 꿈에서 본 배열구조로 벤젠의 분자구조를 발견한 것 등이 꼽힌다.

과학계의 중대 발견 중 30~50%는 이처럼 우연한 사고, 혹은 세렌디피티의 순간에서 비롯됐다고 한다.

그런데 이 세렌디피티를 다른 사람보다 자주 만나는 사람이 있는가 하면 좀처럼 못 만나는 사람도 있다. 세렌디피티를 자주 만나는 사람을 세렌디피티스트serendipitist라고 한다. 세렌디피티스트들의 특징을 조사한 크리스티안 부슈의 저서 <세렌디피티 코드>에 따르면 이들은 예기치 못한 상황을 받아들이고 이를 기회로 활용하는 사람들이다.

일이란 원래 계획대로 되지 않는 법이다. 늘 예상치 못한 복병이 나타나게 마련이다. 세렌디피티스트들은 계획대로 되지 않는다고 해서 화내거나 포기하지 않고, 이런 상황의 잠재적인 가치를 알아보고 행동한다. 열린 마음과 솔직한 태도, 유연한 자세를 갖고 있다. 또 많이 노력한 사람들이다.

누구나 살면서 한 번쯤 자신에게 행운의 여신이 손짓하길 바란다. 그러나 저절로 운수대통하는 삶이란 없다. 어떤 일이든 노력이 뒷받침될 때 행운도 찾아오기 마련이다. 세렌디피티의 법칙Serendipity's

Law 또한 노력한 끝에 찾아온 우연한 행운을 의미하는 것이다.

프랑스 정치가 클레망소는 "행운은 눈이 멀지 않았다. 따라서 부지런하고 성실한 사람을 찾아간다. 앉아서 기다리는 사람에게는 영원히 찾아오지 않는다. 걷는 사람만이 앞으로 나아갈 수 있다. 노력하는 사람에게 행운이 찾아온다"라고 말했다.

더 부지런히, 더 성실하게, 더 노력하여 우리 모두 세렌디피티스트가 될 수 있기를 소망한다.

16

행복한 직장, 꿈의 직장을 만들어 가는

박용주 (주)GB STYLE 회장

박용주 회장은 (주)GB STYLE의 창립자이자 회장으로서, "영혼이 담긴 제품을 만든다"라는 경영 철학으로 지난 30년간 국내 유·아동 내의 1위 브랜드 '무냐무냐'와 '첨이첨이'를 키워낸 장본인이다.

젊은 시절부터 패션 산업에 대한 열정을 가지고 있던 박 회장은, 이를 바탕으로 1991년 (주)GB STYLE을 설립하였다. 그는 시장의 트렌드를 빠르게 파악하고, 고객의 요구에 맞춘 제품을 개발하는 데 탁월한 능력을 발휘했다.

박용주 회장은 발명진흥유공단체 특허청장상을 수상하는 등 발명과 디자인 개발에도 많은 공을 들였다. 그의 노력 덕분에 (주)지비스타일은 빠르게 성장하며 업계에서 주목받는 기업으로 자리매김할 수 있었다.

2014년 박용주 회장이 3천 개 사의 중소기업이 회원사로 참여하고 있는 (사)한국경영혁신중소기업협의회MainBize 회장직을 수행할 때는, 분초를 아껴가며 중소기업의 발전을 도모하고 변화를 주도하는 데 앞장섰다. 대한민국의 중소기업을 글로벌 중견기업으로 성장시키기 위해 열과 성을 다한 것이다.

'중소기업을 빛낸 얼굴들'에 선정(2012년)된 박용주 회장(오른쪽).

그는 경영자가 변화하지 않으면 중소기업은 성장이 분화되고 자본에 잠식당할 수밖에 없고, 그래서 끊임없이 학습하고 변화와 혁신을 오너 스스로에서부터 이끌어 내는 노력이 필요하다고 생각했다. 내 회사의 성장만을 추구하는 회사는 훌륭함과 목표를 달성하기 어렵다는 게 박 회장의 경영 철학이었다. 그가 직원을 비롯해 사회와 세상을 향한 경영자로서의 인품과 덕목을 강조하는 것도 이런 연유에서다.

박용주 회장은 늘 긍정적 에너지와 도전 정신으로 충만해 있다. 60세가 넘어서도 새로운 도전을 멈추지 않았으며, 62세에 이름을 '박칠구'에서 '박용주'로 개명하면서 새로운 인생을 시작하였다.

그는 60 이후의 인생은 사업도 열심히 하면서 배움에도 맹진하는 삶을 살고 싶다고 한다. 회사도 자식도 많이 키워놨으니 이제 자신을 돌아보는 시간을 가지며 공부에 매진하여 70세에는 '무냐무냐' 브랜드를 성공시킨 얘기로 박사 학위를 받고 싶다는 것이다.

그의 새로운 도전은 "나이는 숫자에 불과하다. 중요한 것은 마음의 나이다"라는 마크 트웨인의 명언을 떠오르게 한다.

(주)GB STYLE은 '무냐무냐', '첨이첨이' 브랜드로 유명한 가족 패션내의 전문회사이다.

차별화된 디자인과 품질 관리로 전국 유명 백화점에 입점해 있다. 지비스타일의 옷은 천연 소재와 다름없는 유기농 면, 친환경 소재로 만들어지며, 이는 박 대표의 장인정신에서 비롯된다. '무냐무냐'는 3년 이상 농약, 화학비료, 살충제를 사용하지 않은 건강한 토양에서 유기농법으로 재배한 순면으로 만든 제품이다. 이러한 유기농 상품은 민감성 피부와 아토피성 피부에 탁월한 효과를 보인다.

박 회장은 해외 시장 진출에도 성공적인 성과를 거두었다. 그는 20년간의 시행착오를 통해 얻은 노하우를 바탕으로, 세계 최대 시장인 중국에 '무냐무냐'와 '첨이첨이' 등의 브랜드를 성공적으로 출시했다. 이러한 성과는 그의 끊임없는 도전과 혁신의 결과이다. 앞으로도 그만의 비전과 열정을 바탕으로 글로벌 시장에서의 경쟁력을 강화할 계획이다.

2021년 '근무혁신우수기업'에 선정되기도 한 (주)GB STYLE이 유아동 내의 1위 기업으로 독보적인 위치를 선점한 데에는 박용주 회장의 기업가 정신이 큰 몫을 했다.

첫째는 진정성Authenticity이다. 박 회장은 제품을 자신의 손자처럼 소중히 여기며, 직원들을 가족처럼 대한다. 이러한 진정성은 그의 경영 철학의 핵심이다.

둘째 혁신(Innovation)이다. 박 회장은 친환경 소재를 사용한 제품 개발과 지열을 이용한 친환경 온난방 시스템 등 혁신적인 방법을 통해 회사를 성장시켰다.

몽골 어린이를 위한 2억 원 상당의 유아동복을 후원한 박용주 회장(왼쪽).
(출처-사마리안퍼스 코리아)

셋째 사회적 책임Social Responsibility이다. 박 회장은 다양한 사회 공헌 활동을 통해 지역사회에 기여하고 있다. 매년 비영리단체를 통해 다양한 유아동복을 기증하는 등 사회적 나눔의 가치에 대해 알리고 실천하였다.

또한 자율 출퇴근제와 자율 재택근무를 시행하여 직원들의 일과 생활의 균형을 맞추고, 업무 효율성을 높였다.

직원 모두가 주인공이고, 최대한 직원들에게 잘해 주는 게 박용주 회장의 경영 목표이다. 2013년 전 직원이 발리 여행을 다녀올 정도로 직원이 행복한 직장, 직원이 사랑하는 직장이 되지 않고서는 최고의 제품을 만들어 낼 수 없다는 것이 그의 신념이기 때문이다.

1991년 법인 설립 후 국내 아동 내의 시장의 판도를 바꾸고 국내·외 시장 개척뿐 아니라 글로벌 인재 양성을 위한 임직원 교육과 복지에도 힘쓰고 있는 박용주 회장.

그는 친환경 경영과 사회 공헌 활동을 통해 지속 가능한 발전을 추구하며, 더불어 행복한 세상을 꿈꾸고 있다.

박 회장의 리더십은 직원들의 만족도와 회사의 성과로 이어지고 있으며, 그의 경영 철학은 많은 이들에게 영감을 주고 있다. 그는 자신의 행복을 다른 사람과 나누며, 함께 성장하는 문화 조성을 위해 항상 노력한다.

이러한 박용주 회장의 노력과 비전 덕분에 (주)GB STYLE은 단순한 직장을 넘어, 꿈을 실현하는 행복한 직장으로 자리매김하고 있는 것이다. (주)GB STYLE의 밝은 미래가 기대되는 이유다.

"직원이 행복해야 회사도 행복해진다.
회사가 행복해야 기업이 지속 성장한다."

- 박용주 -

17

나눔으로 세상을 바꾼 아시아 기부왕,

민남규 자강산업(주) 회장

자강산업(주)과 케이디켐(주)의 수장, 민남규 회장은 그 이름만으로도 많은 이들에게 존경과 영감을 불러일으키는 분이다. 민 회장은 수많은 어려움을 극복하고 두 회사를 세계 무대로 끌어올린 진정한 개척자임과 동시에, 이윤 추구보다는 기업의 사회적 책임과 지속 가능한 발전을 경영 철학으로 삼은 이 시대의 진정한 리더이다.

특히 민남규 회장은 다양한 기부와 사회공헌 활동으로 유명하며, 2014년 아시아 포브스지에 의해 '아시아 기부왕'에 선정되기도 하였다.

1974년 설립되어 작은 공장에서 PE 필름 사업을 시작한 자강산업은 현재 J.K Materials에서 연포장 필름 종합메이커로 자리매김한 후 BOPP, BOPE, BOPA, LLDPE Film을 생산하며 플라스틱필름의 전문가로 업계를 리딩하고 있다.

이러한 성장의 배경에는 민남규 회장의 경영이념인 'AHA! 정신'이 큰 몫을 했다. AHA는 Accountability (내가 하자), Harmony (하나되자), Advancement (나아가자) 각각의 머리글자를 따서 만들어진 것이다. 민 회장은 이 'AHA! 정신'을 실천하며 회사뿐 아니라 사회 전반에 긍정적인 영향을 미치고 있다.

이후 사출 사업을 시작하여 삼성전자 협성 회원사로 플라스틱 가전제품, 자동차부품, 가구부품 등을 생산하고 있다.

1986년에는 정밀화학 소재 전문기업인 케이디켐(주)을 설립하여 "환경이 먼저다"라는 경영이념을 항상 염두에 두고 PVC 안정제의 연구개발에 집중해 왔다.

현재 케이디켐은 국내유기액상안정제 시장의 선두주자로서, 글로벌 시장 진출을 통해 추가 성장 동력을 확보하고 있다.

민 회장의 비전은 기업의 성장은 물론 직원들의 복지와 개발도상국의 지원에 이르기까지, 사회 전반에 걸쳐 긍정적인 변화를 이끌어냈다. 그는 무엇보다 기업의 이익을 사회에 환원하는 것을 중요한 가치로 여기고 있기 때문이다.

그는 플라스틱 산업의 선구자로서 환경 문제에 대한 깊은 통찰력을 바탕으로, 폐플라스틱을 최고의 친환경 연료로 전환하는 비전을 제시하며, 지속 가능한 미래를 위한 혁신적인 해결책을 모색하였다.

이러한 노력은 단순한 비즈니스 모델을 넘어, 인류와 지구의 미래를 위한 민 회장의 깊은 사명감을 반영한다.

민남규 회장, '자랑스러운 플라스틱산업인상' 수상.

아시아 기부왕 민남규 회장은 다양한 활동을 통해 사회에 기여한 바가 크다. 서울동부청년회의소 회장, 국립극장 이사, 한국장애인부모회후원회 이사, 한국산악회 부회장 등을 역임하며 플라스틱 산업계는 물론 문화·예술 등 사회 각 분야에서 활발한 활동을 하였다.

안중근 유해발굴 지원, 페르시아와 신라 간의 역사 서사시 '쿠시나메' 번역지원, 산악인 오은선과 故 박영석 등 산악인들 후원, 피아니스트 조성진 군 2009년부터 후원, 고려대학교에 50억 원 기부로 생태 환경 복원연구소인 OJERI연구소 설립 등 다양한 기부활동을 해오고 있다.

2015년 1월 21일에는 고려대학교 명예 이학박사 학위를 수여받았다.

이외에도 그는 경영자, 산악인, 요트선수, 국악인, 여행가, 봉사자 등 다양한 역할을 수행하며, 가정의 화목과 행복을 소중히 여기는 '잉꼬부부'로도 유명하다.

민남규 회장이 걸어온 길을 따라가다 보면 논어에 나오는 '덕필유린德必有隣'이란 사자성어가 떠오른다. 덕이 있는 사람은 반드시 좋은 이웃이 있다는 의미로, 덕을 쌓는 사람 주변에는 항상 좋은 사람들이 모인다는 뜻이다.

민 회장은 자강산업을 성공적으로 이끌며, 기업의 이익을 사회에 환원하는 다양한 기부와 사회공헌 활동을 통해 '덕'을 쌓아왔다. 민 회장이 쌓은 덕은 주변 사람들에게 긍정적인 영향을 미침과 동시에, 많은 이들이 민 회장을 돕고자 하는 마음을 갖게 만들었다.

성공에도 불구하고 늘 겸손을 잃지 않는 그의 태도 또한 많은 이들에게 존경받는 비결이다. 그의 삶 자체가 '덕필유린'의 정신을 실천하는 모범사례인 것이다.

민남규 회장은 단순히 기부금을 전달하는 것에 그치지 않고, 자신의 시간과 에너지를 사회를 위해 아낌없이 바쳐왔다.

우리는 그의 삶을 통해 배운다. 작은 나눔이 모여 큰 변화를 이루고, 진정한 성공은 나눔을 통해 완성된다는 것을.

민남규 회장, '자랑스러운 플라스틱산업인상' 수상.

그의 발자취를 따라, 우리도 나눔의 실천으로 세상을 바꿀 수 있기를 희망한다.

"기부는 받는 사람보다
하는 사람이 더 기분 좋은 일이다."
- 민남규 -

18
제품에서 작품으로 공장에서 공간으로 사장에서 예술가의 혼을 담아 작품을 만드는

식품예술가 김동환
㈜가이아농업회사법인 대표

발효식품은 우리의 고유한 문화유산이자, 우리의 삶을 더욱 풍요롭게 만드는 중요한 요소이다. 김동환 ㈜가이아농업회사법인舊 옹기식품 대표에게 전통 옹기에서 발효한 식품은 삶의 철학이자 열정의 원천이다. 그는 옹기를 통해 한국의 전통 식문화를 현대에 맞게 재해석하고, 이를 전 세계에 알리는 데 일생을 바치고 있다.

김동환 대표와 발효식품의 첫 만남은 그의 어린 시절로 거슬러 올라간다. 그 시절 할머니가 안동김씨 집안비법으로 물 한 방울 넣지 않고 멸치액젓으로만 담가 임금님에게 드렸다는 어御된장을 큰 옹기에 담아 두었는데, 그 맛이 잊히지 않았다.

김 대표에게 된장은 단순한 식품이 아니었다. 그것은 한 가족의 역사와 문화를 담고 있는 살아 있는 존재였다.

사실 김동환 대표의 원래 직업은 식품과는 무관했다. 그는 반디펜, 야광봉, 칼 안 들어가는 방검조끼, 풀리지 않는 수갑 등 경찰장비 관련 발명 특허만 300여 개 가진 발명가였다.

제품에서 작품으로, 공장에서 공간으로, 사장에서 예술가로 변신을 거듭하는 김동환 대표.

하지만 그의 마음 한쪽에는 항상 전통식품을 세계 최고, 최초로 만들어 인류에 공헌하겠다는 꿈이 자리하고 있었다. 그는 현대의 기술과 전통의 만남이야말로 미래 식품 산업의 핵심이라고 믿었다.

2011년 충남 논산으로 내려가 '옹기식품'을 창업했다. 이후부터 전통발효기법을 살려 짠맛은 정제염과 같으나 나트륨함량은 50%미만인 식품을 만들 수 있는 기술을 개발하는 데 매달렸다. 시판되는 소금과 조미료들이 들쭉지근한 데 반해 김 대표는 맛깔진 깊은맛으로 짠맛을 대체하여 세계최초로 정부에서 보건신기술193호인증받아 짠맛대체제를 성공시켰다.

옹기식품은 전통 옹기의 장점을 최대한 살리면서도 현대인의 입맛과 생활패턴에 맞춘 제품들을 선보였다.

김 대표는 옹기 항아리를 이용한 발효 식품, 전통 장류, 그리고 다양한 건강식품들을 개발하며, 소비자들에게 큰 호응을 얻었다. 그의 제품들은 자연 그대로의 맛과 영양을 유지하면서도, 현대적인 포장과 디자인으로 소비자들의 눈길을 사로잡았다.

이후 2011년 ㈜가이아농업회사법인을 설립하고, 남의 것을 따라하지 않고 직접 개발한 발명품으로만 제품화하여 독창적인 제품을 제공하기 시작하였다. 전통적인 방식으로 어간장과 어된장 등을 생산하면서도 현대인의 입맛에 맞춘 다양한 제품을 개발하여 전통과 현대의 조화를 이룬 것이다. 이는 시장에서의 차별화 요소로 작용하였다.

나트륨 함량을 줄이면서도 짠맛을 유지하는 저염 복합조미료 제조기술을 개발하여 '보건신기술 인증서'를 받은 김동환 대표.

이와 더불어 김동환 대표는 지속적인 연구개발과 다양한 품질 인증을 통해 제품의 신뢰성을 높였다.

2014년 어간장이 '맛의 방주Ark of Taste'에 등재되었고, 2016년 발효멸치액은 '전통식품'으로, 2020년 저염 복합조미료 제조기술은 '보건신기술 NET' 인증을 받았다. 그 공을 인정받아 2016년과 2020년 두 번 농림축산식품부 장관상을 수상하는 영예를 안았다.

여기서 한 걸음 더 나아가 김동환 대표는 옹기와 한국의 전통 식문화를 세계에 알리고자 다양한 국제 식품 박람회에 참가하고, 해외 시장 조사 및 현지화 전략을 수립했다. 그의 노력은 결실을 거둬 미국, 유럽, 아시아 등 여러 국가에 수출되고 있다.

특히 그는 해외 소비자들에게 한국의 전통 발효 음식을 소개하는 데 더 큰 노력을 기울였다. 미국의 한 유명 셰프는 김동환 대표의 된장을 사용해 다양한 요리를 선보였고, 이는 현지에서 큰 화제가 되었다. 이러한 성공은 김 대표에게 큰 자부심과 함께 더 큰 목표를 향한 동기부여가 되었다.

김동환 대표는 지금의 성공이 단지 자신의 노력만으로 이루어진 것이 아님을 잘 알고 있다.

그는 지역사회와 함께 성장하고, 지속 가능한 미래를 위한 다양한 활동을 전개하고 있다. 지역 농가와의 협력을 통해 신선한 재료를 공급받고, 지역 장인들과 협력하여 전통 옹기 제작 기술을 전수하고, 이를 통해 새로운 일자리를 창출하고 있는 것이다.

또한 환경 보호에도 많은 관심을 기울이고 있다. 옹기는 자연 소재로 만들어져 환경에 해를 끼치지 않는다는 점에서 지속 가능한 식품 저장 용기로 주목받고 있다. 김 대표는 이러한 점을 강조하며, 소비자들이 옹기를 사용하는 것만으로도 환경 보호에 동참할 수 있음을 알리고 있다.

이처럼 그는 전통과 현대의 조화를 이루는 데 앞장서며, 더 나은 미래를 향한 도전을 계속하는 중이다.

김동환 대표의 이야기는 전통과 혁신의 조화를 통해 새로운 가치를 창출하는 과정이다.

그의 노력과 열정은 단순히 개인의 성공을 넘어서, 한국의 전통 식문화를 세계에 알리고, 이를 통해 지속 가능한 미래를 만들어 가는 데 기여하고 있다.

30여 년 동안 한결같이 사람을 중심으로 기업을 경영하면서 믿을 수 있는 식품회사를 만들기 위해 혼신의 힘을 쏟은 김동환 대표. 예술가라는 자부심으로 자신의 명예를 걸고 정성을 다해 고객의 건강을 책임지고 있는 김동환 대표. 언제나 고객으로부터 '고맙다'는 말을 듣고 싶다는 김동환 대표.

그는 오늘도 용기와 함께 한국의 맛과 멋을 전 세계에 전파하기 위해 끊임없이 노력하고 있다.

식품은 생명의 원천이기에 종사자는 정직해야 된다며 국민 건강을 최우선으로 생각하며 '행복'을 팔고 있는 그의 경영 철학은 우리가 기업을 경영하는 데 있어서도 큰 교훈을 준다. 그의 손길이 닿는 곳마다 전통의 향기가 피어오르고, 그 안에서 사람들은 건강과 행복을 찾는다. 예술가 김동환 대표가 만들어 가는 미래야말로 바로 우리가 꿈꾸는 행복한 세상이 아닐까!

"식품은 과학(Science)이 아니고 예술(Art)이었다."

- 김동환 -

19

1인 4역(금융인, 농부, 재능기부자, 신앙인)에 빛나는

오성섭 iM뱅크(대구은행) 지점장

금융인, 농부, 재능기부자, 신앙인. 이 네 가지 역할을 모두 완벽하게 소화하며 살아온 이가 있다. 바로 지점장 24년 경력의 오성섭 現 iM뱅크대구은행 지점장이다.

한 사람의 삶에 이렇게나 다양한 얼굴이 공존할 수 있을까?

금융 시장의 냉혹한 경쟁 속에서 혁신을 주도하는 금융인, 자연을 가꾸며 최고의 과일을 재배하는 농부, 사진 촬영 재능으로 사람들에게 따뜻한 추억을 선사하는 재능기부자, 마지막으로 인생 사명서를 만들고 가족과 이웃에게 사랑을 전하는 신앙인. 오성섭 지점장은 이처럼 다양한 역할을 소화하며, 탁월한 성과를 이루어낸 특이한 이력의 소유자다.

“금융인으로서의 활약”

2012년, 금융 시장이 급격히 변화하고 고객들이 이탈하는 상황에서 강남구 도곡동의 기업은행 강남PB센터로 발령받은 오성섭 지점장은 고객과의 접점을 만들기 위해 장수사진 촬영 재능기부를 시도했다. 처음에는 장수사진에 대한 부정적인 인식이 있었지만, 주민센터와 협력해 성공적으로 행사를 진행하면서 고객들과 깊은 신뢰를 쌓았다. 이러한 그의 진심 어린 노력은 고객들에게 큰 감동을 주었고, 은행의 이미지 개선과 신규 고객 창출로 이어졌다.

‘걸어다니는 사진 재능기부자’로도 불리는 오성섭 지점장.

오성섭 지점장은 제일은행, 보람은행, 하나은행, 기업은행, iM뱅크대구은행까지 Grand Slam을 달성했다. 앞으로도 단위농협 조합장을 준비하고 있다.

하나은행에서는 최우수 Private Banker로 선정되었고, 37세 최연소 지점장으로 발령받았다. 그는 24년 동안 은행 지점장으로 근무하며 인천국제공항지점과 반포자이, 강남WM센터, 분당정자역, 용산지점 등에서 탁월한 성과를 거두었다. 현재는 iM뱅크(대구은행) 수도권PRM센터에서 근무 중이다.

"농부로서의 열정"

오성섭 지점장은 농업에 대한 깊은 애정과 관심을 가지고 있다. 전국현장실습교육 WPL 교수로 활동하며 사과 마이스터 대학에 재학 중인 그는 15년 차 주말 농부이기도 하다.

경남 함양군 지리산 자락에 위치한 부모님 농장 '축복의 땅 에덴동산'은 선진형 초밀식 다축형 사과 농장이다. 그는 매주 서울에서 왕복 500km를 오가며 사과, 블루베리, 곶감, 고랭지 양파 등을 재배하고 있다. 연간 40여 톤의 사과를 생산하며 이를 이용한 농산물 가공, 교육, 체험 등을 통해 연간 5억여 원의 소득을 올리고 있다.

그는 친환경 농법을 활용해 품질 높은 농산물을 생산하며, VIP 선물용으로 100% 공급하는 탁월한 농산물 마케팅 역량을 발휘하고 있다. 이러한 노력으로 2023년 대한민국 과일산업대전에서 황금사과로 대상을 수상하는 쾌거를 올렸다.

'축복의 땅 에덴동산'은 고향사랑기부제 함양군 사과 공급업체로 선정되었으며, 그는 농업 6차 산업 모델 및 컨설팅, 귀농귀촌 컨설팅, 코칭, 강의를 진행하고 있다.

황금사과로 2023 대한민국 과일산업대전 대상의 영예를 안았다.

"재능기부와 사회봉사"

오성섭 지점장은 '걸어다니는 사진 재능기부자'로 불릴 만큼 많은 사람에게 사진 촬영을 통해 감동을 주었고, 40년간 사진 촬영 재능기부를 통해 장수사진 4,000명, 행사사진 20만 장을 촬영했다.

2021년, 함양군 농촌재능나눔활동 대상자로 선정되어 500만 원의 지원금을 받아 서하면 6개 마을의 장수사진을 촬영했다. 서울에서 장비를 싣고 내려가 노인정에 장비를 세팅하고 촬영한 후, 사진을 보정하고 인화하여 다시 시골로 내려가 주민들에게 전달하는 과정은 매우 힘들었지만, 그는 자신의 사명을 다하였다. 연세대학교 고급금융자 과정에서는 100명의 지점장의 프로필 사진, 팀별 단체사진, 행사

사진 등을 촬영하고 인화하여 액자로 제공했다. 그는 VIP 고객의 결혼식에서도 사진 촬영을 통해 감동을 주었다. 결혼식 시간 1시간 전부터 시작하여 3~4시간 동안 촬영하고, 사진 편집 및 단체 카톡 발송, 인화하여 액자와 앨범으로 전달하는 일련의 과정은 VIP 고객들과의 관계를 강화했다.

또한, 한국관 기흥점 정원, 잠실 엘스아파트 정원, 골드CC, 그랜드CC 등에 사과나무를 식재하고 기술 지도를 하며 재능기부를 이어갔다. 이러한 재능기부는 주요 고객과의 연결을 통해 마케팅의 일환으로도 활용되었다.

15년 전부터 하남 소망의 집 장애인 단체를 후원하며 정기적인 점심 봉사와 농산물 제공을 이어왔다. 그는 소망의 집 홍보대사로도 활동하며, 페이스북을 통해 기부를 독려하고 있다. 아울러 서울역 노숙자들에게 매주 사과즙 간식을 제공하며, 연간 16,000개의 사과즙을 기부하고 있다.

이러한 공로를 인정받아 한국재능기부협회 재능나눔대상과 GLOBAL 기부문화공헌 대상을 수상했다.

"신앙인으로서의 삶"

1997년, 오성섭 지점장은 자신의 인생 사명서를 작성하며 삶의 방향을 정했다. 그는 가족과 함께 금주, 금연, 순결을 지키며 장기와 시신 기증을 약속했다.

그는 사명으로 20년 연속 자신의 인생 최고의 해를 보내고 있고, 지금은 그의 인생에 있어 최고의 하루를 살고 있다.

인생 후반전에는 이름 없이 빛도 없이 선교적 사명을 다하는 것이 오 지점장의 목표다. 그의 묘비명은 “사명대로 살고, 사명을 다하고, 하나님께로 돌아가다”이다.

오성섭 지점장은 그동안 여러 교회에서 평신도 훈련을 받으며, 선교적 재정관리와 사명자의 삶, 목적이 있는 삶에 대한 특강과 간증을 진행해 왔다. 그는 불가리아와 대만에서 평신도 선교와 경배와 찬양 사역을 수행하며 많은 사람에게 울림을 주었다.

그의 신앙은 삶의 모든 영역에서 빛을 발하며, 진심 어린 노력이 얼마나 큰 힘을 발휘할 수 있는지를 보여준다.

금융인, 주말농부, 재능기부자, 신앙인으로서 다양한 역할을 훌륭히 수행해 온 오성섭 지점장의 삶은 마치 한 편의 드라마처럼 다채롭다. 그는 앞으로도 자신의 사명을 따라, 더 많은 사람에게 감동과 영감을 주며, 세상을 더욱 밝고 따뜻하게 만들어갈 것이다.

마음 그릇

서범석
법무법인 인본 변호사

남의 좋은 점만 찾다 보면
자신도 언젠가
그 사람의 좋은 점을 닮아갑니다.

남의 좋은 점을 보고 칭찬해주면
언젠가 자신도
칭찬을 듣게 됩니다.

누구를 보든
그의 장점을 보려는
넉넉한 마음을 가졌으면 좋겠습니다.

마음이 아름다운 사람을 보면
코끝이 찡해지는
감동할 줄 아는 마음을 가졌으면 좋겠습니다.

말을 할 때마다 좋은 말을 하고
그 말에 배려와 진심만 담는
좋은 마음 그릇이
내 것이었으면 좋겠습니다.

epilogue

우리는 긍정 DNA를 키워야 할 필요가 있다

로마시대의 정치가이자 학자인 키케로는 "숨을 쉬는 한 희망은 있다."라고 말했습니다.

이 책의 마지막 책장을 넘기는 지금 여러분은 어떠한가요? 고난과 맞닥뜨렸을 때 희망의 끈을 놓지 않고 살아갈 자신이 얼마쯤 생겼는지요?

이 책에도 소개된 바 있는 『탈무드』의 우유통에 빠진 세 마리의 개구리를 떠올려 보십시오.

첫 번째 개구리는 죽음을 하느님의 뜻이라고 생각하며 순순히 받아들였고, 두 번째 개구리는 탈출이 불가능하다고 생각하고 체념한 채 죽어갔습니다.

세 번째 개구리만이 자신의 상황을 현실로 받아들이고 주어진 조건 속에서 최선을 다했습니다. 코를 우유 밖으로 내밀고 가라앉지 않도록 뒷다리를 계속 움직였습니다. 끝까지 포기하지 않고 다리를 쉼 없이 움직인 덕분에 우유가 버터로 변했고, 마침내 개구리는 그 버터를 딛고 통 밖으로 빠져나올 수 있었습니다.

여러분은 몇 번째 개구리가 되고 싶습니까?

세 번째 개구리가 위대한 것은 주어진 조건 속에서 자신이 할 수 있는 최선을 다했다는 점입니다. 다시 말해 현실에 대해 불평하지도, 체념하지도 않으면서 끈기 있게 다리를 움직였다는 점입니다. 이처럼 우리 모두 세 번째 개구리가 되기 위해서는 절망 속에서도 희망을 품을 줄 아는 용기와 지혜가 필요합니다. 그리고 이 용기와 지혜가 다름 아닌 긍정입니다.

변화는 언제나 작은 것에서부터 시작됩니다. 바다도 저 이름 모를 산골의 시냇물에서부터 비롯됐다는 사실을 잊지 마시기 바랍니다.

'하루 5분'이라는, 자신의 인생에서 가장 값진 시간을 '행복과 긍정의 에너지'에 투자해 보십시오. 이 책 『행복에너지』에서 제시하는 수많은 사례들을 통해 자신의 부족한 점을 뒤돌아보며, 일상 중에 그것을 개선시키기 위한 노력을 기울여 보십시오. 당장에 고쳐지지 않는다 해도 매일매일 긍정을 습관화시키는 훈련을 게을리하지 않는다면, 어느새 한 걸음 나아간 자신을 발견할 수 있을 것입니다. 이는 비단 나뿐 아니라 우리 모두가 행복해질 수 있는 대한민국을 만드는 데 반드시 필요한 과정이라 생각합니다.

제 이름을 내건 책을 세상에 내면서 새로운 열정이 샘솟음을 느낍니다. 대통령직속 지역발전위원회 문화복지 전문위원으로서 국민행복과 지역균형 발전을 위해 상생을 도모하고, 새마을문고 서울시 강서구 회장으로서 우수도서 보급에 최선을 다하겠다는 각오와 책임감 때문입니다. 한 명이라도 더 많은 국민들이 제가 하는 일을 통해 작은 희망과 삶의 활력을 얻을 수만 있다면 기쁜 마음으로 행복에너지를 대한민국 방방곡곡에 전파하는 삶을 영위해 나아갈 것을 약속드리겠습니다.

이 책 『행복에너지』는 출간 보름 만에 인터파크 베스트셀러 1위, 교보문고 자기계발 주간베스트 3위에 등극하였습니다. 이러한 열화와 같은 독자들의 성원에 너무도 영광스럽고 기쁘게 생각합니다. 그리고 이 행복은 독자 여러분과 제가 함께 누려야 할 몫이라고 믿어 의심치 않습니다. 마지막으로 도서출판 행복에너지에서는 선한 영향력을 발휘하는 '칭찬하기 운동'을 시작하였습니다. 작은 칭찬이 모여 크나큰 칭찬이 되듯이 작은 관심이 모여 우리 대한민국을 긍정적으로 이끄는 그날을 저는 기다립니다. 독자 여러분의 관심과 사랑을 기다립니다.

칭찬하기 운동!
도서출판 행복에너지에서
힘차게 시작합니다!

2024년 8월 15일

좋은 **원고**나 **출판 기획**이 있으신 분은 언제든지 **행복에너지**의 문을 두드려 주시기 바랍니다

ksbdata@hanmail.net www.happybook.or.kr 문의 ☎ 010-3267-6277

도서출판 행복에너지

'행복에너지'의 해피 대한민국 프로젝트!

〈모교 책 보내기 운동〉 〈군부대 책 보내기 운동〉

한 권의 책은 한 사람의 인생을 바꾸는 힘을 가지고 있습니다. 한 사람의 인생이 바뀌면 한 나라의 국운이 바뀝니다. 그럼에도 불구하고 많은 학교의 도서관이 가난하며 나라를 지키는 군인들은 사회와 단절되어 자기계발을 하기 어렵습니다. 저희 행복에너지에서는 베스트셀러와 각종 기관에서 우수도서로 선정된 도서를 중심으로 〈모교 책 보내기 운동〉과 〈군부대 책 보내기 운동〉을 펼치고 있습니다. 책을 제공해 주시면 수요기관에서 감사장과 함께 기부금 영수증을 받을 수 있어 좋은 일에 따르는 적절한 세액 공제의 혜택도 뒤따르게 됩니다. 대한민국의 미래, 젊은이들에게 좋은 책을 보내주십시오. 독자 여러분의 자랑스러운 모교와 군부대에 보내진 한 권의 책은 더 크게 성장할 대한민국의 발판이 될 것입니다.

제 3 호

감 사 장

도서출판 행복에너지
대표 권 선 복

귀하께서는 평소 군에 대한 깊은 애정과 관심을 보내주셨으며, 특히 육군사관학교 장병 및 사관생도 정서 함양을 위해 귀중한 도서를 기증해 주셨기에 학교 全 장병의 마음을 담아 이 감사장을 드립니다.

2022년 1월 28일

육군사관학교장
중장 강 창 구